黒い蛇はどこへ

名曲の歌詞から入るブルースの世界

中河伸俊 著

TWO VIRGINS

はじめに

この本は、米国のアフリカン・アメリカンの大衆音楽、ブルースの世界への、歌詞を通じた水先案内である。初心者にとっても、このジャンルの音楽に親しんできた愛好家の方にとっても「面白くてためになる本」を目指して書いた。

生誕後すでに一世紀を超えるブルースと呼ばれる音楽は、ジャズやロックといったジャンルの展開に影響を与えた、いわゆるルーツ・ミュージックである。その音楽形式（ロックで使われるコードがブルースのコード進行の息子だったりする）や器楽奏法を抜きにしてポピュラー・ミュージックの現在はないのだが、と同時にブルースは、歌なのである。優れたブルース・ミュージシャンである小出斉さんの本のタイトルみたいに、「意味も知らずにブルースを歌うな！」とまでは筆者はいわないが、しかし、ブルースの歌詞を理解することもこの音楽のファンや鑑賞者にとって大事だろうし、そしてそれに役立つ日本語の本が、これまであまりなかったのも事実だ。

この本は、三五のブルース曲をピックアップし、歌詞を対訳して解説したあと、それを歌った人を始めとする歌手やミュージシャンの音楽や歩んだ人生を振り返る三五の章からなる。いわゆるブルースの巨人や巨匠のだいたいはカヴァーできているはずだ。とはいえ、リロイ・カーやロニー・ジョンスン、タンパ・レッド、メンフィス・ミニー、ジョー・ターナー、ダイナ・ワシントン、ゲイトマウス・ブラウン、リトル・ミルトン、フレディ・キング、フェントン・ロビンスンなどなど、紙幅の都合で積み残した大物もないわけではないが。原則一人一曲、名曲で、しかも歌詞が興味深いものを選んで配列した。ブルースの名作名唱はたくさんある。この本で紹介するのはいわば一掬いのサンプルで、たぶん全曲入れ替えても同じ水準の本を作れるだろう。三五曲という数についていえば、訳詞マニアの筆者としては好きな曲をもっと訳したかったんだけれど、本を作るという見地からすれば、このあたりが頃加減だと思う（せちがらい話だけど歌詞の掲載はタダじゃないし、それに、名曲だけど使用許諾をとるのがむつかしい曲もあるしね）。

収録曲は、一冊の本としてのまとまりを演出すべく、六つのテーマもしくはモチーフを掲げてパート分けした。と同時に、初めから順に読んでくださる読者を念頭に置いて、それなりに著述を工夫した。とはいえ正直なところ、どこから読み始めてもらってもそんなに差支えはない。どうぞ、お好きな曲や興味があるアーティストの章から読み始めてください。

さて、この本はブルースの世界への水先案内だと最初に書いたが、そもそもブルースとはどういう音楽なのか。じつはそれを、定義を示して説明しようとすればやっかいなことになる。

楽器を演奏する人なら、簡単だよ、こういう音楽形式をとるのがブルースさ、というかもしれない。たとえば、「トニック（主和音＝Ⅰ）の四小節、サブドミナント（下属和音＝Ⅳ）の二小節、トニック（Ⅰ）の二小節、ドミナント（属和音＝V^7）の一小節、サブドミナント（Ⅳ）の一小節、結びのトニック（I）の二小節からなるコード進行だ。ミュージシャンが『Fのブルースで行くよ』というときには、この『一二小節ブルース』のことを意味する」（Elijah Wald, *The Blues: A Very Short Introduction*, Oxford University Press 2010, p.2）といったように。あるいはそこに、ブルースの演奏は、ブルー・ノート・スケールという長音階の第三音、第五音、第七音を半音下げた音階を使うと付け加えるかもしれない。これは分かりやすい定義だけど、話はそう簡単ではない。本書の収録曲を見ても分かるけど、ブルースとカテゴライズされているのに一二小節ブルースの形式をとらない曲もある。逆にロックンロールやロックやジャズやブルーグラスやカントリーにもその形式を満たす曲が少なからずあり（ジミー・ロジャーズのブルー・ヨーデル曲からプリンスの〈キス〉まで）、それらはふつうブルースとは呼ばれない。

　ブルースは最初（一九一〇年代〜二〇年代）最新のダンス音楽として脚光を浴び、以来黒人はそれで踊り続けてきたけど、もちろん踊らせずに聴かせるブルースもある。胸の痛みや苦しみ、つまりブルーな気持ちを歌うのがブルースだとブルース・シンガーはよくいうけど（それを、抑圧され虐げられたアメリカ黒人の魂の叫びだと文学者は言い換える）、でも、幸せな気持ちを歌う曲やユーモラスな曲、それに下ネタの曲だってある。ブルースはレコード棚で音盤を分類するときに重宝されるジャンルだし、一方で、宗教心が強い黒人《チャーチ・フォークス》たちが、教会系の聖なる音楽ではない世俗の音楽をまとめてブルースと呼んできた歴史もある。結局のところ、あれですよ、皆さんがブルースと呼んで聴いたり演奏したりしているああいう音楽ですよといった、ごくあいまいな説明が無難なのかもしれない。

ただ一点、筆者がこだわりたいのは、先に書いたようにブルースはまずもって歌だということだ。だから、そこで何が歌われているのか分かるにこしたことはない。言葉が分からないほうがかえって、声のトーンや強弱、間投詞や節回しなどから、歌唱の感情表現や技法をストレートに受け取れる、ということもじつはあるかもしれない。とはいえ、言葉の理解がなければ結局、なんでそんな感情表現、そんな歌唱法が使われるのかがわからない。ちょっとした背景知識があり、コツさえつかめば（後ろの付録にそれに役立ちそうなことを少し書いた）、ブルースの歌詞のだいたいのところは、平均的な日本人の英語力で十分つかめる。この本が、読者がブルースの歌の世界に目を向け、そこに入りこんで行くひとつのきっかけになれば、とても嬉しい。

【追記】

本書の著者校正が終わった段階で、各章の冒頭に掲げた歌詞の対訳のうちいくつかについて、歌詞の使用許諾を得る見通しがたたないという想定外の事態になった。そこで、曲の差し替えや章を丸ごと没にして新たに書き下ろすなど、本書のコンセプトを壊さないかたちの対処を工夫したが、第四章と第一一章についてだけは、対訳を「歌詞の内容紹介」という文章に差し替えるという、著者にとってもきわめて残念なかたちになった。どうかご了承ください。

目次

Part II　おれは大都会のプレイボーイ　［Boasting Man And Talking Back Woman］

Part V　土曜の夜と日曜の朝と　[Saturday Night's Fun And Sunday Morning Prayer]

PART I

うちの台所へお入り

Blues Singer's Love Songs

第一章

COME ON IN MY KITCHEN

(Written by Robert Johnson)

うちの台所へお入り　――ロバート・ジョンスン

Mmm mmm mmm mmm――
You better come on in my kitchen
Babe, it's goin' to be rainin' outdoors

ムー……
うちの台所にお入りよ、ねえ
どうやら雨が降りそうだから

Ah, the woman I love,
　took from my best friend
Some joker got lucky, stole her back again
You better come on in my kitchen
Babe, it's goin' to be rainin' outdoors

おれが好きな女
　親友の彼女だったのを、おれが取ったんだけど
そいつ、運のいいやつさ、彼女を取り戻しやがった
うちの台所にお入りよ、あんた
どうやら雨が降りそうだから

Oah, she's gone,
I know she won't come back
I've taken the last nickel out of her nation
sack
You better come on in my kitchen
Babe, goin' to be rainin' outdoors

[Spoken]
Oh, can't you hear that wind howl?
Oh-y', can't you hear that wind howl?

You better come on in my kitchen
Babe, it's goin' to be rainin' outdoors

When a woman gets in trouble

あーあ、あいつ、行っちまった
もう帰ってこないってわかってる
あいつのインディアンの袋《ネイション・サック》に入ってた
最後の五セント玉まで、巻きあげちまったからな
うちの台所にお入りよ、あんた
どうやら雨が降りそうだから

［語り］
ああ、風がうなってるのが聞こえるだろ？
ああ、風がうなってるのが聞こえるだろ？

うちの台所にお入りよ、あんた
どうやら雨が降りそうだから

女が厄介ごとに巻きこまれたら、

Everybody throws her down
Lookin’ for her good friend,
　none can be found
You better come on in my kitchen
Baby, it’s goin’ to be rainin’ outdoors

Winter time’s comin’ ,(h)it’s gon’ to be slow
You can’t make the winter, babe,
　that’s dry long so
You better come on in my kitchen
Cause it’s goin’ to be rainin’ outdoors

みんな冷たいもんさ
親しかった友だちを探したって
　どこにもいやしない
うちの台所にお入りよ、あんた
どうやら雨が降りそうだから

冬がやってくるよ、きびしい暮らしになる
あんた、この冬を越せないよ、
　蓄えが底をついて
うちの台所にお入りよ、だって
どうやら雨が降りそうだから

ブルースは、なにについてだって歌える歌だ。昔、ある言語学者が、ブルースは、甘ったるい愛や恋の夢物語に終始するポピュラー・ソングとは違う、「人生の現実」を直視する音楽ジャンル、つまりは大人の音楽なのだといった。[i] それは本当にそうなのだが、しかし、ブルースマンに愛や恋が歌えないわけではない。ただ、それはシロップまみれではなく、苦みや辛さやそして豊かなうまみをそなえた、つまりは人の人生にしっかり根を下ろしたラヴソングなのだ。このブルースの歌詞についての本の最初のパートには、そうしたブルースマンの愛の呼びかけ《ラヴ・コール》を集めた。となるとやはり、この人から始めたい。多くのブルース・ファンにとって、圧倒的に特別な存在であるロバート・ジョンスン。

ジョンスンはいうまでもなく、第二次世界大戦前に活動したブルース・ミュージシャンの中で、もっとも有名な人だ。とはいえじつは彼は、同時代のアフリカン・アメリカンの間では、ミシシッピ・デルタ（ミシシッピ州北部のミシシッピ川とヤズー川に挟まれた肥沃な三角州地帯）の周辺の限られた地域以外ではほぼ無名だったし、その後も、白人の愛好家やミュージシャンによって再発見されるまでは、忘れられた存在だった。そしてそうした状況は、南部の黒人の間ではそんなに変わらなかったようだ。演奏家／音楽研究者のイライジャ・ウォルドは、一九九一年にミシシッピ州イタ・ベナの近くのジョンスンが眠る黒人教会に、新たに墓石を立てるセレモニーに参加してジョンスンの曲を演奏した。そのとき、地元の人たちが彼について「外の世界でとても有名らしいブルースマン」といった程度の認識しか持ってはいないらしいことに驚いたという。[ii]ジョンスンの生涯についてはいまだに分からないことが多いから、[iii]〝ロックのルーツ〟として位置付けられるようになる過程で膨らんでいった、十字路での悪魔との契約といった彼をめぐる各種の神話や伝説[iv]とは、気を付けて付き合う必要がある。とはいえ、彼が聴く人の胸の奥底を突き動かす、並外れた力をそなえたアーティストだったことは、この〈うちの台所へお入り〉一曲を聞くだけで明らかだ。彼と旅をして伴奏したジョニー・シャインズは、ジョンスンがあるときセントルイスで、スロウテンポで感情をこめてこの曲を歌ったら、「聴衆が静まりかえった、気がついたら、男も女もみんな泣いていた」と証言している。[v]

いったい、何が聴衆を泣かしたのか。それを推測するために、ちょっと寄り道をして、ブルースの歌詞と、バラッドに代表されるような物語歌（叙事詞）の違いを再確認しておこう。〈ジョン・ヘンリー〉や〈スタッガー・リー〉のようなバラッドの歌詞では、歌手が語り手として、一番、二番、三番……と出来ごとの時系列に沿って、ひとつのストーリーを語っていく。ブルースの歌詞の仕組みは、それとはだいぶ違う。一番、二番、三番……のヴァース（歌詞）で歌われる出来事は、一つのお話になっているわけではなく、そのそれぞれの独立性は高い。一つのヴァースが、独立した短歌か、あるいは映画の一シーンのようなもので、それが一定のモチーフや連想でゆるやかにつなぎ合わされて、ブルースの一曲が形作られる。歌い手は、「自分の経験や思いを歌う」という形で（それが作りごと《フィクション》であるとしても、そういう形式をとって）、きわめてしばしば一人称で、感情をこめて歌詞を歌う。時系列に沿って一つの物語が語られるわけではないから、録音のテイクや演奏によって歌詞の差し替えは自在だし、他の歌からの歌詞の借用や引用も思いのままだ。こうした形をとるため、物語歌に比べて、ブルースは感情表現の強度が高い。また、「oh, well」「woo, hoo」「Lord have mercy」といった間投詞の頻用も、感情的な訴えかけの力を強くする。なかでも、この曲の出だしの、教会起源を思わせる「mmmm――」という重く深いモーン（呻き）は、ブルースがことばを超えて聴き手の胸を強く揺さぶるという事例の典型例といっていいだろう。

この曲では、「うちの台所にお入りよ、あんた／どうやら雨が降りそうだから」という誘いのことばの繰り返しによって、聴き手は頭の中に一つの場面を浮かび上がらせることができ、それによって曲想に一定のまとまりが生まれている。とはいえ、歌詞の前半の奪った彼女を奪い返された話と、彼女を搾取した話の二つの回顧談、そして後半のトラブルを抱えた女性のつらさとやって来る冬の厳しさについてのおしゃべりは、やはりトピックがばらばらだ。そして、こうした歌詞のばらばらさ、いいかえれば断片化がもたらす多様性がかえって、ブルース歌唱が聴き手を感情移入させ、身につまされるようにする働きを増幅していると思われる。歌詞が断片的であればあるほど、より多くの聴き手がそれを自分の個人的な経験とシンクロさせることができるというわけだ。この歌を生で聴いたジョンスンの聴衆の多くには当然、恋人に去られたことや、トラブルに見舞われたこと、蓄えが尽きかけて困窮したこと等々の経験があったはずだ。この歌はそうした人たちの胸に届いて追体験を呼び覚まし、涙を誘っただろう。

この歌のリフレインが示唆する場面について、少しだけ勝手な想像をしてみよう。家の勝手口のすぐ外で、立ち話するジョンスンと彼が語りかける相手。ジョンスンはなかなかのレィディーズ・マン（モテ男）だったらしいから、その相手は女性だと思いたいが、男であってもかまわない。台所があるくらいだから、これはマーシー・ディーの〈ワン・ルーム・カントリー・シャック〉のような掘っ立て小屋ではなく、一階が地表からせりあがったちゃんとした家だろう。裏手が台所で、その勝手口の外にバックポーチがある。相手はそのポーチまで上がってきて、ジョンスンと世間話をしている。空が雨模様だから、中へ入って雨宿りをしてお行きとジョンスンは誘う。相手が女性だと考えれば、三番や四番は、そのまま口説きの歌になる。〝厄介ごとに巻きこまれてさぞかしつらいだろう、おれだけはあんたの味方だよ〟〝一人でやっていくにはこの冬はきびしいよ、一緒に暮らそう〟。「うちの台所にお入りよ」という誘いは、そうした含みも持ちうる。もちろん、それをただの雨宿りの提案と聞くこともできるわけで、そうした多義性、つまり複数の解釈に開かれているることは、よいブルースの歌詞の一つの特徴だ。

ジョンスンがこの曲を書くときに下敷きにしたのは、ほぼ間違いなく、当時全国的に人気があったミシシッピ・シークスのヒット曲〈シッティング・オン・トップ・オブ・ザ・ワールド〉だが、いまではこの曲のほうがずっと有名だ。同じ日（一九三六年一一月二三日）に二つのテイクが録音されており、ここで対訳したのはそのうちの最初のテイクだ。よりテンポが速く、情緒的にやや気が抜けた印象を受けるセカンドテイクのほうがなぜか（よりビートが強くダンサブルだから？）SPの片面として発売され、ヒットしなかった。六〇年代初頭にジョンスンの仕事がLP化されたときに、この濃密なファーストテイクは日の目を見、そして名作という評価が定着した。

　ここでひとつふたつ、語句説明を。二番に出てくる「nation sack」は、以前は意味不明扱いされていたが（ミシシッピ出身のジャズ歌手カサンドラ・ウィルスンでさえ、この曲をカヴァーしようとしたとき意味が分からず、郷里の母親に尋ねたという）、いまではそれがどんなものかわかっている。「nation」とは、米国先住民（いわゆる「インディアン」）の居留地を指す語で、そして昔、黒人と先住民の間には混住や通婚を含むさまざまな交流があった。その結果、先住民の女性がその中にお守りを入れて、スカートの下の大切なところの近くの腰に付ける布か皮の小袋が、「インディアンの袋《ネイション・サック》」として、南部の黒人女性の間にも広まったという。その袋には、お金やお呪いアイテムや貴重品などが入れられ、男性が触ってはいけないものとされた。その袋に、持ち物や毛などを入れておけば、それが男を自分につなぎとめる呪いになると信じられていたらしい。ジョンスンは、彼女がそうした袋に入れていたへそくりの「最後の五セント玉まで」巻きあげたと、自分のすご腕を半ば誇るように回顧する。彼女が帰ってこないのは、だから自業自得なのだが、しかし洋の東西を問わず、そうしたタイプの「悪い」男の誘いに惹かれる女性がいたりもするものなのだ。

　四番に出てくる「dry long so」は、一八世紀から使われていたという古い言い回し。もともと「dry」は何の飾りけもない素の状態を指すが、それが転じて、お金がない、素寒貧の状態を指すようになった。[vi] そこから派生した「dry long so」は、ジョンスンに少なからぬ影響を与えたスキップ・ジェイムズの〈ハード・タイム・キリング・フロア・ブルース〉にも出てくるが、第二次世界大戦後にはたぶん死語に近いものになった。なお、三番の「a woman gets in trouble」を「女が妊娠したら」とする解釈もあるが、ここでは、より広くトラブル一般を指すものとして訳した。

　先に書いたように、この曲はリアルタイムでヒットしなかったから、往時の黒人のブルース・アーティストには、ほとんどカヴァーされていない。曲の〝再発見〟以降に、オールマン・ブラザーズ・バンド、タジ・マハール、レオン・ラッセル、デラニー＆ボニー、スティーヴ・ミラー・バンド、パティ・スミス、エリック・クラプトン、ケブ・モーなど多くにカヴァーされてスタンダード化した。個人的には、〝弟子〟のジョニー・シャインズのもの（Blind Pig, 1991）と、個性的なカサンドラ・ウィルスンのヴァージョン（Blue Note, 1993）をとくに推したいが、しかしジョンスンのオリジナルに迫る深さと切迫感をそなえたカヴァーを、筆者は知らない。

i　S. I. Hayakawa, "Popular Songs vs. Facts of Life," *Etc.: The Review of General Semantics*, vol.12, no.2, 1955, pp.83-95.

ii　Elijah Wald, *Escaping the Delta: Robert Johnson and the Invention of the Blues*, Harper Collins, 2004.

iii　ジョンスンについての日本語で読める最上の入門書として、日暮泰文氏の『RL—ロバート・ジョンスンを読む—アメリカ南部が生んだブルース超人』（スペースシャワーネットワーク 二〇一一）を挙げておきたい（ただし、たとえば悪魔やブードゥーについての記述など、筆者には〝ロマン主義的〟にすぎると思える論点もなくはないが）。なお、本書の原稿を入稿した後に、ジョンスンがメンフィスで自分の拡大家族と暮らしていた時代をよく知る〝義理の妹〟が、八十年前の記憶を呼び起こして書いた『ロバートにいちゃん—ロバート・ジョンスンと共に育って』（Annye C. Anderson, *Brother Robert: Growing Up With Robert Johnson*, HachetteBooke, 2020）が出版された。本書で詳しく取り上げる余裕はないが、この本は、演奏家としての面についても、成育歴や人となりについても、これまでのジョンスン像を大きく塗り替えるものだった。

iv　そうした伝説はいまでは、平本アキラの『俺と悪魔のブルーズ』のようにマンガの題材にさえなっている（なお米国のポップ・カルチャーの中でジョンスン神話が成長していく過程については、Patricia Schroeder の *Robert Johnson, Mythmaking, and Contemporary American Culture*, 2004 に詳しい）。

v　Pete Welding,. "Rambling Johnny Shines", *Living Blues*, no. 22, 1975, pp.23-32.

vi　Debra DeSalvo, *The Language Of The Blues: From Alcorub To Zuzu*, 2006 に拠る。

TAKE A LITTLE WALK WITH ME

(Written by Robert Lockwood, Jr.)

ちょっといっしょに散歩しよう　――ロバート・ロックウッド・ジュニア

Come on, baby, take a little walk with me
Come on, baby, take a little walk with me
Back to the same old place where we long to be

おいで、ちょっといっしょに散歩しよう
おいで、ちょっといっしょに散歩しよう
ふたりのお気に入りのいつもの場所へ行こう

Come on, baby, take a little walk with me
Come on, take a little walk with me
Back to the same old place, Memphis, Tennessee

おいで、ちょっといっしょに散歩しよう
おいで、ちょっといっしょに散歩しよう
テネシー州メンフィスのなじみの場所に行こう

Early one morning, just about half past three
You done something that's really worrying me
Come on, take a little walk with me

ある朝早く、三時半過ぎに
ほんとにおれを心配させることをしたよね、
　ねえ、おまえ

To the same old place where we long to be

Let's take a walk out on the old avenue
I have got something for you to do
Come on, baby, take a little walk with me
To the same old place where we long to be

Come on, baby, now, we gonna walk so slow
Until every time you see me you want to walk
　some more
Come on, baby, take a little walk with me
To the same old place where we long to be

おいで、ちょっといっしょに散歩しよう
ふたりのお気に入りのいつもの場所へ行こう

あの古い通りをふたりで歩こう
あそこでおまえがすることを、
　ちゃんと用意してあるよ
おいで、ちょっといっしょに散歩しよう
ふたりが大好きないつもの場所へ行こう

おいで、さあ、とてもゆっくり歩こうよ
おれの姿が目に入ったら、
　また散歩したくなるようにさ
おいで、ちょっといっしょに散歩しよう
ふたりのお気に入りのいつもの場所へ行こう

聴く者をこぞって涙させたというロバート・ジョンスンの〈うちの台所へお入り〉は、同時に、恋多きブルースマンの誘惑の歌でもあった。いっぽう、そのジョンスンにギターの手ほどきを受けた〝義理の息子〟、ロバート・ロックウッド・ジュニアのこのデビュー録音には、演奏スタイルを継承しつつもある意味で対照的な、朴訥で暖かい味わいがある。

歌の語り手＝主人公が、恋人か妻か、とにかくステディな関係の相手に、「いっしょに散歩しよう」と呼びかける。ブルースの歌詞にありがちな性的な含みもないし、力関係やお金をめぐるかけひきもない。田舎生まれの主人公が、田舎の都会メンフィスのお馴染みの通りを、肩寄せ合いながらいっしょに歩こうと歌う、ただそれだけのシンプルな歌だ。付き合いが長いから、二人のあいだにはもちろん、それなりの波風もあった。「ある朝早く、三時半過ぎ」に、彼女が主人公を「ほんとに心配させること」をしたなどということもあったのだが、それが何かは歌われていない。ケンカの末に家を飛び出したのか、ジューク・ジョイント（音楽と踊りが楽しめる酒場）でほかの男と仲良くしたのか、あるいは突然熱を出して苦しんだのか。ブルースの聴き手は、自分の体験の引き出しから、しっくりくるエピソードを取り出して当てはめればいい。そうした波風を乗りこえてきたからこそ、主人公にとって、二人の仲は大切なのだ。だから、このちょっとしたお出かけで、主人公は、彼女がする（したいだろう）ことを前もって考えて、「ちゃんと用意」している。買い物だか、食事だか、これも歌われていないからわからないが、主人公は、お出かけに誘うにあたって、微笑ましい心遣いをしているのだ。

　この曲は、ロックウッドの作とされているが、ロバート・ジョンスンの持ち歌だった〈スウィート・ホーム・シカゴ〉（それを遡ればスクラッパー・ブラックウェルの〈ココモ・ブルース〉やココモ・アーノルドの〈オールド・オリジナル・ココモ・ブルース〉にたどり着く）から派生したものなのはまず間違いない。そうやって既存の曲を作り替え、歌詞を変えたり別の歌詞をつけたりするのが、ブルースの伝統の中での〝曲を作る〟ということだった。そうした曲作りについての考え方は、他のさまざまな民俗音楽の場合と同様に、時がたつにつれ、近代的な音楽ビジネスの著作権という考え方と衝突し、大きな改変を迫られることになる。それはさておき、そうした派生曲としてのこの〈ちょっといっしょに散歩しよう〉の基本形を作ったのはロックウッドだったのか、あるいは一部の人が推測するようにジョンスンなのか、それとも、彼が二六歳のときにシカゴに遠征して、〝遅れて来たデルタ・ブルースマン〟としてブルーバード・レーベルにこれを吹き込むまでに、だれかに作られたこの曲が南部ではそれなりに知られた曲（共有財産《コモンストック》の一部）になっていたのか。これは、今となっては答えが出ない問いなのだが、でも、やはり気になる。

　筆者は、これはジョンスン作ではないと思う。ロックウッド自身がそう言っていないし、ジョンスンにはすでに〈スウィート・ホーム・シカゴ〉があった。それに、なんといっても、歌詞がジョンスン「らしく」ないのだ。いっぽう、コモンストック説への反論は、それよりむつかしい。ロックウッドのブルーバード録音の次の年（一九四二）に、まだミシシッピにいたマディ・ウォーターズが、アラン・ロマックスの手になる国会図書館用のフィールド録音でこの曲を吹きこんで、その後も自分の持ち歌にしているからだ。つまり、この曲はその時点で、南部一帯では広く知られる歌だったという推測も可能だ。だが、筆者はそうではないだろうと思う。若き農夫マッキンリー・モーガンフィールド（マディ・ウォーターズの本名）が、〃民族音楽《フォーク・ミュージック》〃を吹き込んでほしいという白人の民俗音楽学者の依頼に応えて、新発売のレコードで聴いて間もない曲をカヴァーして演奏したというのは、大いにありそうなことだからだ。南部の〃フォーク〃ミュージシャンたちは、じつは私たちが思うよりずっとレコードを聞いていたし、マディもその例外ではなかった。ちなみに、マディのヴァージョンでは、ブリッジの歌詞（「おれを心配させることをした」の部分）が、「朝早く、四時半過ぎに／おまえはおれの家のドアを叩くだろう」と改作されている。五〇年代にチェス・レーベルで成功を収め、女たちに追われる精力絶倫男〃フーチー・クーチー・マン〃を演じることになるマディの（二〇章参照）、将来を予言するような改作ぶりだ。

そのマディや、リトル・ウォルターや、南部での演奏仲間だったサニー・ボーイ・ウィリアムスンIIやハウリン・ウルフは、ご存知のようにより大きな成功を求めてシカゴへ北上し、その市《まち》を根拠地にして、南部のブルースをエレクトリック化してビートを効かせた戦後シカゴ・ブルースの黄金期を築きあげた。そうした動きの中で、彼等を追うように北上した実直で職人気質のロックウッドは、マイヤーズ兄弟のジ・エイシズと肩を並べる万能の名セッション・ギタリストになり、黄金期の栄光を裏方として支えた。そののち六〇年代にオハイオ州クリーヴランドに移住、一時は音楽をやめて、ナイトクラブのマネージャーをしたり、配送トラックの運転手をしたりしていたという。自分のやりたい種類の音楽（たぶんよりジャズっぽい演奏）ができないことへの欲求不満もあっただろうが、それよりも、家庭を大事にし、暮らしを安定させたいという配慮が大きかったのではないかという気がする。ある意味で破滅型といえるリトル・ウォルターのバックを務めながら、ロックウッドは、〝ウィスキー＆ウィミン〟というブルースマンの標語とは真逆の人だった。最初のお連れ合いのアニーとの鴛鴦《おしどり》ぶりはよく知られるところで、ちなみに、彼が七〇年代に一二弦ギターを弾くようになったのも、彼女の勧めによるという。ロックウッドの「ちょっといっしょに散歩しよう」を聴くと、筆者はつい、彼の歌声のなかに、そうした仲睦まじいカップルの有り様を読みこんでしまう。

一時は「知られざる境遇」にいた[ii]ロックウッドは、愛好家レーベルのデルマークが作った『ステディ・ローリン・マン』（一九七二）で初めて、その孤高のアーティスト性を明らかにし（その巻頭には素晴らしいバンドスタイルの「ちょっといっしょに散歩しよう」が置かれた）、一九七四年にはエイシズとともに来日を果たして、[iii]日本でもリスペクトされるブルースマンになった。しかし、時とともに膨張したロバート・ジョンスン伝説の一登場人物としての取り扱いが、極めて独創的なギタリストであり、しかもとても実直な性分のロックウッドを、必要以上に気むずかしくさせたのではないだろうか。たしかに、ロックウッドの音楽には、ジョンスンに手ほどきされたデルタ・ブルースへの愛着が色濃いし、「ジョンスンの義理の息子にして唯一の直弟子」という称号は、彼の後半生のキャリアの大きな追い風になっただろう。とはいえ、一方で、ジョンスン亡きあと二〇年も三〇年もかけて独自の進化をとげた自分の音楽に、もっと目を向けてほしいという思いを持つのは、ミュージシャンであれば当然だ。「ジョンスンより、もっと私のことを尋ねてくれ」と、あるインタヴューでロックウッドがぶっきらぼうに言い放ったのも、そう考えればよくわかる。

しかも、ジョンスン伝説は七〇年代以降過剰に膨らんで、ロックウッドが身近にいて知った本人とは、かけ離れたものになっていった。私たちは、次のようなロックウッドのことばに耳を傾けるべきだろう。「ロバート［・ジョンスン］が有名になったおかげで、名声の分け前にあずかろうと、いろんな人がいろんなことをいうけどね。そいつらはだれも、何も知っちゃいないよ。かれらは、ロバートが悪魔に魂を売った、なんていっている。いったいどうやったら、そんなことができるんだね。悪魔に魂を売った人間がいるとしたら、それは、麻薬を売って百万ドルも稼いでいるようなやつだよ。みんなが彼に貼ろうとするレッテルが気にくわない。彼はブルース・ミュージシャンだったよ。ほかの仲間たちと同じような、ね。」

i　この曲はジョンスンの作ではなくロックウッドの作だという筆者の推論は、本書の脱稿後に出たジョンスンの義理の妹の本、『ロバートにいちゃん』(第一章の注iii参照) によって、見事に否定されてしまった。ジョンスンは、メンフィスに住んで兄のリロイ〝サン〟スペンサーと組んでビール・ストリートやハウスパーティで演奏していた頃に、すでにこの「ちょっといっしょに散歩しよう」を、セットの締めに演奏するような主要なレパートリーの一つにしていたと、当時子どもだった〝妹〟、アン・アンダースンが証言している。とはいえ、ロックウッドがジョンスンに習った曲の中からこの曲を吹きこみ、自分の名刺代わりにしたという事実の中に、本文で述べたような彼の人となりを読みとることができると筆者は考える（少々負け惜しみっぽい物言いだけど）。

ii　ロックウッドの以前の無名ぶりについては、たとえば、ポール・オリヴァーの『ブルースと話し込む』（日暮泰文訳、土曜社 2016; 原著=*Conversation with the blues*, Cassell & Co., 1965）の二六一～二頁参照。ちなみに、同書は、フィールドトリップを通じてブルース・アーティストたちと語り合い、一九六〇年代前半の時点での現在進行形のローカルな黒人音楽のありさまを捉えた名著である。

iii　そのときの素晴らしいライヴの全容は、『ブルース・ライブ！～コンプリート版～』（ヴィヴィド・サウンド 2008）に収められている。

MY BABE
(Written by Willie Dixon)

おれのあの娘　――リトル・ウォルター

My baby don't stand no cheatin', my babe
Oh yes, she don't stand no cheatin', my babe
Oh yes, she don't stand no cheatin'
She don't stand none of that midnight creepin'
My babe, true little baby, my babe

おれのあの娘は浮気を許さない
そうさ、おれのあの娘は浮気を許さない
そうさ、おれのあの娘は浮気を許さない
真夜中にこそこそ這いまわるのも許さない
あの娘は真心いっぱいのおちびちゃん、おれのあの娘

My baby, I know she love me, my babe
Oh yes, I know she love me, my baby
Oh yes, I know she love me
She don't do nothin' but kissin' and huggin'
My babe, true little baby, my babe

わかってるよ、おれのあの娘はおれに惚れている
そうさ、あの娘はおれに惚れている
そうさ、あの娘はおれに惚れている
彼女がするのは、キスと抱擁《ハグ》ばかり
あの娘は真心いっぱいのおちびちゃん、おれのあの娘

My baby don't stand no cheatin', my babe
Oh no, she don't stand no cheatin', my baby
Oh no, she don't stand no cheatin'
Everything she do, she do so pleasin'
My babe, true little baby, my babe

My baby don't stand no foolin', my babe
Oh yes, she don't stand no foolin', my babe
Oh yes, she don't stand no foolin'
When she's hot, that ain't no coolin'
My babe, true little baby, it's my babe

(Chorus: True little baby) She's my baby
(True little baby) She's my baby ……

おれのあの娘は浮気を許さない
そうさ、おれのあの娘は浮気を許さない
そうさ、おれのあの娘は浮気を許さない
あの娘がすることはぜんぶ、嬉しいことばかり
あの娘は真心いっぱいのおちびちゃん、おれのあの娘

おれのあの娘はうそ偽りを許さない
そうさ、おれのあの娘はうそ偽りを許さない
そうさ、おれのあの娘はうそ偽りを許さない
あの娘がいったん熱くなったら、手をつけられない
あの娘は真心いっぱいのおちびちゃん、おれのあの娘

一九五二年から五八年のあいだに、R&Bチャートのトップテンに一四曲のヒットを送りこみ（これはその前にサイドマンとして在籍したバンドのリーダー、マディ・ウォーターズに匹敵する商業的成果だ）、独創的なアンプリファイド・ハーモニカの奏法を生み出してブルースのサウンドを塗り替えたマリオン〝リトル・ウォルター〟ジェイコブズ。このルイジアナの片田舎生まれの天才は、しかし、アルコールに溺れてトップスターとしてのキャリアを反故にし、短気に導かれた喧嘩でハンサムな顔を傷だらけにした。その挙句、一九六八年二月の明け方、湖も凍りそうに寒いシカゴの知り合いの女性の部屋で、昔の喧嘩傷の跡から飛んだと推測される血栓に心臓を射抜かれて、眠ったまま息を引きとった。[i] 三八歳の若さだった。シカゴ・ブルースの黄金期を支えたチェス・レーベルをモデルにした映画『キャデラック・レコード』（ダーネル・マーティン監督、二〇〇八年）では、ウォルターは喧嘩っ早い破滅型の男として描かれているが、他の登場人物についてはともかく、彼の描写は当たらずとも遠からずという印象だ。[ii]

南部のブルースをルーツにしつつ当時としては目いっぱい都会的なビートや音作り（それは同時期のジャズ系インストのヒット群とも通底する）を駆使したのに加えて、ウォルターは、〈ブルース・ウィズ・ア・フィーリング〉や〈ラスト・ナイト〉、〈ユー・アー・ソー・ファイン〉等々、長く歌い継がれるブルース曲を書いた優れたソングライターでもあった。とはいえ、彼のヒット曲でいちばん売れたのはじつは、歌詞のないインストゥルメンタル曲〈ジューク〉と、そしてチェス・

レコードの縁の下の力持ち、ウィリー・ディクスンが書いたこの〈おれのあの娘《マイ・ベイブ》〉だった。

この曲は、歌詞もメロディも、とてもシンプルだ。同じ一九五五年に流行った、レイ・チャールズの〈アイ・ガット・ア・ウーマン〉と同じタイプの彼女自慢の歌だが、歌詞はレイのものよりもっと直球で省エネだ。当時二〇台半ばのウォルターのヴォーカルには、渋い中にもR&B歌唱としての一捌けの色気があり、そして、前章で取り上げたロバート・ロックウッド・ジュニア（ギター）と、ウィリー・ディクスン（ベース）、フレッド・ビロウ（ドラムス）が紡ぎ出す抑制の効いたビートはあくまでクール。ウォルターのハープソロはフィーリング豊かで過不足がない。ちなみに、曲の最後の部分に重ね録音《オーヴァーダブ》されたコーラスを担当したのは、ディクスンとロックウッドの二人だ。

さて、ディクスンの作と書いたが、この曲はじつは、作者不詳の古い黒人の宗教歌〈ディス・トレイン〉の歌詞を付け替えたものだ。ミシシッピ生まれのディクスンは、『おれがブルースだ（I Am The Blues)』と本のタイトルなどで豪語したりもしたが、しかしその音楽的な出発点はじつは田舎《ダウンホーム》のブルースではなく、ゴールデン・ゲイト・カルテットやミルズ・ブラザーズの流れをくむアカペラ・ヴォーカル・グループだった（もちろん担当パートはバス）。一九三〇年代にシカゴへ出て来てはじめはプロボクサーになろうとしたが果たせず、ジャイヴ・コンボのウッドベース奏者に転身、また路上で演奏して自作の曲の楽譜を売ったりもした。そののち、五〇年前後にチェス兄弟が作ったレコード会社のスタジオに出入りするようになり、タレントスカウト／プロデューサー／アレンジャー／セッション・ミュージシャン／ソングライターを兼務して、彼らのレーベルの発展に大きく貢献した。そうした下地からして、ジャズバンドとの共演でも知られる戦前ゴスペルの女王、ロゼッタ・サープのヒット曲〈ディス・トレイン〉を改作してラヴソングにするという発想は、ごく自然なものだっただろう。ただし、ディクスンの回顧によれば、ウォルターは当初この曲を吹き込むのを渋り、「絶対にヒットするから」と説得して録音させるまでに二年もかかったという。

　霊歌の〈ディス・トレイン〉のモチーフは、空を飛び天国へ向かう列車だ。[iii] 乗車賃は無料、ただし罪・咎《とが》・穢れのない者しかこの列車には乗れない。そうした来世の救いの話を、骨の髄まで世俗的なディクスンは、現世の喜びの歌に置き替えた。〈おれのあの娘〉の歌詞の主人公（語り手）は、遊び人が迎えた〝年貢の納めどき〟を思わせる口調で、「おれの彼女は、こわいんだよ。なにしろ、おれに本気で惚れているからね」と、手放しでのろけてみせる。四つめのヴァースの「When she's hot, that ain't no coolin'」のニュアンスは掴みにくいので、ややごまかし気味に訳してしまったが、この「hot」はけんかなどでの気性の激しさを指すのか、それともダンスなどの遊びの場でのノリの話か、それともベッドの上での熱さなのか。先に触れたレイ・チャールズの自作の〈アイ・ガット・ア・ウーマン〉では、「お金を貢いでくれる」とか「文句もいわずに尽くしてくれる」といった、男にとって都合がいい事柄がこまごまと歌われるが、この〈おれのあの娘〉にはそれはない。ワイルドな女の子が、自分を愛してくれている。ただそれだけ。あとの仔細は、聴き手の想像力に委ねられている。コミュニティの黒人の日常会話マナー（she don'tとかshe loveとかいった〝正規の文法を外れた〟言い回しが多用されている）のこの歌に示される男女関係のほうが、今となっては、レイの歌よりむしろ現代的に感じられる。

この曲は、その後ひんぱんにカヴァーされ、その数は軽く百をこえる。ルーサー・アリスンやジュニア・ウェルズ、アルバート・キングといったブルースマンや、ジーン・アモンズ、コールマン・ホーキンズ、ラムゼイ・ルイスといったジャズ奏者だけでなく、ライチャス・ブラザーズ、エルヴィス・プレスリー、デイル・ホーキンズ、リック・ネルソン、アニマルズ、ヤードバーズ、ファビュラス・サンダーバーズといった白人ロッカーにも広くカヴァーされ、ロックンロールの古典としての地位を獲得した。この曲のようなヒット曲や、ハーピストとしての貢献が評価されて、ウォルターは、二〇〇八年にロックンロールの殿堂（The Rock and Roll Hall of Fame）に顕彰されることになった。彼一人だけのために、「サイドマン」というカテゴリーが新設された。サイドマンといわれると、ウォルターは、単なるマディの伴奏者ではなく、一時であれ独り立ちしたスターだったといいたくなるが、とはいえ、彼のハーモニカ奏者としての画期的な独創性を想うとき、そうした顕彰のされ方も味があって悪くない気もする。

i ウォルターの死についてもいろんなうわさがあったようだが、当時の彼女とは別の女性（元ロバート・ロックウッド・ジュニアの彼女で、ウォルターの身の回りの世話を親切にしてくれた）の部屋で、午前五時ごろに、古傷が元の心臓血栓で亡くなったことは（その日の日中にケンカして頭をなぐられたことが、その一因かどうかは不明）、今でははっきりしている。シカゴのメトロポリタン葬儀場でのお葬式の様子について、ウォルターと彼の〝糟糠の妻〟アーミリーとのあいだの娘、マリオンはこう語っている。
「とてもたくさんの女の人が、『私の夫が、私の夫が……』といって悲嘆にくれていたのは、忘れられない。……そこには、B・B・キングがいた。マディ・ウォーターズがいた。大スターたちが列席していて。……彼の棺桶の前に小さな膝つき台があって、そこで膝まずいて、お祈りをするの。私は、母さんにいった、『母さん、こんなにたくさんの人がここにいるけど、でも私、父さんのためにお祈りしたいの』。……母さんはいったわ。『あんたがそうしたいんなら、しなさい。ほかの人がどういうかとか、思うかなんて、気にしなくていいのよ!』で、お棺の前に行って、お祈りした。とてもつらかった。……いまでも墓地へ行って、父さんのお墓にお花を供えるの。これだけ時がたってもやっぱり、自分は父さんの一部分なんだって気がする。」（Tony Glover, Scott Dirks and Ward Gaines, *Blues with a Feeling: The Little Walter Story*, Routledge 2002, p.270）

ii そうした彼のイメージを下敷きにした、というのはたぶんうがちすぎなのだろうが、一九八八年のトニ・トニ・トニのヒット曲、〈リトル・ウォルター〉（繰り返しのサビの部分に霊歌〈ウェイド・イン・ザ・ウォーター〉の旋律が引用されている）では、その名前の主人公は、無軌道な生き方をして早死にした男として歌われる。

iii "This Train"もしくは"This Train Is Bound For Glory"は、米国の鉄道網が整備されるにつれよく歌われるようになった古い宗教歌で、一九三〇年代にはシスター・ロゼッタ・サープの代表的なヒット曲になった。息の長い歌で、一九七〇年代には、ジョニー・ギター・ワトスンが、汽車をジェット機に替えた"This

地獄行き（たとえば
〈ディス・トレイン〉
と、この
Plane"として録音している。黒人の宗教音楽に出てくる列車には、行き先によって、J・M・ゲイツ牧師の〈地獄行き特急列車（Hell Bound Express Train）〉と、この〈ディス・トレイン〉やゴールデン・ゲイツ・カルテットの〈福音列車（Gospel Train）〉のような天国行きとに分かれるが、後者の伝統がソウル・ミュージックに流れこみ、六〇年代のインプレッションズの"People Get Ready"や、七〇年代のオージェイズの"Love Train"に姿を変えることになった。

第四章

CHICKEN HEADS
(Written by Calvin Carter and Bobby Rush)
チキン・ヘッズ　――ボビー・ラッシュ

※権利者から歌詞の出版使用許諾が下りなかったため、歌詞の掲載ができませんでした。ご了承ください。

【歌詞の内容紹介】

このミディアムアップテンポのファンク・ナンバー、歌詞は、八小節の一番と二番のあとに十小節のブリッジ（繰り返しの部分）が続き、そのあと八小節の三番があって、再度ブリッジ、そしてアドリブの歌詞でフェイドイン、という構成になっている。

「おやじがおれに、臨終《いまわ》のきわにこういった（Daddy told me on his dyin' bed）」で始まる一番では、歌の主人公は、父の遺言というか、最後の教えについて語る。「女に心《ハート》を捧げるのはいいけれど、のぼせ上がって頭（head）までなくすなよ」、つまり恋をしても冷静さを失っちゃいけないというのが、その教え。でも、主人公は、その教えを守れなかったと語る。いま付き合っている彼女には、ハートだけでなく頭まで持っていかれてしまった、と。

二番では、彼女の料理の自慢が歌われる。ちっちゃな可愛いおまえは、ほんとに料理上手だね（little girl, you sho' can cook）。その料理の腕に、おれは魚みたいにみごとに釣り上げられてしまったよ、とのろけてみせるのだ。ただし、この「料理」には、後の本文中で解説するように、別の意味がある。主人公は、彼女に、鶏料理をするときには、頭をとっておいてくれと頼む。この頭（head）と韻を踏むかたちで、主人公は、おれは自宅へ帰っても仕事をしなくちゃいけない、ただし寝台（bed）の上でねと、この歌には二重の意味があるということをほのめかす。

そして、ブリッジ（リフレイン）。メロディが変わって、「おまえのことを考えてる、おまえのことを夢見てる（Thinking about you, dreaming about you）」と、主人公の彼女への思いが歌われる。彼女が好きだ、彼女の鶏の頭料理（チキン・ヘッド）も大好きだと、主人公の愛は食欲とペアになっている。こんなに自分の愛は強いんだから、それを受け入れてほしいと主人公は訴える。受け入れて（let me in）、おれをするりと受け入れて（let me ease on in）というのが、オーティス・レディングの〈オープン・ザ・ドア〉のブリッジの締めと言い回しは同じでも（ラッシュが借用した？）、趣向はまったく違うこの歌の決めぜりふだ。

そして三番。ここではさらに、彼女への愛が強調される。おれの愛は、大河ミシシッピのように流れ続ける。もしその愛が犯罪だとすれば、おれは懲役九九年の判決を受けて牢屋に入っている。そのくらいに彼女を愛している。これは、一番でいう「頭までなくした」状態の告白ともいえる。

そのあと、ブリッジの繰り返し。彼女も鶏の頭も好きだと再確認、こんなに好きなんだからと、再び「受け入れ」を求める。

この歌、じつは、筆者が『ブルース&ソウル・レコーズ』誌の九一号（二〇一〇年二月号）の連載記事で最初に取り上げたときには、歌詞の使用許諾がとれ、対訳が掲載されている。それが可能な方には参照を勧めたい（あと、録音もそれから原歌詞も、ネット検索をすればたぶん見聞きできる）。

ブルース（さらにいえば黒人大衆音楽一般）のラヴソングには、愛や恋のココロを歌ったものだけではなく、あっけにとられるほどあからさまで明るい性愛の賛歌もある。そうしたきわどい歌《ボーディ・ソング》ではしばしば、男女のいとなみは、「ジェリーロールを食べる」「レモンを絞る」「コーヒーを挽く」「果物かごにバナナを入れる」「池で釣りをする」「車を運転する」「椅子を蹴る」「プードルと遊ぶ」「呼び鈴を鳴らす」「ロッキングチェアを揺らす」など、多種多様なたとえ（隠喩）を駆使して描写される。

そうしたたとえの多用の主な理由は、美学的なものだろう（面白い、イメージが広がる、気が利いた脚韻が踏める等々）。が、同時に、そうしたたとえには、別のはたらきもある。その歌をレコードにするとき、さらにはそれを電波に乗せるときに、仲間の黒人以外の人たちが、そうしたたとえに目隠しされて性的な内容の歌だと気づかなければ、主流の白人社会の倫理コードをすり抜けることができる。まだ物事が牧歌的だった第二次世界大戦前ではなく、一九七〇年代の初めに、この〈チキン・ヘッズ〉で、まんまとそうしたすり抜けをやってのけた男。それが、シンガー／ソングライター／プロデューサー／バンド・リーダー／ショウマンにして、近年はレーベル経営者でもあるボビー・ラッシュだ。

ラッシュは、多作だ。自作を中心に歌って、二〇数枚のアルバムを出している。なかでも、ギャンブル＝ハフが手掛けたフィラデルフィア録音『ラッシュ・アワー』（1979）は、歌曲とサウンド共に優れた傑作アルバムだし、近年のドクター・ジョンとのコラボ盤では、社会派のメッセージを聞かせた。また、〈スー〉や〈アイ・エイント・スタディン・ヤ〉といった、いわゆるチタリン・サーキット（主に南部の黒人相手の劇場やクラブ等からなる興行ルート）のお客を沸かせる人気曲を、いくつも持っている。しかし、彼の代表作といえばやはり、南部の土から湧き出たようなファンク・ブルースのスタイルを確立した、シカゴ録音（ただし発売は西海岸のギャラクシー・レーベル）の〈チキン・ヘッズ〉だろう。

歌の中身は、一見、三章のリトル・ウォルターの曲と同じパタンの、恋人自慢のラヴソングだ。女性を好きになるのはいいけど、アタマ（理性）を失って溺れてはいけないという〝父の遺言〟を守れず、料理上手の恋人に夢中なんだと、ラッシュは歌う。彼女の調理の腕をほめ、そして「鶏を料理するときには頭をとっておいとくれ」と頼む。ラッシュはルイジアナ生まれだし、ケイジャン料理かなんかに鶏の頭を使うレシピーがあるのだろうと、初めは思った。故郷の味に胃袋を鷲づかみにされ、彼女から離れられなくなったということなのだろうと。何年か前、この歌についての雑誌記事を書くことになって、裏を取ろうと調べたが、どこをどう探しても、鶏の頭料理などというものは見つからなかった。そこで方向転換して、スラングに「chicken head」という言い回しがないかを調べたら、ははあ、裏の意味はそうなのかと見当がついて記事を書いた。そのあと、ラッシュを大きく取り上げた『サザン・ソウル＝ブルース』という本が出た。その中に、この歌の成り立ちについてのインタヴューがあり、私の推測が裏付けられた。

チキンヘッドとは、一言でいえば、性の口技のことだ。ラッシュ本人がこう語る。一九五〇年代から六〇年代にかけてシカゴの独立レーベルとして栄えたVJレーベルの音楽面での大黒柱だったカルヴィン・カーターと、ラッシュは親しかった。そのカーターが、エホバの証人（キリスト教系の新興宗教）の伝道師で超堅物のレオ・オウステルという白人と組んで、音楽製作会社を作った。ラッシュは、この曲ができたので、「チック・ヘッド（女の子の頭）」という題にするつもりで、二人のところへ持ちこみ、ギターを伴奏に出だしを歌って聞かせた。

するとオウステルが尋ねた。「なんていう曲なんだい。」「チック・ヘッド。」「何だって?」とやつは言った。おれはピンときたね。で、こう言い換えた。「チキン・ヘッド。」やつは言った。「ああ、そうか。あんたら、南部じゃ、ニワトリの頭を食べるんだよな。」とっさにピンときたのさ。あいつは伝道師だし、「チック・ヘッド」なんて気に入らないに決まってるって。ニワトリとは、何の関係もない歌なのにね。でも、やつは言った。「うん、これはいいレコードになるぞ。」

それから、やつは、「B面に何を入れるんだね」と訊いた。「もう一曲、作って来たんだ。」「何ていう曲だね。」「『メリー・ジェーン』だよ。」「そうか、私も、メリー・ジェーンって娘《こ》と付き合ってたことがあるよ。」　もちろん、おれの歌は、女の人についてのものじゃない。マリファナ《リーファー》についての歌だった。で、おれは自分にこう言ったね。「うわあ。この人たち相手なら、何でも歌えるぞ。おれが何について歌っているかも、知らないんだから。面倒なしのやりほうだい。地面の上にある鳥の巣から、卵を取るようなもんだ。[ii]」

これが、オーラルセックス（いわゆるblow job）をしてくれる彼女を賛美する歌だとわかれば、「おれは働かなくちゃならないんだ、ただしのベッドの上で」や、「受け入れて、おれをするりと受け入れて」といった歌詞の意味が、目からうろこが落ちたみたいにはっきりする。私たち、つね日頃お上品な歌しか耳にしない現代日本人にはあからさますぎるかもしれないが、ブルースやダウンホーム・ソウルを好む黒人聴衆にとっては、この程度はユーモアの範疇内なのだ。[iii]ラッシュはこの歌のもとの題を、オウステルに会うまえにカーターに話しているが、カーターはそれを聞いて笑っただけだったという。この曲はR&Bチャートでヒットし、のちに、ジェイムズ・コットンやジミー・ジョンスン、マイティ・ジョー・ヤング、オスカー・トニー・ジュニア、そして女性歌手のビッグ・タイム・サラまでがカヴァーした。インテリをもって鳴るジャズ歌手のオスカー・ブラウン・ジュニアも、この曲を、一九七〇年代半ばに吹き込んでいる。彼は、〈ワーク・ソング〉や〈ウォーターメロン・マン〉、〈アフロ・ブルー〉を始めとする数々の名曲の作者なのだから、このカヴァーには千斤の重みがある。なお、オーラル・セックス・ソングのその後の展開を一言付け加えるなら、一九八〇年代の終わりに、マーヴィン・シーズというダウンホームなソウル歌手が、〈キャンディ・リッカー〉という男性サイドからのご奉仕を歌う曲で、一躍、ラッシュの向こうを張るチタリン・サーキットの人気者になった。

ラッシュは一九三三年ルイジアナ生まれ、説教師の息子で、本名はエメット・エリス・ジュニア。ギターとハープを演奏する。十代のころからアーカンソー州パインブラフのクラブでエルモア・ジェイムズのバンドと交流し、シカゴのサウスサイドに移ってからは、幼なじみのフレディ・キングや、ルーサー・アリスンを擁したバンドのリーダーとして活動した。ただ、サウンド面ではマディ・ウォーターズやハウリン・ウルフの影響を受けたが、歌詞の書き方はルイ・ジョーダンに学んだと自ら言うだけあって、ストレート・ブルースより、いわゆるノヴェルティものが得意だ。七〇年代に、ミシシッピ州ジャクスンに移住、太めの女性ダンサーたちをフィーチャーしたショウの、歌手兼MC兼コメディアン兼座長として息の長い活動を続けている。その素顔は、酒を飲まずタバコも吸わない音楽興行一筋の仕事人間だ。「うちの両親は物静かだったけど、父の一族が、飲む打つは、汚い言葉で罵るは、すぐケンカ沙汰に突入するはのタフなやつらで、かれらがおれの分もやってくれたから、おれはやらなくていいんだよ」というのが本人の弁だ。

ブルースマンは、単にミュージシャンであるだけでなく、演奏の現場で、黒人聴衆を相手に、さまざまなキャラクターを演じる。音楽学者のチャールズ・カイルは、名著『アーバン・ブルース』[iv]で、主にB・B・キングを念頭に置きながら、ブルース歌手は世俗の説教師としての社会的役割を担うと指摘した。しかし、それ以外にも、想像上の理想の恋人や誘惑者、バッドマンや異端者、伝承を伝える語り部、そして、トリックスター（道化）[v]といったさまざまな役柄がある。昔、とりわけ戦前のブルースマンについては、スタジオ録音のレコードの歌詞とわずかな口承から、かれらがどんな役回りを演じたかを推測するしかない。しかし、このボビー・ラッシュや故マーヴィン・シーズ、セオーディス・イーリーといったソウル・ブルース・アーティストのステージでの達者なトリックスターぶりを、私たちは、わざわざ現地へ出向かなくとも、ライヴ録音やDVD、YouTube動画で確認できる。[vi]世界は、ほんとうに小さくなったのだ。

カナダ・米国共同制作のドキュメンタリー映画『I AM THE BLUES』（二〇一六年制作、翌々年に日本公開）では、八一歳になってまだ現役で、自分で車を運転して南部を旅し、昔の仲間と旧交を温めるラッシュが、狂言回しとして登場する。その中で彼は、自分の歌の九〇パーセントはロードで、こうやって長い距離を車で走っているときにできた、おれは旅興行《ロード》に感謝しているよと語る。この〈チキン・ヘッズ〉も、そうして車の中で生まれた歌なのだろうか。

i　David Whiteis, *Southern Soul-Blues*, University of Illinois Press, 2013。ちなみに、この本の内容を紹介した、「底から這い上がるか？　アメリカ南部の現在形〝ブルース〟」という筆者の記事が、『ブルース＆ソウル・レコーズ』誌の一二〇号（二〇一四年刊）に掲載されている。

ii　*Southern Soul-Blues*, p.98。なお、あのデューク・エリントンも一九三〇年代に、コロンビア・レコード相手に同じようなことをしている。スウィング曲のタイトルに“Old King Dooji”とつけ、それはアフリカの伝説の王の名前だと説明したが、じつは西アフリカ起源の語dooji (duji)「は、性行為（それも動物との）、もしくはヘロインを指すスラングだったのである」（油井正一『生きているジャズ史』立東舎 二〇一六年 二三二〜二三三頁）。

iii　その点ではかれらは、春画を「笑い絵」と呼んだ、江戸時代の私たちのご先祖様と、似通った感性の持ち主だといえるだろう。

iv　チャールズ・カイル（北川純子他訳）『アーバン・ブルース』ブルース・インターアクションズ、二〇〇〇年。

v　先に述べたこの曲が世に出たいきさつや、あるいは五〇年代にシカゴのクラブのショウを受け持っていたとき、口ひげをつけた間抜け男とショウの主役の二役を別の名前で演じて、二人分のギャラを受け取っていたことにお客もオウナーも気が付かなかったといったエピソードを知るとき、ラッシュが黒人の口承詩や民話に出てくるアフリカ起源のトリックスター、「シグニファイイン・モンキー（舌先三寸口八丁のおサル）」を地で行く人物だと痛感させられる。（なお、黒人文化の理解にとってのこのキャラクターの重要性を説く著作に、ヘンリー・ルイス・ゲイツ・ジュニア『シグニファイング・モンキー――もの騙る猿』南雲堂フェニックス、二〇〇九年がある。）

vi　ラッシュが自分のレーベルから出したアルバム『*Live at Ground Zero*』（2003）にはボーナスDVDがついていて、本文中で書いたような太めの踊り子や下ネタギャグといった飛び道具満載の、黒人観客向けのライヴの模様を観ることができる。

第五章

LITTLE BLUEBIRD
(Written by Isaac Hayes, David Porter and Booker T. Jones)

小さな青い鳥　——ジョニー・テイラー

I know a little bluebird
I sure wish she would sing for me, for JT,
　yeah
I know a little bluebird
I sure wish she would sing for me
She's been flying around so long
I wish she would land in my tree

Every time she goes by, I want to cut her
　wings

小さな青い鳥と知り合いなんだ
あの鳥に、ぼくのために、ＪＴのために歌ってほしい
小さな青い鳥と知りあいなんだ
あの鳥に、ぼくのために歌ってほしい
あの娘《こ》は長いこと、このあたりを飛びまわってきたけど
ぼくの木に止まってほしいんだ

あの娘が飛びまわるのを見るたびに
　翼を切ってしまいたくなる
あの娘が飛びまわるのを見るたびに

Now, every, every, every, every, every, every, every
　time she goes by
I want to cut her wings, yeah
Lock up in a nest together
So I can buy her pretty things

Oh, little bluebird,
　please come and nest with me
I wanna say again
Oh, Lord have mercy, little bluebird,
　please come and nest with me
I think I set a dance,
　baby, just you and me in my tree, ah

I said it's all right, baby
Oh, you sweet little bluebird

翼を切ってしまいたくなる
二人でいっしょに巣ごもりするんだ
そしたら、あの娘にきれいなものを買ってやれる

ああ、小さな青い鳥
　どうかここに来ておくれ、一緒に巣づくりしよう
もう一度いうよ
ああ、きみはなんて可愛いんだ、小さな青い鳥
　どうかここに来ておくれ、一緒に巣づくりをしよう
ダンスパーティを開くんだ
　ぼくときみと二人だけのパーティを、
　ぼくの木のうえで

すべてがうまくいくよ、ねえ
ああ、小さな青い鳥
わかってくれているよね、愛してる、きみがほしい、

You know that I love you, I want you,　きみが必要なんだ
　I need you, I like the way you fly, baby　きみが飛ぶすがたが好きだよ
Bluebird, bluebird, bluebird, bluebird—　青い鳥、青い鳥、青い鳥、青い鳥——

深い恋情と、あっけらかんと明るい性愛。どちらも、ブルースのラヴソングに不可欠の要素だ。一九五〇年代後半から六〇年代にかけて、ゴスペル界の新進歌手たちが大挙して世俗音楽に転向し、ソウル・ミュージックの担い手になったとき、その多くが大なり小なりブルースをレパートリーに加えた。

このジョニー・テイラーは、アリサ・フランクリンやルー・ロウルズやボビー・ブランドなどと並ぶ、そんなソウルの時代のブルース歌唱の基準を示した歌手のひとりだ。アップテンポの〈テイク・ケア・オブ・ユア・ホームワーク〉で、外で遊ばず家に帰って奥さん相手にちゃんと〝宿題〟

をするようにとさとしたり、代表作〈ディスコ・レディ〉をステージで歌うとき、ダンスにことよせて下半身をしっかりあやしく振ってみせたりと、性愛要素への目配りにも抜かりがないのは、黒いエンターテイナーのつね。しかし、彼の歌唱の真髄はやはり、恋心やブロークンハートやハードタイムについて歌うブルースとバラードでの、繊細かつ並外れて深い味わいにあったといっていいだろう。

この〈小さな青い鳥〉は、そのジョニーが六〇年代の後半、〈フーズ・メイキング・ラヴ〉(1968)でソウル界の大スターになる少し前に吹きこんだ珠玉のソウル・ブルース曲群（〈ハロー・サンダウン〉や〈ウーマン・アクロス・ザ・リヴァー〉〈アイ・ハド・ア・ドリーム〉〈アイヴ・ガット・トゥ・ラヴ・サムバディズ・ベイビー〉等々）の一つだ。ステージでの定番曲になり、さらには、リトル・ミルトンやフレディ・キング、ラリー・デイヴィスなど多くのアーティストにカヴァーされてスタンダード化した。

この歌の主人公は、想いを寄せる女性を、そのきれいな青い羽根と愛らしい鳴声（ジョニーの録音では伴奏のブッカー・T・ジョーンズのオルガンがそれを模写する）で知られる青い小鳥に見立てて、「おれの木に止まって、おれのために鳴いてほしい」、つまり、自分だけの彼女《ステディ》になってほしいと呼びかける。彼女は独身生活を謳歌していて、たぶん主人公とだけでなく、ほかの男性たちとも気軽に付き合う。自由自在に飛びまわる彼女を見て、歌の主人公は、ああもう、彼女の翼の切り羽を切って飼い鳥にし、遠くへ行けないようにしてしまいたい！とつい思ったりする。それって、単なる男のエゴなんだけどね。

ここで青い小鳥、ブルーバードとブルースの因縁について一言。青い鳥といえば、メーテルリンクが書いた有名なチルチルとミチルのお話でもわかるように、ヨーロッパでは古くから幸せの代名詞だった。羽根が青い鳥は旧大陸にはいなかったから、想像上の存在の青い鳥が、得がたい幸福のシンボルになったわけだ。ところが移民たちがアメリカに渡ったら、その青い鳥、イースタンとマウンテン、ウェスターンの三種のブルーバード（和名ルリツグミ）が原生していた。だから、一九三〇年代にRCAヴィクターのサブレーベルとして設立され、ビッグ・ビル・ブルーンジーやルーズヴェルト・サイクス（一一章参照）、ウォッシュボード・サム、サニー・ボーイ・ウィリアムスンI（三四章参照）といった戦前ブルースのビッグ・ネームを擁した有名なブルーバード・レコードのロゴマークは、「幸せの青い鳥」ではなく、米国人にとって、私たちにとってのツバメやムクドリのように身近な実在の小鳥をモデルにしたものだった。身近だからこそ、初代のサニー・ボーイ・ウィリアムスンは名作〈ブルーバード・ブルース〉で、「なあ、青い鳥、青い鳥／お願いだ、この手紙を南に届けておくれ」と、自分が滞在中のセントルイスから故郷のテネシー州ジャクスンへ、恋人レイシー・ベルあての手紙のメッセンジャーを頼んだ。自分の想う人を、そのブルーバードに見立てたというところが、歌詞からいえば、この歌の目新しさだといえる。

この歌を書いたのは、ジョニー・テイラー本人ではない。作者は、彼が吹き込んだメンフィスのスタックス・レコードの、セッション・ミュージシャン兼スタッフ・ライターのアイザック・ヘイズ、デイヴィッド・ポーター、ブッカー・T・ジョーンズの三人だ。ヘイズとポーターのコンビは、ソウル・ファンには〈ホールド・オン・アイム・カミン〉を始めとするサム&デイヴのヒット曲群の作者として知られているし、また、その片割れのヘイズは、一九七〇年代初めに自身が〝ニュー・ソウル〟のスーパースターになった。しかし、彼らはじつは六〇年代に、こうしたしっとりしたブルース曲やソウル・バラードをたくさん書いている。

　こうやって専業のソングライターが作ったブルース曲は、その曲を演奏し歌うブルース・シンガーが曲の「作者」でもあるオーソドックスなカントリー・ブルースとは、おのずと性格が異なる。先に一章で、ロバート・ジョンスンの〈うちの台所へお入り〉を例にとって、バラードと違って単線的な筋（ストーリーライン）を持たないという、ブルースの歌詞の特徴について述べた。古い時代のブルース・シンガーは、いわば共有財産《コモンストック》になっている過去のブルースの歌詞に自分の独創を付け加えて、ライヴ演奏やレコーディング場の必要に応じて、ヴァースを適当に組み合わせて長く、もしくは短く曲を組み立てる能力を持っていた。それが、彼らにとっての作曲だった。Tボーン・ウォーカー（一三章参照）は歌詞を即興で作りながら一日中でも歌えると豪語したし、ファリー・ルイスも、ギターを弾けば勝手に歌詞が出てくると述べた。[ii] これは、言い換えれば、頭の中の他作・自作の歌詞のストックを入れた大きな引き出しの中から、いくらでも自在に歌詞を引っぱり出せる技量があるということなのだ。同時に、カントリー・ブルースでは、歌のメロディラインとそれをサポートする器楽演奏もまた、学ばれて伝播するという意味で共有財産的なものであり、また、歌詞とメロディの組み合わせも、この歌詞にはこのメロディというふうに強く固定化されてはいなかった。だからジョンスンが、ミシシッピ・シークスのヒット曲を下敷きにして〈うちの台所へお入り〉を作っても、それはブルース曲の成り立ちとしてはよくあることなのだった。

いっぽう、レオナード・フェザー作の〈イーヴル・ギャル・ブルース〉（ダイナ・ワシントンの出世作）や、ジェリー・リーバーとマイク・ストーラー作の〈カンサス・シティ〉、そしてこの〈小さな青い鳥〉のような作曲されたブルースは、スタジオで歌手に録音させることを念頭に置いて作りこまれている。電波に乗る「三分間のドラマ」である以上、その構成はカントリー・ブルースより単線的、言葉もより広い聴衆を意識してわかりやすいものが選ばれ、歌のメロディや器楽アレンジも聴衆の耳にとまるように特徴的に仕立てあげられている。だから、カントリー・ブルースの曲の多くは、インストゥルメンタルにすると他の曲との区別がつかないが、たとえば〈カンサス・シティ〉は、器楽演奏でも聴けばすぐにそれとわかる。

どちらがいいというようなことではない。落語の古典と新作のようなもので、作曲家が書いたブルースとカントリー・ブルースには、違った持ち味がある。形を変えながら伝えられ、共有財産化した古いスタイルのブルースには、コミュニティの口承歌（ただしその多くはじつは口移しではなくレコードや電波を介して伝承されてきたのだが）としての濃いコクがある。いっぽう、作者と歌い手の分業が基本の「新作」の世界では、歌手が歌唱力と「歌のドラマ」の演者としての技能をフル稼働させる（一番の歌詞の二行目の「JT」はもちろん近年苦境にある日本たばこ産業のことではなく、ジョニー・テイラーの略称＝ニックネームで、この歌を歌い手が、自分の身に起こったこととして歌っていることが示されている）。聴いてみればわかるが、三番が、この歌の感情的クライマックスだ。こみあげる思いを抑えてクールに歌ってきた主人公が、ここではじけ、伴奏にサポートされながら、「Oh, little bluebird!」とシャウトして、深い恋情のマグマの先端の炎を見せる。[iii] こうした〝だんだん盛り上がっていく〟構成は、もともとダンス音楽としての色彩が強く、一定のテンポとテンションの維持が基本命題だった昔のブルースにはなく（その点ではブルースはファンクと同じ）、たぶんゴスペルの世界から持ち込まれたものだ。こうしたゴスペル起源の技法を最初に大胆にブルースに導入したのはほかならぬB・B・キングなのだが、それはさておき、名門ゴスペル・カルテット、ソウル・スターラーズのリード歌手だったこともあるジョニーのこの曲での喉の至芸は、ソウル・ブルース（あるいはもっとはっきりいえばゴスペル・ブルース）というものの存在意義を余すことなく伝えていると、筆者は思う。

i　専門家の言葉を借りて、少し補足しておこう。「偉大なブルース・アーティストの多くは、それが必要になれば、オリジナルのまとまりをもった歌詞を作ることができたが、しかし実際には、ブルースをそうした作詞作曲の枠にはめて捉えはせずに、ときには、一〇分かそれ以上も切れ目を作らずに演奏して歌った。そして、演奏の歌詞の部分は、準備されたものではない即興の「浮動する歌詞《フローティング・ヴァーシズ》」、つまり他の歌い手が歌うのを耳にしたその多くが南部じゅうでよく知られている二行連句《カップレット》の混ぜ物《ミックス》であり、そしてそこに、自分のオリジナルの歌詞（ときには演奏の現場で作られた）が加えられた。そうした演奏が録音されレコードとして保存されたとき、物質的な永続性が与えられているために、それが完成された作詞作曲作品だと私たちは思いがちである。しかしながら、多くの場合、演奏者は、前の演奏の五分後であってさえ、同じ歌詞《ヴァース》を同じ順番で繰り返すことはない。そして、一般的には、そうした「歌《ソング》」は、文芸的創作物や口承のバラッドのような単線的な筋のまとまりを持たない。その歌詞は、典型的には、気分《ムード》や状況を確定するヴァースから始まり、そのテーマを展開するヴァースが後に続くことが多いが、しかし、歌い手の気まぐれや意識の流れによって、まったく無関係な方向へ逸れていくこともある。レモン・ジェファースンやチャーリー・パットンのような演奏者は、きわめてしばしば、こうしたやり方で歌詞を構成する。そして、ブルースの研究者は、かれらの特定の録音でのヴァースがどの程度までランダムで、どの程度まで構成されているのかをめぐって、激しい議論を繰りひろげてきた。」（Elijah Wald, *The Blues: A Very Short Introduction*, Oxford University Press, 2010, p.113）

ii　Michael Taft, *The Blues Lyric Formula*, Routledge, 2006, p.19。

iii　ちなみに、ここではフルヴァージョンを採ったが、シングル盤では、おそらく時間的制約のためだろう、三番の繰り返し部分がカットされて「もう一度いうよ」ではなくなっており、そして、後年のステージ（たとえばDVDにもなった『*Live In Dallas*』）でもその形が踏襲されている。ついでに告白すると、この三番の後ろの二行の、「I think I set a dance, baby ～」とした部分、じつは聴き取りが難しく、正しいかどうか一〇〇%の自信はない。カヴァーした他の歌手はどう歌っているのか調べてみたら、「Oh, I'll make life so wonderful, baby～」（リトル・ミルトン）、「We can have so much fun together, just～」（フレディ・キング）といった具合に、歌詞を変えて歌っている。おそらくネイティヴのかれらにさえよく聴き取れなかったのだろうと判断し、自分の耳のいたらなさを申し訳なく思う気持ちがいくらか薄まったのだった。

PART II

おれは大都会のプレイボーイ

Boasting Man And Talking Back Woman

第六章

THAT BLACK SNAKE MOAN

(Written by Blind Lemon Jefferson)

あの黒い蛇がうめいてる　――ブラインド・レモン・ジェファースン

Ohh-oh, ain't got no mama now
Ohh-oh, ain't got no mama now
She told me late last night,
　"You don't need no mama no-how"

オーーー、かみさん《ママ》がいない
オーーー、かみさん《ママ》がいない
あいつは昨日の夜中におれにいった、
　「あんたにゃかみさんなんて要らないんだよ」ってさ

Mmmm, black snake crawlin' in my room
Mmmm, black snake crawlin' in my room
Some pretty mama better come and get this
　black snake soon

ムーーー、黒い蛇がおれの部屋を這いまわっている
ムーーー、黒い蛇がおれの部屋を這いまわっている
どっかの可愛い彼女《ママ》、早く来て、
　あの黒い蛇をつかまえておくれ

Ohh-oh, that must have been a bed bug,
　baby, a chinch can't bite that hard
Ohh-oh, that must have been a bed bug,
　honey, a chinch can't bite that hard
Asked my sugar for fifty cents, she said,
　"Lemon, ain't a child in the yard"

Mama, that's all right,
　mama, that's all right for you
Mama, that's all right,
　mama, that's all right for you
Mama, that's all right, most any old way
　you do

Mmmm, what's the matter now?
Mmmm, honey, what's the matter now?

オーーー、あれは南京虫だったんだよきっと、
　ナガカメムシはあんなにひどくは噛まないからな
オーーー、あれは南京虫だったんだよきっと、
　ナガカメムシはあんなにひどくは噛まないからな
おれの彼女に五〇セントねだったら、彼女が答えて
　いうには、「レモン、庭に子どもは一人もいないよ」

おまえ、それでいいんだよ、
　ママ、それでだいじょうぶ
ママ、それでいいんだよ、
　ママ、それでだいじょうぶ
おまえがどんなやり方でやったって、
　それでいいんだよ

ムーーー、いったいどうしたんだい
ムーーー、おまえ、いったいどうしたっていうんだい

Sugar, what's the matter, don't like no black snake no-how?
Mmmm, wonder where my black snake gone
Mmmm, wonder where this black snake gone
Black snake, mama, done run my darlin' home

どうしたんだ、黒い蛇が嫌いなのかい
ムーーー、おれの黒い蛇はどこへ行ったんだろう
ムーーー、あの黒い蛇はどこへ行ったんだろう
黒い蛇が、おれの愛しい彼女を実家へ追いかえしちまった

Public Domain

農村から都会へ、というブルースという音楽ジャンルを背負った人たちの移動を、自慢のことばやそれに対する言い返しの啖呵をテーマにしながらふりかえる。それが、このパートⅡの六つの章のもくろみだ。

ブルースの発祥の地はご存じのように、南部の田舎だ。だから初期のいわゆるカントリー・ブルースには、当然、田舎の風物が歌いこまれている。たとえば、ラバや乳牛や雄牛、オンドリやメンドリ、ヤギやポニーや猟犬といった家畜、主要作物だった綿花につく害虫ワタミゾウムシ《ボル・ウィーヴィル》、そして、潜水ガモ、ブルーバード、ヘビ、ウシガエル、アリゲーター、キャットフィッシュ、黒後家グモ《ブラック・ウィドウ・スパイダー》やマルハナバチ《バンブルビー》といった野生の生き物が、歌の世界をにぎわせる。

そうした田舎の生き物は、ふつうに風物として出てくるだけでなく、感情移入の対象になったり、喩えの材料やシンボルとして使われたりする。たとえば、黒後家グモは、カマキリなんかと同じく、メスが交尾後にオスを食おうとする（実際かなりの確率で食ってしまうらしい）ことから、〝男を破滅させる女〟のシンボルとされる。あるいは、「あんたの彼女が他の男とよろしくやってるよ」と伝えるのに、「よそのラバが、家畜小屋のおまえの仕切りの中でぴょんぴょん跳ねてるぞ（Another mule kickin' in your stall）」という言い回しが使われたりする。[i] その昔、黒いお百姓たちの相棒だったウマとロバの一代雑種のラバは、頑丈でよく働くがじつは生殖能力がない。だから変な喩えという気がしなくもないが、縄張りを侵すやつがいるというのがこの慣用句の要点なのだろう。

とはいえ、ブルースの歌詞に出てくる動物の意味づけが、いつもそんなふうに簡単に絵解きできるとはかぎらない。たとえばヘビ。その昔、ブルース研究家のポール・ギャロンは、フロイトの学説を引いて、ブルースに出てくる蛇はずばり、男根の象徴《ファリック・シンボル》だと断言した。[ii] そうした見方にも、もちろん一理はありそうだが、しかし、この章で取り上げるブラインド・レモン・ジェファースンの〈あの黒い蛇がうめいてる〉では、黒い蛇のイメージは歌の中で、もう少し微妙で複雑な役回りを演じているようにみえる。

ワーサムやグローズベック、マーリン、コセといった中部テキサスの小さな町の通りを流して歩き、ギターを弾きながら霊歌やブルースを歌って真鍮のコップでお金を集める流しから歌手人生を始めたブラインド・レモン。その彼が、一九二六年にシカゴで、自らのギター伴奏だけで歌うという先例のない〝ダウンホーム〟スタイルのブルースのレコードを吹きこんで、たちまちのうちに全国区のスターになった。二九年一二月の三六歳での悲劇的な死までのごく短い期間に百曲近くの録音を残し、その楽曲・詞句や唱法・ギター奏法は、サン・ハウス、テキサス・アレグザンダー、レッド・ベリー、B・B・キングやアルバート・キングから、カントリー・ミュージックの父ジミー・ロジャースやウエスタン・スウィングのボブ・ウィリスまで、人種を超えて多くのアーティストに影響を与えた。[iii]「Mmmm」や「Ohh-oh」といった、聴く者の胸に直接訴えかける〝モーン（呻き声）〟がトレードマークのこの黒い蛇のブルース（二七年録音）は、そんなレモンの代表作の一つ。[iv] 後年のいろんな種類の蛇のブルースの嚆矢でもある。今世紀に入ってからもこの曲は、南部を舞台にした性愛がテーマの映画、『ブラック・スネーク・モーン』[v] のモチーフ曲として使われた。とはいいえ、この大有名曲はじつは、まったくの彼のオリジナルではない。

レモンのこの曲の下敷きになったのは、同じテキサス出身の女性歌手、ヴィクトリア・スピヴィーが前年に吹き込んだ〈ブラック・スネーク・ブルース〉だった。スピヴィーは、自分の女友だちの部屋に黒い蛇が入ってきたという実話をもとに作った歌を、ローカルのあちこちで共演していた歌手仲間のレモンが盗んで「セックスの歌」に変えてしまったと、この曲がヒットした当座は腹を立てたという。しかし、その後レモンと仲直りした。[vi] 有名な「あの黒い蛇の歌」のオリジネイターとして自己宣伝でき、ロニー・ジョンスンとのデュオ盤のような後続作を吹き込めたのだから、あながち彼女も損をしたわけではなかった。ここで詳しく見る余裕はないが、スピヴィーの歌詞は、実際の黒蛇（テキサスを含む南部には毒のあるのやないのや、数種のブラック・スネークが棲息している）を出発点に、それを歌の主人公にひどいことをする不実な黒人男性や、あるいは悪運の象徴になぞらえて、イメージを広げて歌っている（余談だが、スピヴィーの歌詞にはのちの〈キャットフィッシュ・ブルース〉につながるヴァースもある）。

さて、レモンの歌に移ろう。もちろん典型的なダウンホーム・ブルースだから、先に見たロバート・ジョンスンの〈うちの台所へお入り〉などと同じく、この歌も、単一のストーリーラインがない一人称のヴァース（節）のつなぎ合わせになっている。

一番で、歌の主人公は、ママ（妻または恋人）に逃げられたと歌う。劇場の余興でレスラーを務めたこともある大男で、目が見えなくても一人でかなり自在にあちこちを行き来できたレモンは（だからいくらかは視力があったという説もある）、ブレークする前からいつもいい身なりをし、女好きで、離婚経験があった。一番と二番をつないで聴けば、そうした自身の経験を映すかのような、彼女に去られて悶々とする歌の主人公の姿が浮かび上がる。二番での黒い蛇は、男根の象徴といってもいいが、つまりは性欲と孤独感の一種独特の混合物の暗喩《メタファー》だろう。

三番で突然話題が飛ぶ。日本でも戦前期までの庶民はしばしばノミやシラミや南京虫に悩まされたものだったが（そこで占領軍にDDTという殺虫剤を頭からかけられた）、ここでいうbed bagはその吸血寄生虫トリオのうちの南京虫（トコジラミ）。ややこしいことには南京虫もそう呼ばれることがあるのだが、ここに出てくるchinchは、同じカメムシの仲間の、芝などの植物の害虫のナガカメムシを指しているとみられる。形が似ているのでそいつかと思ったら、南京虫に手ひどく刺されてしまったというのだ。刺されたら、激しいかゆみが二日間にわたって続くそうだから、始末に悪い。この行の最後のhardと、yardで韻を踏む次の行の「庭に子どもは一人もいないよ ain't a child in the yard」は、たぶん古い慣用句なのだろう。調べても意味がわからなかったが、しかし文脈からいって、「お金の持ち合わせがないの」のような無心への断りのことばだと思われる。

四番は丸ごと、ビッグ・ボーイ・クルーダップからプレスリーの初録音へと受け継がれた〈ザッツ・オール・ライト〉の有名な出だしと同じ。ブルースの歌詞のスタンザ（一まとまり）は、そんなふうにバラで受け継がれ、共有財産《コモンストック》として流通することが少なくない。もちろん主人公がオーライ（いいよ）という「彼女のすること」は、そうでない受け取り方も可能だけれど、性的な意味にも取れる（きわめて性的に解釈するなら、〝どんな体位でもオーケイ〟というふうにも理解できる）。

さて、後ろの五番と六番の「黒い蛇」は、詩的といえば聞こえがいいが、対訳者泣かせの難物だ。このおそらく女性に誘いをかけて拒まれ、「あんた、黒い蛇は嫌いなのかい？」と尋ねる主人公。このヘビはあからさまに自身の黒い一物（＝性行為の換喩）を指しているとも取れるし、黒人男性である主人公が自身を黒蛇に喩えているとも取れる。そしてそこに、旧約聖書のアダムとイヴのお話に登場する、イヴを誘惑した蛇のイメージが重ねあわされているとしても意外ではない。しかし、だとすればその次の六番を、どう理解すればいいのか。「黒い蛇がどこかへ行ってしまった」というのは、性的能力の喪失を指すのだろうか。だとすれば、その蛇が、愛しい彼女を実家へ追いかえしたというのが解せない。あるいは、レモンは、黒い蛇をjelly rollなどと同じ性行為の代名詞として使っていて、自身の過剰な欲望のために女性に去られたと歌っているのか。こうして意味に不明なところがあっても、レモンの独特のうめきと強靭な、しかし抑制のきいた高めの声の切迫感は、私たち聴き手の胸の深部に確実に憂鬱の固まりを配達する。

もとは聴衆の要望に応えるストリート・シンガーだったレモンは、コミュニティの人びとの生活経験を色濃く映したブルースだけでなく、宗教歌やノヴェルティ・ソングも歌った。彼の初録音はディーコン・L・J・ベイツ名義の霊歌で、たくさんブルース曲を書いて歌ったのは、それが流行音楽としてよく売れたからだという見方もできる。ライトニン・ホプキンズのような地元の〝弟子〟にだけでなく、ミシシッピ・デルタや東海岸にまで大きな影響をおよぼしたレモンは、人気の盛りをやや過ぎたとはいえ、まだまだ歌い盛りの四〇前に突然亡くなった。

その死をめぐる事情ははっきりしない。クリスマスの前後に、猛吹雪に見舞われたシカゴの路上で息を引き取ったのはたしかなようだが、お抱え運転手付きの自分の車を待つうちに寒さで心臓麻痺を起したとか、パーティで酩酊して酔いざましに外へ出、吹雪の街で道に迷って凍死したとか、風説はさまざまだ。遺体は列車ではるばる故郷のダラスに運ばれ、一九三〇年の元日に葬儀が行われた（悪天候にも関わらず三百人以上の参列者があったという）。その春に出た追悼のレコード[vii]で、エメット・ディキンスン牧師は「生まれつき盲目だったレモンは、イエスと同じように十字架を背負った人間だった」と説教し、彼は天国に行ったと述べた。この牧師は明らかに、ブルースを歌う者は地獄行きだなどと考えていなかった。ただ、そのレモンをキリストに無理になぞらえた追悼の辞に、黒い蛇のうめきを知る筆者は、「こんなに煩悩を真正面から表現するキリストなんているかね」と微苦笑せざるをえない。

i　マディ・ウォーターズの"Long Distance Call"や、その弟子筋のジュニア・ウェルズの"Another Mule Kickin' in Your Stall"がその例。

ii　Paul Garon, *Blues and the Poetic Spirit*, Eddison Press, 1975, pp.154-156. ここで、精神分析学を尊ぶシュールレアリストのギャロンは、メンフィス・ミニーがドロヘビ（無毒でおとなしいが、尻尾の先がとがっているので「刺し蛇」の俗称がある）を歌った"Stinging Snake Blues"（一九三四）と、レモンのこの歌を例として挙げて、蛇＝男根の象徴説を唱える。ミニーの歌には、部屋じゅうを這いまわる刺しヘビのうちの一匹が、夜中に自分の脚をつついて、眠らせてくれないというくだりがあったりして、たしかにそれっぽいとはいえる。

iii　ギター奏者としてのレモンについては、『ロバート・ジョンソンより前にブルース・ギターを物にした9人のギタリスト』（ジャス・オブレヒト著、飯野友幸訳、リットーミュージック、二〇一六年）の第三章「ブラインド・レモン・ジェファーソン」に詳しい。この章には、彼の他の曲や人となりについても紹介されている。

iv　スピヴィーとブラインド・レモンの黒蛇に始まり、スピヴィーとロニー・ジョンスンのガーターヘビのブルース、マデリン・ジェイムズやメンフィス・ミニーのドロヘビのブルース、チャーリー・パットンのガラガラヘビのブルース、そして戦後のジョン・リー・フッカーの〈這いまわる王様蛇（Crawling King Snake）〉といったぐあいに、ヘビの歌はブルースの世界の一つの伝統のようになっている。

v　『Black Snake Moan』、クレイグ・ブリュワー監督、二〇〇六年。ちなみに、スコット・ボマーが担当したこのアルバムのサントラには、ジェシー・メイ・ヘムフィルやプレシャス・ブライアントといった女性のカントリー・ブルース奏者に加えて、本書の四章で取り上げたボビー・ラッシュの〈チキン・ヘッズ〉が収録されている。

vi　Robert Uzzel, *Blind Lemon Jefferson: His Life, His Death, and His Legacy*, Eakin Press, 2002, pp.34-

vii

35.

レモンが契約していたパラマウントから出た、John Byrd の“Wasn’t It Sad About Lemon?”と Rev. Emmett Dickinson の“Death of Blind Lemon”のカップリング盤（Paramount 12945）。その後も、キング・ソロモン・ヒルの“My Buddy, Blind Lemon”や、無名時代に一緒に旅したこともあるレッド・ベリーの“Blind Lemon”といったトリビュート曲が吹き込まれて、レモンの存在の大きさを指し示している。

第七章

BANTY ROOSTER BLUES
(Written by Charley Patton)

チャボの雄鶏ブルース　――チャーリー・パットン

I'm gonna buy me a banty,
　put him at my back door
I'm gonna buy me a banty,
　put him at my back door
So if he see a stranger a-comin',
　he'll flap his wings and crow

チャボの雄鶏を買ってきて、
　家の裏口に置いとこう
チャボの雄鶏を買ってきて、
　家の裏口に置いとこう
そうすれば、見かけないやつが来たら、
　羽ばたきをして鳴いてくれる

What you want with a rooster,
　he won't crow 'fore day?
What you want with a rooster,

夜明けに鳴かない雄鶏が、
　何の役にたつんだい
夜明けに鳴かない雄鶏が、

he won't crow 'fore day?
What you want with a man,
when he won't do nothin' he say

What you want with a hen,
won't cackle when she lay?
What you want with a hen,
won't cackle when she lay?
What you want with a woman,
won't do nothin' I say

Ah, take my picture,
hang it up in Jackson Wall
Ah, take my picture,
hang it up in Jackson Wall
Anybody asks you, "What about it?",

何の役にたつんだい
いうだけで何もしない男に、
何を期待するんだい

卵を産んでもコッコと鳴いて知らせない雌鶏が、
何の役にたつんだい
卵を産んでもコッコと鳴いて知らせない雌鶏が、
何の役にたつんだい
おれのいうことをひとつも聞かない女に、
何を期待するんだい

ああ、おれの写真をとって、
ジャクスン・ウォールに架けといておくれ
ああ、おれの写真をとって、
ジャクスン・ウォールに架けといておくれ
「何なのこれ」とだれかが訊ねたら、

tell'im, "That's all, that's all"

My hook's in the water
　and my cork's on top
My hook's in the water
　and my cork's on top
How can I lose, Lord,
　with the help I got

I know my dog anywhere
　I hear him bark
I know my dog anywhere
　I hear him bark
I can tell my rider
　if I feel her in the dark

「見てのとおりだよ」と答えてやりゃいいさ

おれの釣り針は水のなか、
　コルクの浮きは水のうえ
おれの釣り針は水のなか、
　コルクの浮きは水のうえ
これだけの手助けがあれば、
　ほんと、失敗のしようもないさ

おれの犬がどこにいたって、
　鳴き声を聞けばわかる
おれの犬がどこにいたって、
　鳴き声を聞けばわかる
闇のなかにいたって、
　おれの彼女は触わればわかる

Public Domain

前の章で触れたブラインド・レモンの急死を埋めるような形で、チャーリー・パットンのレコーディング・キャリアは始まった。レモンの最期の録音の年であり、パットンの最初の録音の年である一九二九年はまた、世界大恐慌が始まった年でもある。このころには、レモンのようなダウンホーム・スタイルのブルースの人気に陰りが見え、リロイ・カーやタンパ・レッドとジョージア・トムのような、より都会的なサウンドのブルースへとレコード市場の好みは移りはじめていた。とはいえ、田舎の暮らしを映すカントリー・ブルースにも、南部を中心にまだ手堅い需要があった。そこで、レモンをスターにして儲けたレコード会社パラマウントは、ミシシッピ州のデルタ（三角州）地域で歌手／エンターテイナーとして圧倒的な人気を誇ったパットンを地元のタレントスカウトに教えられて、ためらわず飛びつき、その死まで足掛け六年にわたって六〇曲近くを録音することになった。

レモンもパットンも、レコーディング・スタジオはさておき、生演奏の場では〝マイクロフォン以前〟の歌手だった。街頭やパーティやダンスイベントやピクニックなどで歌うとき、聴衆の耳にしっかり声が届かないと商売にならない。そのためのレモンの武器は高い目の通る声だったが、パットンは相撲でいえば突き押しのように豪放なビッグ・ヴォイスの持ち主だった。ここで著者の固定観念を開陳するなら、パットンは、何にもましてハウリン・ウルフ（三五章参照）の先達なのである。大男でパットンばりのビッグ・ヴォイスを持ち、そしてパットンと同じようにギミック

（曲弾き）を見せたりクラウニング（道化的な所作）をしたりして観客を楽しませるエンターテイナーでもあったウルフは、ひところは演奏巧者のジョニー・シャインズと並んで、デルタのシーンで「王様」パットンの有力な後継ぎ候補だったという。それを知っていたウィリー・ディクスンは、五〇年代にシカゴに出てきたウルフに、パットンのレパートリーにちなんだ〈リトル・レッド・ルースター〉と〈スプーンフル〉を提供した。その二曲はウルフにとってのヒットになっただけでなく、のちにはロックのスタンダードにもなった。

そう、ここで〈ポニー・ブルース〉や〈ピー・ヴァイン・ブルース〉、〈ハイ・ウォーター・エヴリィホウェア〉や〈トム・ラッシェン・ブルース〉といったパットンの他の有名曲を差しおいて、このチャボの雄鶏の歌を取り上げるのは、ヘビの次はニワトリという（なんだか干支っぽい？）田舎の生き物つながりもさりながら、有名なウルフの雄鶏の歌のヒントの一つになった歌であるからなのだ。長すぎる前置きはこのくらいにして、歌詞の中身に入ろう。

まずは、歌のタイトルにもなっているbantyから。これはbantamの呼び換えで、小型のニワトリの一品種、日本でいえばチャボ（矮鶏）に当たる。東南アジアの原産で、短めの足とピンと立った尾が特徴、羽毛が赤みがかっているものが多くて、これが南部の農家でよく飼われている。ウルフが歌う「小さな赤い雄鶏」ももちろん同じ品種だ。ではなぜ、歌詞の一番で、歌の主人公は、チャボの雄鶏を家の裏口で飼おうと考えるのか。その背景には、雄鶏を飼っていれば、知らない人が家に近づいたら、コケコッコーならぬコッカードゥードゥルドゥーと鳴いて教えてくれるという、当時のミシシッピの黒人たちの俗信がある。とはいえ、それならその警報機代わりの雄鶏を、来訪者がふつう足を向けるはずの玄関のほうにではなく、なぜ裏口に配置するのか。それはたぶん、そちらから入ってくるものとされている間男（いわゆる裏口からやってくるお友だち《バックドア・フレンド》）への対策だろう。歌の主人公は妻の浮気を疑い、雄鶏の助けを借りてその相手をとっつかまえようともくろんでいるのだ。

　続く二番と三番は一番を受けて、ニワトリつながりで話題が展開する。二番は、夜明けを知らせない怠けものの雄鶏にたとえて口先だけの男をけなす歌詞、三番は卵を産んでも知らせない雌鶏にたとえて不従順な妻をけなす歌詞で、イメージも脚韻も比較的ありふれているが、聴き手の男女の日常的な「あるある」感を誘う、それなりに受ける歌詞だったのではないか。

　四番で突然話題が変わる。「ジャクスン・ウォール」というのがよくわからないが、おそらく地元に実在したバレルハウス（たいていピアノがあり、酒と音楽とダンスと場合によっては女性も提供する安酒場）の名前だと考えられている。その所在地は、デルタ地域最大の町ジャクスンの盛り場だったのか、それとも別の場所にあったのか。とにかく、当時ミシシッピのそうした酒場には、店内に出演者の写真を飾る習慣があったらしい。パットンはそこに自分の写真を飾るように、と歌っているわけだ。[ii] じつは、この歌は、パットンのオリジナルではなく、ウォルター・ローズという、ケイジャン音楽よろしくアコーディオンを弾きながらブルースを歌う変わり種歌手の作だという説がある。ローズは、パットンの録音の二年前に「鳴き声をあげる雄鶏」という題でこの曲を吹き込んでおり、[iii] パットンはこのレコードを聴いてカヴァーしたのだろうというのだ。ただし、パットンはレコーディングを始めるまでに二〇年以上のプロ歌手としてのキャリアがあり、同時代の証言者（ネイサン・バンクストン）によれば、一九一〇年ごろにはすでにこの歌をライヴで歌っていたという。とすれば、二人がミシシッピの同じ地域に住んでいた時期があるので、どちらかが他方の歌をじかに見聞きして習い覚えたということなのだろうが、それはさておき、この雄鶏の鳴き真似入りのローズのヴァージョンは、四番と五番がパットンのとは違う。四番では、「おれの写真をとって、壁にかけておいてくれ」と歌われるだけで、酒場の名とおぼしきものは入っていない。デルタ界隈での人気エンターテイナーなのだという自負心（黒人だけでなく白人相手の仕事も多く、そして白人は彼のソングスター的なレパートリーだけでなくブルース曲も好んだという）が、パットンの歌詞から読み取れる。「おれがだれだか知らない物知らずには、見てのとおりだといってやりな」。

　五番では、「細工はりゅうりゅう、仕上げをご覧じろ」とでもいうような余裕のスタンスで、釣りが歌われる。飲みながら演奏して小一時間も飲むと調子が出てきたとも、手当たりしだいに女性に手を出した（それで命の危険に遭遇したこともある）ともいわれる優男パットンの、ウィスキー、ウィミン、アンド……以外の数少ない楽しみの一つが釣りだったという。とはいえ、ひょっとしたらこの歌詞にも性的な意味が隠れているのかもしれないが、だとすればその読み取りは筆者の手に余る。六番に出てくる「rider」は、伝承曲〈C・C・ライダー〉（〈イージー・ライダー〉）でお馴染みの「恋人」を指す古い俗語だが、これは決して純愛路線のことばでない。その語源の「ride」は、性的なお付き合いを意味する。視覚が使えないときには触覚で、というのはとても筋の通った話だが、とはいえ、どこを触れば〝彼女〟と判別できるのかが気にならなくもない。

さて、パットンの雄鶏の歌はだいたいこんな感じなのだが、ウィリー・ディクスンが書きウルフが歌った〝行方不明になった雄鶏〟の歌とのとのつながりを検討するという課題がまだ残っている。第三章の〈おれのあの娘〉でもそうだが、よく知られた昔の歌を換骨奪胎して新しい歌を作るというのが、語り部（伝統の管理者）系ソングライターのディクスンがよく使う手法だった。〈リトル・レッド・ルースター〉[iv]ではパットンのこの歌と、メンフィス・ミニーの〈私の雄鶏を見かけたら連れ戻して（If You See My Rooster (Please Run Him Home)）〉の二つが歌作りのヒントになっている。

ウルフの歌では間男のモチーフは消え、少なくとも表立っては、田舎の農場の光景が描かれる。歌の主人公が飼っているチャボの雄鶏が、怠け者で明け方になっても時を告げないこと、それから農場で犬が吠えること（ついでに猟犬のハウンドも吠えるが）の二点については、明らかにパットンの歌を踏襲したといえる。ただ、農場のいわば主《ぬし》として、その平穏（peace in the barnyard）を守る赤い雄鶏がいなくなったという歌の筋の展開は、むしろミニーの歌のほうに負うところが大きい。ミニーは、女性の立場から、「わたしの雄鶏がいなくなった、だれか見つけた人はシッシと追って家へ戻して、あの雄鶏がいなくなったおかげでわたしの、卵を入れるバスケットは空っぽよ」と歌う。この歌の二重の意味《ダブル・ミーニング》は、ごく簡単に読み解ける。このモチーフとフレーズを頂戴して、ディクスンは、それを精力のかたまりのような（"300 Pounds of Joy"!）吠え狼の歌にした。そのため、歌の中身ががぜん謎めいてしまう。ミニーの場合、どこかへ行ってしまった雄鶏＝彼氏だった。ウルフが（そしてサム・クックやミック・ジャガーが）「見つけたら連れ戻してほしい」と歌う雄鶏は、いったい何を指し示すものなのだろう。ブラインド・レモンの「どこかへ行ってしまった黒蛇」と重ね合わせて、男性的な能力の喪失感をそこに読みこめばいいのか。あるいは、何にも読みこまないのが正解なのか。こんなふうに、歌の中身に迫ろうとして少し調べると、かえって新たな謎や課題に直面するというのは、ブルースではよくあることだ。「意味も知らずにブルースを歌うな」というのは小出斉氏の名言だが、いっぽうで、この〈リトル・レッド・ルースター〉のような大スタンダード曲にさえ、考えてみれば、歌詞によくわからない部分が含まれていたりする。だからこそブルースの歌詞の世界は面白いのだといったら、読者はそれを負け惜しみと受けとるだろうか。

i　この曲は、パットンの死後ビッグ・ジョー・ウィリアムズに継承されたが、パットンが再評価されるようになった七〇年代以降、デイヴィッド・ハニーボーイ・エドワーズやステファン・グロスマン、カルロス・デル・ジュンコ・バンドなどがカヴァーし、デルタ・ブルースのクラシックの位置を確保しはじめている。ちなみに、チャボの雄鶏のジャケ写真で知られるエクセロのアルバムにフィーチュアされた、ライトニン・スリムの〈ルースター・ブルース〉は、この曲とはとくにつながりのないノヴェルティ・ソングだ。

ii　ただし、別の解釈もある。バレルハウスに飾られていたのは、その店で商売する娼婦の写真だったというのだ。その写真を見せて、店側が「この娘《こ》どう（How 'bout it?）」という。そこから、「今夜はやめておくよ」「文なしなのかい？ つけにしたいのかい？」といったやりとりがくり広げられる。そうした場所に自分の写真を飾ってみなよという冗談を、パットンは歌っているというのだ（Stephan Calt, *Barrelhouse Words: A Blues Dialect Dictionary*, University of Illinois Press, 2009, p.129）。

iii　Walter Rhodes with "Pet" And "Can" "The Crowing Rooster" (Columbia 14289-D)。ちなみに、ローズのヴァージョンでは、五番の歌詞のトピックは釣りではなく、「おれの写真をとって額縁に入れておくれ／そしたらおれが死んでも、生前と変わらないおれの姿が見られるよ」という、四番とつながりがよいものになっている。とすれば、ローズの歌詞のほうがオリジナルで、パットンがその五番を、お気に入りの釣りの歌詞に差し替えたということなのかもしれない。

iv　数あるこの曲のカヴァーの中でも、ローリング・ストーンズのヴァージョンとサム・クックのヴァージョンが、曲の普及に大きな役割を果たしたことは、ご存じのとおりだ。しかし、クックがこの曲を歌うときに、歌詞を一スタンザ（一番分）付け加えたことは、意外と知られていないのではないか。「小さな赤い雄鶏の愛を争って、雌鶏たちは仲間喧嘩をする／この雄鶏は農場のどの雌鶏にも、他の雄鶏の卵を産ませたがらない」というのがそれだ。何もせずそこにいるだけで勝手に女性が集まったという、ハンサムなモテ男のクックにふさわしい歌詞だ。と同時に、最後のスタンザの「雄鶏がどこかへ行ってしまった」というくだりを男性的な能力の喪失の比喩ととる解釈が、ウルフのオリジナルの場合よりも説得力を持つ気がする。

v　小出斉『意味も知らずにブルースを歌うな！』リットーミュージック 二〇一六年。

第八章

BIG TOWN PLAYBOY

(Written by Johnny Jones / Eddie Taylor)

大都会のプレイボーイ　——エディ・テイラー

Told me this morning, to find myself a job
She said, “Chicago’s Okay,
　but time’s too doggone hard
But you go ahead, Eddie,
　that’s one thing I don’t enjoy”
She said, “Everything is Okay, Eddie
You nothin’ but a big town playboy”

“Runnin’ street all day,
　come home late at night

今朝彼女がいった、おれに仕事を探してこいってさ
「シカゴは悪かないけど、あんた、いま景気が
　すごく悪いのよ
好きなことばっかりして、エディ、そこが嫌」
彼女はいった、「物事は万事うまくいってはいる
　けど、エディ
あんたって大都会のプレイボーイよね」

「一日じゅう街をほっつき歩いて、夜遅くうちに
　帰ってきて

Everything I said, darlin',
　you know it ain't right
But you go ahead, Eddie,
　that's one thing I don't enjoy
But everything is right, the big town playboy"

あれだけいったでしょ、あんた、
　いけないっていってわかってるよね
好きなことばっかりして、エディ、そこが嫌
物事は万事うまくいっているけどね、
　大都会のプレイボーイさん」

[All] Day long, baby, never treat me right
All you wanna do, darling, is fuss and fight
"But you go ahead, Eddie,
　that's one thing I don't enjoy"
She said, "Everything is Okay, Eddie
You nothin' but a big town playboy"

日がな一日、おれをちゃんと扱ってくれない
おまえがしたがるのはけんかだけ
「好きなことばっかりして、エディ、そこが嫌」
彼女はこういった、「物事は万事うまくいっては
　いるけど、エディ
あんたって大都会のプレイボーイよね」

"Have you some fling all the time"
She got a nerve to tell me, "You ain't a dime"
"But you nothin' but a big boy, like to play

「いつもやりたい放題をして遊んでばかり」
彼女はここまでいうよ、「あんた十セント玉ひとつ
　持ってないじゃない」

around all the time
Thing is Okay, nothin' but a big town
playboy"

「大の大人なのに、いつも遊びまわるのが好き
物事はうまくいってるけど、エディ、
あんた大都会のプレイボーイよね」

南部の田舎では、奴隷身分から解放されて農園の雇われ農夫や借り上げ小作人《シェアクロッパー》になっても黒人はやはり貧しく、そして白人優位社会の下層におかれた黒人男性は、自分の男性的な力や魅力を、黒い蛇や、森で吠える狼や、農場の主の雄鶏に託すのがせいぜいだった。ところが、ラバを追い立てて畑を耕し、背筋が棒になるほど綿を摘み、白人に「へい、旦那さん」といって頭を下げる貧乏暮らしはもうたくさんと、南部の黒人がよりよい暮らしを求めて、中西部や東海岸（のちには西海岸）の都市部へと大挙移住するようになると、それまでなかった新しい黒人男性像のパタンが登場する。田舎の畑の泥を都会の（シカゴでいえばミシガン湖の）水で洗い落として、都会人を気取る遊び人、この歌でいうプレイボーイというのもその一つだ。

これは、高じれば、ピンプ（ポン引き・女衒《ぜげん》）やハスラー（博打打ち・ペテン師）といった生業《なりわい》につながるかもしれないライフスタイルだけれど、それをして食べるにはそれなりの（たとえば一時期のジョニー・ギター・ワトスンや、アリサ・フランクリンの最初の夫だったテッド・ホワイトのような）資質や押し出しや才覚が要る。田舎から出てきた自称「プレイボーイ」のお兄さん方の多くは、そこまではいかず、ただ「いい仕事がない」とかいって定職につかずに、女性の世話になりながら格好をつけてふらふら、マンガの「浮浪雲」よろしく暮らしていたことだろう。その背景には、もちろん、まともな教育を受ける機会がなかった南部出身の黒人たちの多くにとって、都会での就業の機会は恵まれないものであり、売り子やハウスメイドその他のサービス部門に開かれていた分、女性の就業機会のほうがまだしもだったということもあるだろう。もちろん、killing floorと呼ばれたシカゴのストックヤード（大屠場）や、隣接するインディアナ州ゲイリーの製鋼工場、デトロイトの自動車工場をはじめ、都市部にはさまざまな男性用の職業機会があったが、どれもが概してハードワークだった。そんなところでしんどい思いをしたくないという遊び人的心情は、レイ・チャールズの初期（一九五〇年）の歌、〈アイル・ドゥ・エニシング・バット・ワーク〉の、「きみのためならなんでもするよ、働くこと以外なら」という一行に要約される。

さて、この〈大都会のプレイボーイ〉は、戦後のシカゴ・ブルース・シーンの至宝といっていいギタリスト、エディ・テイラーの、商業的に一番成功した曲だ。一九五五年一二月に、自身のギターとヴォーカル、旧友で当時の相棒のジミー・リードのハーモニカとギター、ヴァーネル・フルニエのドラムという簡素なトリオスタイルで録音され、翌年にシングル盤になって、発売当時に三万七千枚売れたという。マイナー・レーベルだったVJにとっては、先に出たジミー・リードの最初の大ヒット、〈ユー・ドント・ハフ・トゥ・ゴー〉にはほど遠いとはいえ、けっこうおいしい成果だったはずだ。それを承けて、エディは一時、エディ〝プレイボーイ〟テイラーと名乗ったりもした。

この歌の中身を一言でまとめるなら、妻もしくは一緒に住んでいる彼女に、ぶらぶらしてないで仕事をみつけて働いて、と叱られたというお話。ただし、この主人公の彼女はいつもがみがみいうけど、どこまで本気で怒っているのかは微妙だ。いっぽうで、「物事は万事うまくいっている(Everything is Okay)」などといったりもしているから。彼女の稼ぎで、暮らしはなんとかなる。そりゃあちゃんと働いてお金を持ってきてほしいけど、いっぽうで、シティボーイ気取りで格好をつけて街をうろつく主人公が可愛くもある。それなりに、やさしいところもあるし、格好いいといえなくもないし……。そんなシチュエーションが歌われているのだろうと、筆者は想像をたくましくする。なぜ想像をたくましくしないといけないのかといえば、じつは、この歌の歌詞はそんなに明快ではないからだ。そのことは、このエディの「プレイボーイ」を、この歌のオリジナルのリトル・ジョニー・ジョーンズのヴァージョンと見比べてみればはっきりする。

一時代を築いたブルース・ピアニスト、ビッグ・メイシオ・メリーウェザーの弟子筋で、エルモア・ジェイムズのバンドでピアノを弾いたことで知られるジョニーの、一九四七年のアリストクラトへの録音が、この曲の元曲だ。エディは、五〇年代にはエルモアのバンドと交流があり、当然ジョニーとも旧知の仲だった。[ii] ジョニーからカヴァーの許しを得たのかどうかはわからないが、吹きこむにあたってエディは歌詞を変えた。ジョニーのオリジナルでは主人公の一人称だった部分の多くを「彼女」の語りの引用という形にし、三番と四番をつけ加えた。[iii] ジョニーの歌詞では、「彼女」は、「景気が悪くて仕事が見つからないんだよ」と言い訳する主人公に、「あんたは怠け者なのよ、そこが嫌」と決めつける。そうなじられた主人公は「万事オーライ、ていうかさ、おれは「怠け者じゃなくて」大都会のプレイボーイなんだよ」と開きなおるのだが、「彼女」はそんなことでは引き下がらない。「昼遊び、夜遊びをやめてちゃんと働かないんだったら、他の男に乗り換えるわよ」とはっきり宣言する。ジョニーの歌詞はエディのものにくらべてずっと明解で、「彼女」の心の中の二律背反を忖度する余地はない。そもそも、実生活ではジョニーのほうが、歌のテーマのプレイボーイに、より近い人となりだったようだ。小柄なジョニーは、洒落た服装をして小粋な髭を生やし、ライヴの場では人気者だったらしいが、同時に大酒飲みとしても知られた。エルモアのいとこのホームシック・ジェイムズの話では、エルモア・ジェイムズのバンドでツアーに出ると、毎晩のように酔ってエルモアと大喧嘩をしたという。いっぽう、恋女房のブルース歌手ヴェラとの間に、のちにブルースを歌ったり演奏したりすることになる子どもを七人も作って育てたエディは、基本的にはよき家庭人であり、その実像は、プレイボーイや「バッド・ボーイ（悪ガキ）」（エディのもう一つの代表作のタイトル）とはほど遠い。しかし、一九六四年に肺の疾患で、まだ四〇でジョニーが亡くなったあと、この曲は名実ともにエディのものになった。[iv]

この歌がシカゴ・ブルースのスタンダードとしていまなおよく演奏されるのには（その中にはアンジェラ・ストレーリやサラ・ベイカーのような女性の立場からのカヴァーもある）、歌の中身がいまでも見られるような人間模様を描いているのに加えて、エディの味わい深いギターが紡ぎ出す達意のグルーヴも与って力があるだろう。エディは、ミシシッピ州ベノワという農村地帯で生まれ、その近辺で育った。本人の言によればメンフィス・ミニー（母の友だちだった）に子守をされ、子どものときに、彼女や、ロバート・ジョンスン、チャーリー・パットン、サン・ハウスらの音楽に触れた。若くして独学でギターをマスターし、ビッグ・ジョー・ウィリアムズやサン・ハウス、ハウリン・ウルフ、フロイド・ジョーンズといった人たちと演奏するようになった。ミシシッピでのティーン時代に、二歳半年下のジミー・リードにギターの手ほどきをしたという話にはリードの身内からの反論もあるが、[v] のちにシカゴで再会したリードと組んで、ブルースだけでなくロックの歴史にも大きな影響を与えたあの〝ジミー・リード・サウンド〟の誕生に大きく貢献したのはたしかだ。一九七二年に四九歳で初アルバム（アドヴェントからの『アイ・フィール・ソー・バッド』）が出るという遅咲きぶりだったが、一九七七年にフェントン・ロビンスンのピンチヒッターとしてジ・エイシズを従えて来日し、ステージとそれを捉えたライヴ・アルバムで、そのいぶし銀の魅力を見せつけ、ファンを作った。ライヴ盤が録られた木造の不思議な会場、京都大学西部講堂の簡素な楽屋に居あわせた筆者が、「ミシシッピにいたころは、どんな場所で演奏してたんですか」と尋ねたら、「ちょうどこんなところで演ってたよ」とエディが答えたのを覚えている。[vi]

i　原詞について最低限のコメントをしておくと、一番の二行目の「doggone」はよく使われる卑語で、「忌々しい」とか「くそったれ」とかいった意味の「goddamned（ガッデム）」のやや上品な言い換え（マーヴィン・ゲイに“I'll Be Doggone”というヒット曲があったりする）。ただし、ここでは、（「クソ婆ァ」の「クソ」などと同じように）単なる強調の意味しかない。三番の冒頭の「Day long」は、「All day long」の最初の部分が発音されなかったものと解釈した。あと、繰り返し文句の「you go ahead, Eddie」を「好きなことばっかりして、エディ」と訳したのは、勇み足である可能性もある。ふつうに訳すなら、「さあ、どうぞ、したいようにしなさい」となるだろうからだ。ただ、それだと、後に続く「that's one thing I don't enjoy」と意味の整合性がとれなくなるので、苦肉の策としてそう訳した。

ii 余談だが、一九五七年のエルモアの“Cry For Me Baby”のバックでのエディのギターは、まさに鳥肌ものだ。

iii エディが歌う歌詞は、ジョニーに比べて聴き取りにくいので、四番の二行目でやむなくズルをした。どうにも聴き取れなかった“got a nerve to”に当たる部分について、八〇年代のライヴ盤（『*Still Not Ready For Eddie*』Antone's, 1987）のそれに当たる部分から歌詞を借りてきて穴埋めをした。

iv なので、エディは、六六年のTestament録音や、七〇年前後のアコースティック録音（アドヴェント盤のCD再発にボーナストラックとして収録）、歌詞補正に使ったアントンズ盤といったぐあいに、何度もこの曲を吹きこんでいて、それぞれに違った聞きどころがある。

v ウィル・ロマノ著のジミー・リードの評伝によれば、ジミー・リードの出身地では、エディがジミーにギターの弾き方を教えたとは思われていない。ジミーは、兄のバディに習ったというのだ。「ジミー・リード・サウンド」についても、エディがオリジネイターだという説もあるが、ジミーとエディのコラボの産物だと考える人もある。「『エディと父さんはずいぶん一緒に時を過ごした、それはたしか』とリードの娘のロレッタはいう。『［ジミー・リードが］インディアナ州ゲイリーに行ったとき、エディは基本、父さんについて行ったのよ。だから、いえるのは、〝ジミー・リード・サウンド〟は二人で作ったものだってこと。私たち側から見れば、あれは父さんの作だけど、エディの子どもたちが同じようにいうのも、わかるわ。』」(Will Romano, *Big Boss Man: The Life and Music of Bluesman Jimmy Reed*, Backbeat Books, 2006, p.17)

vi 楽屋に居合わせたのはたしか、コンサートの主催者だったブルース・インターアクションズの髙地明氏のはからいによってだったと思う。願ってもない機会なので、ぽつぽつとことばを交わすうちに、エディがふいにこういった。「知ってるかい、本ってやつはな、うそをつくんだぜ。」三人兄弟の長男で、家族を養うためにまだ子どものときから畑に出、「一日に最高で二百から三百ポンドの綿を摘んだことがあるよ、牛の乳を搾り、家事をし、薪を切ったうえにね」(Romano, 同上、p.15) といった生い立ちのエディは、読み書きの勉強をほとんどしていなかったはずだ。そうした彼が、本や雑誌記事に書いてある (らしい) ことを鵜呑みにして何やかにやいうマニアや研究者に、不信の念を抱いているということがわかって、筆者は、「ああ、そうですよね」といったあと、しばらく次のことばを口にできなかった。

第九章

TRAMP
(Written by Lowell Fulson, Jimmy McCracklin)
トランプ（放浪者）　——ローウェル・フルスン

Tramp?
You can call me that
I don't wear continental clothes, Stetson hats
But I'm a lover, heheh, mama was, papa too
I'm the onliest child, lovin' is all I know to do

Heh, call me country, right from the woods
I'll answer when you call me, huh, baby
I mean, that if it, uh, makes you feel good
But I'm just a lover, mama was, papa too
But I'm the onliest child, lovin' is all I know to do

浮浪者だって？
そう呼びたいのなら、呼びなよ
おれはヨーロッパ風の服は着ないし、
　ステットスン社製の帽子もかぶらない
でもおれは、愛の達人、へへ
　おふくろもそうだったし、おやじもそうだった
その二人の間のひとりっ子なんだから、
　おれが知っているのは愛することだけさ

田舎者と呼びなよ、森から直送の山出しだって
そう呼ばれたら返事するよ、ね、あんた

Now, whatever you call me, huh, I'll even go
　for that
'Cause I keep a fat bankroll in my pocket,
　baby, heh
You know, I own, uh, three Cadillacs,
'Cause I'm just a lover, heheh, mama was,
　papa too
I'm the onliest child, lovin' is all I know to do

それで、つまりその、あんたの気分がよくなるならさ
でもおれは、ただの愛の達人
　おふくろもそうだったし、おやじもそうだった
その二人の間のひとりっ子なんだから、
　おれが知っているのは愛することだけさ
何とでもきみが好きなように呼びなよ、ね、
　それでいい
なにしろ、ポケットには分厚い札束が
　うなってるんだから
ねえ、キャデラックを、ええと、三台持ってるんだ
だって、おれはまさしく愛の達人、へへ
　おふくろもそうだったし、おやじもそうだった
その二人の間のひとりっ子なんだから、
　おれが知っているのは愛することだけさ

初めて、一二小節ブルースではない曲が登場する。歌い手は、オクラホマの北米先住民チョクトーの居留地出身で（本人は生前チェロキーの血を引くともいっていた）、テキサス〜西海岸エリアをベースに活躍した、モダン・ブルースの巨星の一人、ローウェル・フルスン。フルスンは、若いころ一緒に演奏したテキサス・アレグザンダー譲りの土臭いブルースを自家薬篭中のものにしたうえで、しかし同じテキサスから出たブルース・ギターの奏法の革新者、Tボーン・ウォーカーが開いた道を独特のやり方で進んだ、柔軟さと強靭さを兼ねそなえたブルースマンだった。カントリー・スタイルを皮切りに、西海岸のジャズっぽいR＆Bサウンド、次いでハードなエレクトリック・シカゴ・サウンドに楽々と適応し、のちにはビートルズの曲にまで手を染めた。その一方で、〈スリー・オクロック・ブルース〉や〈ブルー・シャドウズ〉や〈リコンシダー・ベイビー〉などモダン・ブルースの定番になった名曲を書き、そして、多弁ではないがアタックが強く滋味に富むギター・ソロを聞かせた。

そのフルスンの音楽的な適応能力の高さを如実に示すのが、一九六七年に大ヒットした、ファンキーなリズムとコミカルな歌詞が身上のこの〈トランプ〉だ。前の章に登場した〝大都会のプレイボーイ〟とこの歌の〝浮浪者〟氏は、どちらも田舎出身の尻の落ち着かない人物で、結局は女性にとってあまり頼りにならない男性なのかもしれないが、ひとつ大きな違いがある。この歌の主人公は都会の伊達男を気取って恰好をキメたりせず、田舎者でも中身が濃ければそれでいいじゃないか

(愛に長けているし銭もあるぜ)と開き直り、自分の出自に胸を張っている。一九四〇〜五〇年代と、公民権運動やそれから導かれたルーツ志向を背景に、〝ソウル〟がキイワードになった六〇年代との時代の気分の違いを、この二つの人物像の対比から読み取ることができる気がする。

トランプ(tramp、カードゲームの切り札trumpとは綴りや発音が違う)は、足を踏みおろしたときに出る音の擬音が語源の、てくてくとかすたすたとか歩くという動詞が転じて、浮浪者、放浪者、無宿者、さらには浮気者を指す語になった。[i] ホーボーとかドリフターもだいたい同じ意味で、無声映画時代にチャップリンやバスター・キートンが演じた、お金がないため貨物列車に無賃乗車をするキャラクターは典型的なトランプだ。ロバート・ジョンスンのような、戦前の旅するブルースマンも一種のトランプだったといえるし、それをいえば、モダン・ジャズの祖の一人のチャーリー・パーカーだって、無一文・無一物でカンサス・シティからシカゴへホーボー(無賃乗車)するところから、そのキャリアを始めている。

歌の主人公は、女性に浮浪者呼ばわりされても平気の平左だ。「なんとでもいってくれ、おれは親譲りのたいしたloverなんだから」と胸を張ってみせる。この「lover」には、「愛の達人」と上品に訳しておいたけど、もちろん「セックスがうまい人」という含みもある。というかそもそも、米国の黒人の間では、アングロ・サクソンたちの伝統でそうであるようには、「精神的な愛」と「肉体の愛」が分離されていない(日本でも、明治になって精神性を強調する「恋愛」という概念がヨーロッパから輸入される以前の色恋はそういうものだった）。だから、歌の主人公が「知っているのは愛することだけさ」と豪語するとき、その愛はbody and soulの両面に万遍なく及ぶものなのだ。ちなみに、繰り返しの部分に出てくる「the onliest」は、正規の文法にはない言い回しだが（onlyは比較級にも最上級にもならない）、インテリではない人たちの会話では強調表現として使われる。歌の主人公は、明らかに女性に話しかけていて、その話しかけは一種の口説きでもある。なので、三番では、単なる田舎者のトランプに見えるかもしれないけど、愛の技芸に秀でているだけじゃなくて、経済力もあるよ、と、第二の矢を放つ。ポケットには札束がうなっているし、キャデラックを三台持っているんだ。ここでは、主人公はたぶんほらを吹いている。これはたぶんboastingとかbraggingとか呼ばれる、自分のことを大げさに誇張して自慢する半ば冗談の語り方にあたるもので（モハメッド・アリが試合前に披露した「おれは蝶のように舞い、蜂のように刺すぜ」という有名なライムもその一種）[ii]、だから、無一文の男がこんなほらを吹いている場面を思い浮かべて笑うこともできるが、主人公が、口ほどではないにしても実際に多少のお金を持っているというケースももちろんありうる。

この曲の作者は、フルスン自身と、西海岸で活躍したピアニスト／歌手／ソングライターで、五〇年代のダンスものの名作〈ザ・ウォーク〉で知られるジミー・マクラクリン。この曲がヒットしたのを承けて、フルスン本人も〈アイム・ア・ドリフター〉という続編曲を出したが、それよりも、その前に出たジョー・テックスによる改作〈パパ・ワズ・トゥ（親父もそうだったぜ）〉と、オーティス・レディングとカーラ・トーマスによるカヴァーのほうがより多くの聴衆の耳を捉えた。[iii] オーティスとカーラのヴァージョンでは、元曲では暗示されるだけだった男女のやり取りが、歌詞をいわゆる割りゼリフにして二人で分担するというかたちで、掛け合い漫才のように実演されている。歌詞の基本はオリジナルどおりなのだが、小さいところにいろいろ追加がある。たとえば、一番の「森」がオーティスの出身地にあわせて「ジョージアの森」になり、トランプと呼ばれたオーティスが、「違うよ、おれはラヴァーだよ」と反論すると、カーラは「それは、意見が分かれるところだわよね」と突っこむ。「あんた、オーヴァーオールを着た田舎者よね、散髪をしなさいよ」とか、「札束どころか、二五セント玉ひとつ持ってないでしょ」などと辛辣に突っこまれたオーティスは、追い詰められて、「おれは、キャデラックを六台、リンカーンを五台、フォードを四台、マーキュリーを六台、T（サンダー）バードを三台、それにムスタングも持ってるさ」と大ぼらをふく。こんな調子で、アプローチをかけてくる男性のことば（ラップと呼ばれる）に女性が口達者に切り返しをするというのは、コミュニティの黒人（黒人地区に住む中流じゃない黒人）の間では、わりとふつうのことだ。「やあ、ベイビー、タイヤに空気が詰まった大型の黒いキャデラックが、他でもないあんたのために、発進準備完了なのが見えるかい？」と声をかけられた女性が、「見えないわよ、くそったれ《マザーファッカー》、わたしに見えるのは、タイヤが二つパンクした小さな灰色のフォルクスワーゲンだけよ」と返すといったように。[iv]

六〇年代に登場し、一六ビートのいわゆるファンクへと発展していくファンキーなソウルのビートの、トップランナーはもちろんジェイムズ・ブラウンだったが、彼がひとりでそれを発明したわけではない。JBもまた、ジャズやラテンの要素を取り込みながら展開していった大きな音楽ムーヴメントの一員（ただしその貢献は大きい）だったといえる。そして、ハウリン・ウルフの〈キリング・フロアー〉やジュニア・ウェルズの〈メッシン・ウィズ・ザ・キッド〉、そしてこのフルスンの〈トランプ〉といった曲は、そうした動きへのブルース・ミュージシャンの側からの応答だった。フルスンは、この曲を、自身のヴォーカル／ギターと、もう一人のギターとベース、ドラムの四人編成で吹きこんだが、それでジョー・テックスやオーティスとカーラのホーン入りのサウンドと拮抗する音を紡ぎ出しているのはすごい。[v] 一九九九年に、七八歳になる直前に亡くなったが、日本のブルース・ファンは、まだ衰えの兆しもなかった一九八〇年にこの巨人の、手練れのバンドを伴った日本公演をプレゼントされて幸せだった。その充実したステージは、ライヴ・アルバムという形でしっかり記録されている。[vi]

i　この歌以前の、浮浪者《トランプ》を扱ったいちばん有名な歌といえば、リチャード・ロジャーズとロレンツ・ハートが一九三七年にミュージカル用に書き、フランク・シナトラとエラ・フィッツジェラルドの五〇年代のデュエットでリバイバルした（最近トニー・ベネットとレディ・ガガがカヴァーしている）"The Lady Is A Tramp"だ。この歌で歌われる「レディ」は、浮浪者でも、男から男へと渡り歩く「ふしだら女」でもなく、上流の社交界のしきたりを気にしない型破りの、自由気ままな女性である。そうした先例のニュアンスを生かすなら、この歌の主人公のトランプ氏も、恋多き野人と評してあげてもよいのかもしれない。

ii　これについては、黒人と白人のコミュニケーション・スタイルの違いを体系立てて説明した、トマス・カーチマン著の『即興の文化——アメリカ黒人の鼓動が聞こえる』（石川准訳 新評論 一九九四年）の第四章「大言壮語と自画自賛」に詳しい。

iii　テックスの手になる改作とオーティスとカーラのものの二つが、このフルスンの曲の時間的に近接したカヴァーというのが通説なのだが、ビルボードのR＆Bチャートを見る限り、フルスンよりテックスのほうがチャートインが先だという、首をひねらされる事実がある（テックスが一九六六年一二月にR＆Bチャートに登場して最高15位、フルスンは六七年一月に登場して最高5位、ついでにいうと、オーティスとカーラは同年五月にチャートインして最高2位）。これを文字通りに受け取ると、テックスがオリジナルで、それをフルスンが改作カヴァーしたという可能性を否定できない。が、フルスンが在籍したケント・レーベルのリリースのリスティングによれば、〈トランプ〉のシングル盤は、正確なところは確認できないが、六六年の秋くらいには出ていたという印象を受ける。なので、水面下でブレークし始めたフルソンのレコードを聴いた器用人のテックスが、いちはやく改作を書いて録音して出し、相乗効果でどちらも売れて、マーケティング能力が上のアトランティック・レーベルから出たテックスのものが先にチャートインしたというのが、筆者の現時点での仮説だ（フルソンのオリジナルがその後を追い、そして追い越したというのが、フルソンがのちに、ケントのプロモーション力には不満があったと語っていることもその傍証になる）。ちなみに、テックスの改作では、主人公（やはり女性にトランプと呼ばれる）は、「おれは、働くのが嫌いなんだ、朝から晩まで額に汗して、たいしたお金ももらえず」と、前の章に登場したプレイボーイと同じような性根を披歴する。「親父もやっぱりトランプだったよ」と歌うこのテックスの改作は、ある意味で、テンプテーションズの名作〈パパ・ワズ・ア・ローリング・ストーン〉の先駆形態だといえなくもない。

iv 先に挙げたカーチマンの訳書の一二二頁参照（ただしやり取りの訳は筆者による）。

v 後年、ソルト・ン・ペッパがオーティスとカーラのヴァージョンをサンプリングしたのに対して、EPMDやデ・ラ・ソウル、そしてプリンスが、フルスンのオリジナルからサンプリングをしている。

vi ローウェル・フルスン・ウィズ・リー・アレン『ザ・ブルース・ショウ！ライヴ・アット・ピット・イン』（Pヴァイン PCD-2843）。

第一〇章

HOUND DOG

(Written by Jerry Leiber and Mike Stoller)

ハウンド・ドッグ（猟犬）――ビッグ・ママ・ソーントン／エルヴィス・プレスリー

[Big Mama's verses]
You ain't nothing but a hound dog
Been snoopin' round my door
You ain't nothing but a hound dog
Been snoopin' round my door
You can wag your tail
But I ain't gonna feed you no more

You told me you was high class
I could see through that

［ビッグ・ママの歌詞］
あんたはただの猟犬
あたしん家《ち》の扉のまえを、こそこそ嗅ぎまわってばかり
あんたはただの猟犬
あたしん家《ち》の扉のまえを、こそこそ嗅ぎまわってばかり
尻尾を振りたければお振り
もう餌はあげないよ

あんた、おれは一流の男だっていったけど
ほんとかどうか、お見通しさ

Yes, you told me you was high class
But I could see through that
And, daddy, I know
You ain't no real cool cat

あんた、おれは一流の男だっていったけど
ほんとかどうか、お見通しさ
ねえ、あんた、見え見えだよ
ほんもののイケてる男じゃないって

You made me feel so blue
You made me weep and moan
You made me feel so blue
You made me weep and moan
'Cause you ain't looking for a woman
All you're lookin' is a home

あんたは、あたしをとてもブルーにする
泣いたり呻いたりさせる
あんたは、あたしをとてもブルーにする
泣いたり呻いたりさせる
だって、あんた、恋人がほしいんじゃなくて
住む場所を探してるだけなんだから

[Presley's verses]

［プレスリーの歌詞］

You ain't nothin' but a hound dog
Cryin' all the time
You ain't nothin' but a hound dog

おまえはただの猟犬
いつも吠えるばかり
おまえはただの猟犬

Cryin' all the time
Well, you ain't never caught a rabbit
And you ain't no friend of mine

When they said you was high classed
Well, that was just a lie
When they said you was high classed
Well, that was just a lie
You ain't never caught a rabbit
And you ain't no friend of mine

いつも吠えるばかり
自分の手では、ウサギ一匹つかまえたことがない
おまえみたいなやつ、おれの友だちじゃないよ

人はおまえを一流だっていうけど
おれにいわせりゃ、真っ赤なうそ
人はおまえを一流だっていうけど
おれにいわせりゃ、真っ赤なうそ
自分の手では、ウサギ一匹つかまえたことがない
おまえみたいなやつ、おれの友だちじゃないよ

前の章から少し時計の針を戻して、時は一九五〇年代。黒人音楽好きのユダヤ系の若者コンビが書いて五〇万枚売れたというリズム＆ブルース曲が、どのようにして、当時世界じゅうで一千万枚超えの売り上げを記録したロックンロール（つまりはポップス）の大定番曲に変身したのか。その経緯を、歌詞のほうから探るというのが、この章の狙いだ。そのために本章では、ウィリー・メイ〝ビッグ・ママ〟ソーントンの元々の〈ハウンド・ドッグ〉（一九五二年／ピーコック録音）と、エルヴィス・プレスリーのヴァージョン（一九五六年／ＲＣＡ録音）の両方の歌詞を、比べられるように並べて訳した。わかりやすさとスペースの節約のために、どちらも歌詞の繰り返しを省略し、ビッグ・ママの語りや犬の鳴きまねもカットした。

　この歌は、音楽的形式はまぎれもない一二小節ブルースだ[i]が、しかし、先に取り上げたブラインド・レモンやチャーリー・パットンたちのカントリー・ブルースとは性格が違う「書かれた（作曲された）ブルース」だ。カントリー・ブルースでは、歌い手のブルース・アーティストが、それまでにあった、ライヴの場やレコードを通じて共有財産化している歌詞やメロディに自分の創意工夫を付け加えつつ「自分の歌」を作る。昔の音盤の収録時間は3〜4分だから、それが「一つの曲」の制約になって、レコードになったブルース曲には四、五番くらいまでしか歌詞がない。しかし、ブルース・ミュージシャンにとっての「本番」だったライヴの（かれらはレコードからはたいした収入を得ていなかった）、パーティやフィッシュフライなどのダンスの場などでは、踊らせ続けるために、ＳＰレコードの一曲よりずっと長い時間、同じリズムパタンとコード進行で演奏しながら（これは後年のディスコなどと同じ）、手持ちのストックから歌詞を披露して歌い続けることも少なくなかっただろう。だから、歌詞と楽曲のマッチングはそれほど厳格ではなかったし、バラード（物語歌）のように固定された筋立てをたどる必要がないから、歌詞の組み合わせや順番も比較的自由だっただろう。いっぽう、音楽の産業化がもたらした分業の産物である、特定の歌手のレコード吹きこみのために専業のソングライターが曲を作る「書かれたブルース」では、メロディも歌詞も（さらには往々にして伴奏の編曲の特徴的な部分も）固定化されていて、歌い手や演奏家の自由度は低い。

五章で取り上げたジョニー・テイラーの〈小さな青い鳥〉もその一例だが、ジェリー・リーバーとマイク・ストーラーのコンビを著名にした〈カンサス・シティ〉とこの〈ハウンド・ドッグ〉の二曲こそが、そうした書かれたブルースの代表例と呼ぶにふさわしい。[ii] 早い話が、同じビッグ・ママの〈ビッグ・ママ・ブルース〉、あるいはロバート・ジョンスンの〈クロス・ロード・ブルース〉を歌手抜きでインスト演奏したら、他のブルース曲との区別はつきにくいだろう。しかし、〈カンサス・シティ〉や〈ハウンド・ドッグ〉のインスト・ヴァージョンは、一聴すればそれと聞き分けられる。優れたライターの手になる書かれたブルースとは、そういうものなのである。

さて、歌の中身に入ろう。まずは、ビッグ・ママの〈ハウンド・ドッグ〉から。この歌は、八章のエディ・テイラーの〈大都会のプレイボーイ〉の、都会の遊び人を自任する主人公に対する、女性サイドからの反撃として聴くことができる。歌の主題であるハウンド・ドッグの、本来の意味はもちろん猟犬だ。グレイハウンド、フォックスハウンド、バセットハウンド、ブラッドハウンド等々、大きいのや小さいのや足の長いのや短いのややたら鼻がいいのや、いろんな種類があるが、ここで歌われるのがそのどれかはわからない。猟犬は、bay《わん》 bay《わん》鳴きたてながら、根気強く（悪くいえばしつこく）狩りの獲物を追いかけまわす。なので、その昔は、動詞で「houndする」といえば、「つきまとう」とか「わずらわしがらせる」といった意味だったという。そこから、その語が名詞として使われるときには、「犬野郎」などというのと同系統の「いやしむべき男」や「卑劣漢」を指すことになり、たぶんそこから派生して、「男娼」や「ひも」、「女たらしの遊び人《プレイヤー》」の別称になった。ビッグ・ママの歌の主人公の女性は、その手の意味合いをこめて、歌の冒頭で、いきなりドスの効いた唸《うな》り口調で、「あんたは、ほかならぬ下種な猟犬だよ」と、付き合ってきた男性に対して決めつける。つまりは、浮気者で甲斐性なしの自称〝一流（high class）〟の彼氏への三行半《みくだり》（愛想尽かし）の歌なのだ。

　遊び人を気取って生計を固めようとしないその男は、そのくせそうしたくなったら、主人公の住居の戸口を物欲しげに「くんくん嗅ぎまわる snoopin'」。そうやってつきまとっても、もうエサはあげないよと女主人公は引導を渡すのだが、この「エサを与えるfeed」は、経済的と性的、二種類の喩え（暗喩）になっている。つまり、この自称かっこいい男《クール・キャット》は、お金が要るときと「したい」ときとに、彼女の前に現れるのだ。後者の（性的な）意味にとるなら、二番の最後から2行目の「尻尾（tail）」は、ブラインド・レモンの黒蛇と同じ、あの物体Xになる。どれだけ尻尾を振り立てても、その尻尾にはもうエサはあげないよと、ビッグ・ママは歌っているのだ。ブルースの歌詞はしばしば、表と裏の二重の意味《ダブル・アンタンドル》を持つのだが、ここでは、結果論だけど、歌詞が担う意味が三重になっている（トリプル・アンタンドル？）。

さらに、三番の歌詞で、歌の世界の奥行きは深まる。私はこういうタフな見かけの女だけどさ。あんたが浮気者で、あたしを伴侶として扱わず、ただの泊まる場所の提供者として利用してるってことで、つらい思いをしないと思っているのかい。そんなあんたの薄情な仕打ちと料簡に、ずっと泣かされ呻いていているんだよ……。この曲を書いたときまだ一九歳だったリーバーとストーラーが（ちなみにリーバーが作詞、ストーラーが作曲を担当）、よくこんな「大人の（しかも黒人の）」世界の機微をわきまえた歌を作れたものだと、いまさらながら感心する。[iii] 二人がプロデュースし、ビッグ・ママがうなり、ジョニー・オーティスがドラムを叩き、ピート・ルイスが切れのいいギターソロを弾いたこの曲は、事情があって、[iv] 録音から半年遅れて世に出た。リリースされるやいなやR&Bの世界に旋風を巻き起こし、「そういうおまえは山猫じゃないか」といい返すルーファス・

トーマス（〈ベア・キャット〉）や、主人公の女性に放り出された男の悲哀を歌うロイ・ブラウン（〈ミスター・ハウンド・ドッグズ・イン・タウン〉）などのアンサー・ソングも生まれた。

さて、こうした黒人の男女関係の歌は、そのままでは、白人のティーンエイジャーのマーケットに受け入れられる「ロックンロール」のヒットにはならない。ブルースやR&Bが大好きだったプレスリー（初期のサン録音では、アーサー・クルーダップの〈ザッツ・オール・ライト、ママ〉やジュニア・パーカーの〈ミステリー・トレイン〉を吹き込んでいる）が、ビッグ・ママの〈ハウンド・ドッグ〉を知らなかったはずがない。しかし、彼がRCAというメジャー・レーベルへ吹き込むときカヴァーしたのは、彼女のものではなく、たまたまラスヴェガスで生演奏を耳にした、フレディ・ベルとベル・ボーイズというラウンジ・バンドの改作ヴァージョンだった。そこではまず、一番の最後の意味深長な「尻尾」や「餌をやる」の部分が、相手をばかにする表現の、「自分じゃ、ウサギ一匹つかまえたことがない／おまえ、おれの友だちなんかじゃないよ」に置き換えられている。いくら暗喩でも、性的な意味が透けて見えてはまずい、もっとクリーンな歌詞じゃないと、というのが、この改変の第一の理由だろう。と同時に、歌い手が女性から男性へと変わったことが大きい。フレディ・ベルやプレスリーの歌では、女が男にではなく、男が男に語りかける歌になっている。「おまえなんか、実力が伴わない口ばっかりの人間だ」というくだりは、男女間だとヒモっぽいダメ男への口撃になるが、男どうしだと、つっぱりが別のつっぱりをディスることばになる。「なにを、この野郎、文句があるんなら体育館の裏へ来い」といった反応を呼び起こす挑発になるのだ。つまり、レザージャケットとリーゼントとバイクがファッショナブルだった時代に、「何をしてもかまわないけど、おれの青いスウェード靴だけは踏んづけるんじゃないぜ」と歌ったカール・パーキンスの〈ブルー・スウェード・シューズ〉と肩を並べる、その種の若者の賛歌《アンセム》に、〈ハウンド・ドッグ〉は生まれ変わったのだ。

ビッグ・ママは、じつは自分でもブルースを書いた。なかでも、一九六〇年前後に書いた〈ボール&チェイン〉は、ジャニス・ジョプリンのカヴァーで広く知られるようになった。マイク・ストーラーは、初対面のとき、大柄でタフな面持ちの彼女にすっかりビビッてしまったらしいが、この歌は、そうした見かけからの印象とは正反対の「女心の歌」だ。腕っぷしが強く、酒飲みで、言葉遣いが荒く、ドレスが嫌いで男装を好み、でもじつは内気で可愛らしい性格だったといわれるウィリー・メイ。彼女を発掘して、自分のバンドにフィーチュアし、そのレコードをプロデュースした終生の友、ジョニー・オーティスが、ダンスホールで酔っ払いに絡まれて平手打ちされたことがあった。ビッグ・ママは、即座にその酔っ払いをぶっ飛ばし、「わたしの相棒《バディ》に手を出すんじゃないよ」と啖呵を切ったという。

一九二六年アラバマ州のアリトンという小さな町で生まれ、同州モンゴメリーで育った彼女は、この時代の芸人には珍しいことではないが、大変な苦労人だった。家庭の事情で満足に小学校にも行けず、一三で家を出、ゴミ収集車の作業員をしながら気晴らしにトラックの荷台で歌っていた（ベッシー・スミスやメンフィス・ミニー、ビッグ・メイシオが好きだったという）。たまたまモンゴメリーの街に興行に来て、彼女の歌声を耳にしたベッシー・スミスの義理の姉妹に当たるダイアモンド・ティース・メアリーに見出され、サミー・グリーンズ・ホット・ハーレム・レヴューという南部専門の旅回りの一座に入ったのが、彼女の芸歴の始まりだった。〈ハウンド・ドッグ〉がヒットしたため、デューク／ピーコック・レーベルのアーティスト（ジョニー・エイス、ジュニア・パーカー、ボビー・ブランドたち）の一座に誘われて参加し、レーベルがあるヒューストンに住んだが、後続のヒットが出ず、心機一転西海岸に移って、サンフランシスコのジャズクラブなどで歌うことになった。ドラムを叩き、ハーモニカを吹きながら歌うという当時の彼女のスタイルは、旅芸人時代の修行の賜物だろう。ジャニス・ジョプリンに自作曲がカヴァーされたことで白人の若者のフォロワーが増え、一方では、アメリカン・フォーク・ブルース・フェスティヴァルに加わってヨーロッパをツアーしたりもした。とても有名な持ち曲が二つもある上に、女性ブルース歌手という滅びゆくジャンルの体現者として、その後のコンサートやレコーディングのキャリアはそれなりのものだったが、長年の大酒で心臓と肝臓を傷め、晩年は、大きかった体がソウル歌手のアン・ピーブルズ[vi]より細くなって、一九八四年に五七歳で亡くなった。

亡くなる三年半前に、テレビ番組『オムニバス』に出て、アリサ・フランクリンと一緒にベッシー・スミスの持ち歌として知られるブルージーなバラード、〈ノーバディ・ノウズ・ユー・ホウェン・ユー・アー・ダウン・アンド・アウト〉（一二章参照）を歌った。「羽振りがよかった昔は、仲間を引き連れて楽しく飲んで騒いだものだけど、落ちぶれたいまは、だれも近寄ってこない、友だちなんてだれもいない」という、ジミー・ウィザースプーンやニーナ・シモン、オーティス・レディングやボビー・ウォマックなど、数多くの人にカヴァーされてきた名曲だ。痩せたおかげでぶかぶかになった衣装を着て、椅子に座ったままのビッグ・ママが、自分の人生を語るようにこの曲を歌い出すと、往年のベッシーのレヴューでの衣装を模した派手なコスチュームを丸々とした身に着けた、当時久々の大ヒットを出して第二の全盛期を誇るアリサが掛け合いで絡んで、超絶の歌唱テクを披露した。落ちぶれる前と後を、アリサとビッグ・ママが絵解きをしているかたちで、大先輩をダシにこんなステージをするなんて、アリサってなんて意地が悪いんだろうと、最初は思った。しかし、その場面のYouTube動画を繰り返し見るうちに、少し見方が変わった。ビッグ・ママは、女王アリサにおめず臆せず、求められる自分の役回りを、淡々としかもユーモラスに演じていた。旅興行のボードヴィリアンから叩き上げのビッグ・ママの、芸人根性のしたたかさの現れだと思う。彼女は、世間的には若すぎる年で、酷使した心臓が突然止まって亡くなったが、きっとそれは無念の死ではなかっただろう。

i 一二小節ブルース（12-bar blues）は、ご存じのとおり、ブルースという語が出たときその種の音楽に親しんでいる人が思い描く、もっとも典型的な歌と楽曲の形式だ。歌詞の1番分（ひとつのスタンザ）が、一二の拍子のユニット（小節）からなり、コード進行にも（I-IV-Vを基本パタンにして）特定のパタンの制約がある。さらに、その楽曲にのせる歌詞は、A-A-B形式、つまり、同じラインが二度繰り返され、それが三つ目の別のことばからなるラインと脚韻（ライム）を踏む（この〈ハウンド・ドッグ〉のビッグ・ママのヴァージョンでいえば一番のdoorとmore、二番のthatとcat）という形をとる。ただし、それはあくまで基本で、A-A-Bの繰り返しのあとCというブリッジ（挿入部分）が登場するものや、Aを繰り返さないA-B形式のものもブルースと呼ばれる（民族音楽学者のタフトは、歌詞から見るなら、A-Bの韻を踏む二つのラインがブルースの基本だと主張する）。

ii R&Bとロックの歴史に大きな足跡を残したこの二人について、ここで詳しい紹介はできないが、この〈ハウンド・ドッグ〉と、リトル・ウィリー・リトルフィールド／ウィルバート・ハリスン／ハンク・バラードの〈カンサス・シティ〉以外にも、ロビンズの〈スモーキー・ジョーのカフェ〉や〈9号監獄棟の暴動〉、コースターズの〈サーチン〉や〈ヤング・ブラッド〉、〈チャーリー・ブラウン〉、〈ヤケティ・ヤク〉、プレスリーの〈監獄ロック〉、ベン・E・キングの〈スタンド・バイ・ミー〉（ベン・Eと共作）といった非ブルース形式の名曲をたくさん書いたこと、そして、後年は白人のティーンエイジャーを意識するようになったが、最初はR&B（黒人）市場を目がけて曲を書き、そしてその市場で支持されたライターだったということだけは再確認しておきたい。

iii リーバーとストーラーは、当時のR&B界の大物ジョニー・オーティスに抜擢されて、ビッグ・ママのためにこの曲を書いた。ストーラーは、後年、『ローリング・ストーン』誌のインタヴューでこう語っている。「ぼくらがビッグ・ママに会った日、ジョニー・オーティスが［ロスの］彼の家の裏側のガレージへ来るように呼んだ。彼は、いつもそこでリハーサルをしていた。彼は、そこで自分がプロデュースするアーティストをぼくらに聴かせて、ぼくらがかれらに曲を書けるかどうかを見ようとした。ぼくらはビッグ・ママに会い、ぼくは冷水を頭からかけられたような気分になった。いままで会ったなかで、もっとも巨大で、もっとも性悪で、もっとも気難しい女性に見えたんだ。意地悪そうで、人は『雌熊』って呼んでたよ。三五〇ポンド［約一五九キロ、これは誇張かも、初期の自作の歌、"They Call Me Big Mama"では、自分の体重は三〇〇ポンド（約一三六キロ）だと歌っている］はあって、顔じゅうに傷あとがあった。ぼくは、彼女に、基本的には「このくそったれ《ゴー・ファック・ユアセルフ》」とののしる歌を書かなければいけなかったんだけど、どうやって、その言葉を使わずにそれを言い表すかだよね。そして、それでどうやって物語を作るか。まさか、ののしり言葉ばかりの歌にするわけにもいかないしね。」(Michael Spörke, *Big Mama Thornton The Life and Music*, McFarland & Co., 2014, pp.24-25) 二人は、一五分ほどでこの曲を作り上げたという。ビッグ・ママに見せたら、「これがわたしの大ヒット曲なのかい」と睨みつけた。ストーラーによれば、ビッグ・ママがエセル・ウォーターズみたいに滑らかに歌おうとするので、「それはちょっと違って」といったら、「あんた［白人のガキ］がわたしに、歌い方を云々するのかい！」と怒鳴りつけられた。へどもどしながら「こんなふうに」と実演して聞かせて、性的な意味があることも納得してもらったうえで、スタジオ録音という運びになったのだという。

iv　この遅れの理由は、著作権をめぐる争いらしい。これを録音したピーコック・レーベルのオウナーで、楽曲の著作権をめぐっては悪名の高いドン・ロビーが、この曲をロビーとビッグ・ママの作として音楽出版社に著作権登録したのにリーバーとストーラーの親が異議を申し立て、二人の作に訂正させたのだ（ユダヤ系と黒人のハーフを自称し、裏世界とのつながりをほのめかして強面《こわおもて》として知られたロビーも、正真正銘のユダヤ人との法的係争には勝てなかった）。

v　ちなみに、エリック・クラプトンは、プレスリーのではなく、オリジナルのビッグ・ママの歌詞をカヴァーして歌っている。彼は、森進一や美川憲一といった往年の日本の演歌歌手と同じように、「女の身になって」

vi

歌っているのだろうか。英米のポピュラー音楽ではそんなケースはきわめてまれなので、どういうつもりなのか訊ねてみたい気がする。

〈パート・タイム・ラヴ〉や〈アイ・キャント・スタンド・ザ・レイン〉などブルージーな歌を得意としたメンフィスのハイ・レーベルの女性の看板歌手、一九七九年に来日。〈九九ポンド〉（約四五キロ）という自分の体重を歌った曲をトレードマークにした、細身の女性歌手の代表的存在である。

第一一章

DRIVING WHEEL BLUES
(Written by Roosevelt Sykes)
駆動輪のブルース　――ルーズヴェルト・サイクス

※権利者から歌詞の出版使用許諾が下りなかったため、歌詞の掲載ができませんでした。ご了承ください。

【歌詞の内容紹介】

ウォーキング・テンポのピアノの弾き語りに乗せて、一番から五番まで、AAB形式の標準的な一二小節ブルースの歌詞が、繰り返しなしで連なっている。歌の基本的なモチーフは、冒頭の一番でざっくり示される。「なあ、みんな、おれは働かなくていい／強盗や盗みをやらかしたりもしない（People, I don't have to work / And I ain't gonna rob and steal）」なぜなら、彼女が、必要なものをなんでもくれるから。いわば、落語「厩火事」に出てくる髪結いの亭主の境遇。彼女は、この歌の主人公である男にとって、駆動輪（driving wheel）なのだ。

二番では、そんな有り難い彼女が出て行ってしまうと歌詞の冒頭で聴き手の気を引き、でも、じつはすぐに（soon）戻ってくるんだと歌って、「なあんだ」と思わせる。彼女が帰ってくるのは、金曜の朝早くかもしれないし、土曜の午後（Saturday in the afternoon）になるかもしれない。つまり、soonとnoonで韻を踏むために、二番の歌詞はあるといっていい。

三番の脚韻もしゃれている。「おれの彼女に手紙を書こう／ほかのだれにも封を切ってほしくない（I'm gonna write my baby a letter / I don't want no one to break the seal）」と、彼女から離れて、旅先にでもいるらしい主人公は、思いを伝えようと決める。携帯メールやLINEの世代の読者にはピンと来ないかもしれないが、封というのは、封筒を密封して印をつけること。西洋の昔は封蠟というものを使ったけど、いまじゃ糊やテープで留めて、せいぜい「〆」の印をつけたりするくらい。でも、それを尊重することで親書の秘密が保たれる。言い換えれば、主人公が書き送る睦言は、彼女以外には見られずにすむわけだ。その封印（seal）ということばを、作者がAAB形式のAの最後の語にするのは、じつは、三番の最後で、「あいつはおれの駆動輪さ（She is my drivin' wheel）」という決めぜりふを歌って、車輪（wheel）と韻を合わせるためでもある。

四番の歌詞では、ブルースにありがちな、性的な内容を別のものに喩えるという手法がとられる。ここでは、彼女は、主人公が伝える回転（roll）を忠実に伝えられて回り、ぐんぐん粉を挽く製粉機（grindin' mill）に喩えられる。つまり、恋人同士が二人だけでする行ないが、そんなふうに言い表されるわけだ。そして、回転つながりで、「あいつは、生まれてからこのかたというもの／おれが手にした最上の駆動輪さ（Lord, she's the best drivin' wheel I had / Since the day I was born）」と、イメージを回る車輪に結びつける。

最後の五番は、打って変わって詩情豊かだ。歌の主人公は、彼女の立ち居振る舞いの優美さを賞賛する。彼女の歩き方は、木の上でそよ風に揺れる木の葉のようだ（She shake like a leaf shakin' on a tree）というのだ。そんな優美な仕草で、彼女は、お茶や食事を勧めてくれる。「こっちへおいでよ、あんた／ほら、ここにあんたのステーキとポテトとお茶があるよ」といったぐあいに。

ブルースの歌詞は、歌手から歌手へと歌い継がれていくだけではなく、その過程で、時代のニーズに応じて、語句が変わったりその歌がになう意味合いが変わったりもする。ルーズヴェルト・サイクスからリトル・ジュニア・パーカーへ、そしてソウル歌手のアル・グリーンへと引き継がれたこの〈駆動輪のブルース（ドライヴィング・ホィール）〉も、そうした歴史を持つ。この歌でとくに興味深いのは、歌詞のほとんどが忠実に継承されながらも、語句のほんのわずかの手直しで、歌が描く人間模様の構図がガラッと変わってしまったことだ。

冒頭の歌詞の内容紹介に使ったのは、作者のサイクスが、一九三六年に、ザ・ハニードリッパーの変名でデッカに録音したオリジナル・ヴァージョン。アーカンソーで生まれ、教会で習い覚えたオルガンをピアノに換えて、十代から州内の堤防工事《レヴィー・キャンプ》の飯場や製材所などでほぼ百％男性の聴衆相手に、バレルハウス・スタイルのピアノを弾き、きわどい歌やあからさまな歌を歌ったりしていたサイクスは、二〇代も後半になってミシシッピ川沿いの都会、セントルイスへ出、そこで芸人仲間とのつながりを培《つちか》って運をつかんだ。二九年にニューヨークで、ソロで吹き込んだ〈四四《フォーティ・フォー》ブルース〉が黒人の間で大人気を博し、歌い手／ソングライターとして、また達者な伴奏者としてひっぱりだこになった。一時は、Easy Papa Johnson や Dobby Bragg, Willie Kelly といった変名を駆使して、レーベルを掛け持ちで吹き込みをした。ハニードリッパーとは、蜂蜜が入った甕《かめ》から蜜を取り出すための、先に切れ目の入ったヘッドが付いた棒で、文字通り蜜を滴《したた》らせる道具だ。サイクスが伴奏を務めたエディス・ジョンスンという女性歌手が彼のために〈ザ・ハニードリッパー〉という曲を書き、サイクスはその題を変名に使ったわけで、訳せば「蜜も滴《したた》る色男」といったところだろう。[i] そのことを念頭に置いたうえで、歌詞を見てみよう。

これは、ブルースでよく歌われるテーマのひとつ、彼女自慢の歌だ（三章参照）。この歌の彼女は器量よしで、主人公に尽くし、そして一番の冒頭のつかみの歌詞にあるように、経済的にも主人公を支えてくれる。driving wheelというのは、駆（機）動輪、つまり、汽車なら蒸気タービン、自動車ならエンジンといった原動機が起こした力を直接受けて回転し、乗り物を走らせる車輪のことを指す。[ii] 自動車で前輪駆動とか後輪駆動とかいうあれのことだ。日本語でいえば、「一家の大黒柱」というのにちょっと似ているけど、しかし、柱がじっとしているのに対して、駆動輪はどんどん動いて乗っている人を遠くへ連れていく。彼女が駆動輪の役目を引き受けてくれるおかげで、自分は左うちわ。そう主人公は語る。ただし、主人公は、前の章の〈ハウンド・ドッグ〉の男性のように女性を利用しているのではなく、明らかに彼女に対して深い情がある。彼女の動向を気にし、少し離れていなくちゃならなくなったら、こまめに手紙を書く。四番の歌詞は、製粉機のメカニズムになぞらえた性行為の比喩だ。二人がロールの動きを受け渡しするなど、この種の歌詞のうちでももっともあからさまな部類に入る。対照的に、五番の歌詞は、田舎風で美しい。歩いている彼女の姿態の揺らぎが、木の葉のそよぎになぞらえられている。そのそよぐ木の葉をつけたtreeと、彼女がステーキとポテト（tater）に添えて出してくれるteaとで韻を踏ませるなぞ、さすが生涯に百曲以上書いたというソングライティングの達人のサイクス、そのイメージの落差がウィットに富んでいる。

さて、このサイクスの歌詞を、性的にあからさまな四番の歌詞だけカットしてあとはほとんどそのまま踏襲し、モダンなギターリフとパンチの効いたホーンリフに援護された滑らかでソウルフルな歌唱で、一九六一年にR&Bチャートのトップ5に入るヒットにしたのが、リトル・ジュニア・パーカーだ（テキサス州ヒューストンのデューク・レーベルへの録音）。ただ、パーカーの歌詞には、歌の出だしで、主語が自分（歌の主人公）から彼女に変わっているという大きな違いがあった。「おれのあの娘は働かなくていい、強盗や盗みをしなくてもいい（My baby don't have to work, she don't have to rob and steal）」とパーカーは歌った。「あいつが必要なものはなんでも提供するさ、おれがあいつの駆動輪なんだから。」彼女を養えるだけの甲斐性がある働き者の亭主。この歌の主人公は、自分はそういう男だと歌い、胸をはる。公民権運動の時代、ソウル・ミュージックの幕が開き始めたころには、都市の黒人男性の就業機会も以前よりは向上し、そして大人のシスターたちは、都会のプレイボーイよりも、「おれたちは力を合わせていっしょに上へ登っていくんだ（We're gonna make it）」（リトル・ミルトン）といってくれるような男性に魅力を感じるようになり始めていた。飯場や小さな酒場ではない、大きなクラブへB・B・キングやジュニア・パーカーがお目当てで集まる聴衆の中心は女性客で（キングのアルバム『ライヴ・アット・ザ・リーガル』を聴けばよくわかる）、彼女たちは、ソウルの時代の新機軸といっていい「頼れる恋人」「誠実な恋人」のイメージに熱狂した。[iii] パーカーのヒットをきっかけに〈ドライヴィング・ホィール〉はブルースのスタンダードになり、[iv] さらに一〇年後には、パーカーのいとこを自称するアル・グリーン[v]がファンキーなハイ・リズムに乗せてこの曲を再生させた（歌詞は三番までしか歌っていないが）。

というわけで、このままだとさすがパーカーはソウルの時代に売れたブルースマンだ、という話になるのだが、少し調べてみたら、彼の改作ではなかった。サイクスはじつは、一九四九年にニュージャージーのリーガル・レーベルに、オリジナル録音時と同じ自身のピアノとドラムだけの簡素な編成で、この曲を再吹込みしている。その録音の歌詞が、のちにジュニア・パーカーが吹き込んだものと同じ。つまり、パーカーはサイクスの再録音（あるいはステージでの演奏）を下敷きにして、自身の吹込みをしたと考えられる。サイクスは、自分の持ち歌としてこの曲を歌ううちに、観客席の反応から、プレイボーイの蜜滴《したた》らせ男の時代は終わったと肌で感じて、再吹きこみのときに歌詞を変えたのだろう。だとしたらこれもまた、サイクスが優れたソングライターだったことを示すエピソードだということができる。

ファッツ・ウォーラーの曲くらいは軽くこなす達者なピアニストでもあり、戦前期に黒人の間で高い人気を誇ったサイクスの名前は、しかし、当時はもっと知名度が低かったデルタ・ブルースマンたちとは対照的に、いまではいくつもの名曲の作者として以外には、ブルース・ファンの間で話題になることが少ない。これは、ロック（やフォーク）から逆算してブルースの歴史を見るとき、どうしても関心がギター中心になり、リロイ・カー以来重要な位置にあったピアノ・ブルースの伝統が目に入らなくなるからだと思う。ビッグ・メイシオやリトル・ブラザー・モンゴメリー、サニーランド・スリムといった人たちの業績は、ブルース・ギタリストたちとの絡みでしばしば語られるが、しかし、第二次大戦後のジャンプ・ブルース・バンドのピアニストたちから、チャールズ・ブラウン、そしてレイ・チャールズあたりまで、黒人大衆にとっては、鍵盤はしっかりブルースの主流だったのだということを忘れてしまってはいけないと思う。

i
「こっち向いて、美人の彼女、ぼく、家がないんだ。きみの蜂の巣の中でぼくに、蜜をぽとぽと落とさせてよ(Looky here pretty mama, says I ain't got no home / Will you let me drip some honey, baby in your honeycomb)」というのが、エディスが書き、のちにサイクスが吹き込んだ〈ザ・ハニードリッパー〉の出だしだ。しかし、のち(四六年)のジミー・リギンズの同題の大ヒット曲の、「ハニードリッパー、あいつはぞくぞくするほど恰好いいやつさ、……めっきじゃない金無垢、ジャイヴの最高峰、……リフ(ワサビの効いた突っ込み)の達人、あのハニードリッパーはね(The honeydripper, he's a killer, ... he's a solid gold cat, he's the height of jive ... he's a riffer, the honeydripper)」という歌詞のほうが、黒人社会でのこの語のイメージをより雄弁に語っているだろう。

ii　これが、機関車の歌なのか自動車の歌なのかは、判断がつかない。後で触れるジュニア・パーカーのヴァージョンでは、曲の冒頭でホーンセクションが「プアー」という音を出すのだが、あれは汽車の警笛なのか、自動車のクラクションなのか。しかし、デイヴィッド・ウィフェン作のフォークのスタンダード、“Lost My Driving Wheel”は内容からして自動車の歌らしいから、こちらも同じと考えてもいいのかもしれない。

iii　ソウルの時代のブルースについてリアルタイムで掘り下げた名著に、チャールズ・カイルの『アーバン・ブルース』（北川純子、高橋明史、浜邦彦訳、ブルースインターアクションズ刊、二〇〇〇年）がある。

iv　ほんの一部を挙げるだけでも、B・B・キング、アルバート・キング、バディ・ガイ、ジュニア・ウェルズ、リトル・ジョニー・テイラー、エッタ・ジェイムズ、ロイ・ヘッド、サー・ダグラス・クインテット、バターフィールド・ブルース・バンド、エルヴィン・ビショップ、ルーサー・アリスン、ジミー・ドーキンス、ジョニー・ウィンター、ジョン・ハモンド・ジュニア、ジム・ベルーシなどのカヴァーがある。

v　アル・グリーンは、メイボン・ホッジズとの共作の〈テイク・ミー・トゥ・ザ・リヴァー〉（のちに、シル・ジョンスンおよびトーキング・ヘッズのヒット曲になった）のイントロで、「いとこのリトル・ジュニア・パーカーに捧げる、彼は亡くなったけど、彼の名前をみんなで後世に伝えていくんだ」（パーカーは一九七一年に三九歳で没）とアナウンスしている。実際にはいとこではなく、またいとこのような遠縁だったようだが、無名時代のアルがすでに人気者だったパーカーを敬愛し、パーカーのようになりたいと思ってR&B歌手の道を選んだというのはたしかなようだ。ちなみに、サイクスとアルはアーカンソー出身、パーカーはミシシッピ生まれだが、少年時代に母に連れられてアーカンソー州のウェスト・メンフィス（メンフィスの川を隔てて対岸）に移っているから、この三人のカヴァー関係を、アーカンソー・コネクションと呼ぶこともできるだろう。

PART III

落ち目になったらだれも

Lonesome And Blue

第一二章

NOBODY KNOWS YOU WHEN YOU'RE DOWN AND OUT

(Written by James Cox)

落ち目になったらだれも見向きもしない　――ベッシー・スミス

Once I lived the life of a millionaire	百万長者の暮らしをしていたときもあった
Spending my money, I didn't care	何も気にしないで、お金を使ったよ
I carried my friends out for a good time	友だちを連れて街に繰り出し、楽しく遊んだ
Buying bootleg liquor, champagne and wine	密造酒やシャンペンやワインをおごってやってさ
Then I began to fall so low	そのうち運が傾いて、落ちるところまで落ちた
I didn't have a friend and no place to go	友だちも、行く場所もなくなった
So if I ever get my hand on a dollar again	今度ドル札を一枚でも手にしたら
I'm gonna hold on to it till them eagles grin	しっかりと握って、あのワシの絵がニヤリと笑うまで離さない

Nobody knows you when you down and out
In my pocket not one penny
And my friends I haven't any
But If I ever get on my feet again
Then I'll meet my long lost friend
It's mighty strange without a doubt
Nobody knows you when you down and out
I mean when you down and out

落ち目になったらだれも見向きもしない
ポケットに一セントもなくなったら
友だちはひとりもいなくなる
でも、もう一度自分の足で立てるようになったら
そうしたら、長いこと付き合いがとだえていた
　友だちが姿を見せるさ
すごく不思議なことだけど、ぜったいに
落ち目になったらだれも見向きもしない
そう、人が落ち目になったらね

Mmmmmmmm... when you down and out
Mmmmmmmm... not one penny
And my friends I haven't any
Mmmmmmmm... I done fell so low
Nobody wants me around their door
Mmmmmmmm... without a doubt

ムムムム……、落ち目になったら
ムムムム……、一文なしになったら
友だちはひとりもいなくなる
ムムムム……、ほんとにひどく落ち目になった
だれもが、あんたを自分の家《うち》の戸口に近寄らせない
ムムムム……、ぜったいに

No man can use you when you down and out
I mean when you down and out

落ち目になったらだれも見向きもしない
そう、人が落ち目になったらね

Public Domain

　ブルースという音楽について定義や説明をするときに、その演奏上の形式（たとえば一二小節だとかコード進行のパタンだとか）ではなく、歌のテーマやそこに現れる気分を取り上げる語り方がある。「ブルースっていうのは、善良な人間がつらい気分になることだよ（Blues ain't nothing but a good man feeling bad)」というよく歌われる慣用句は、そうした語り方の典型例だ。[i] 感情としてのbluesにどんぴしゃの訳語はないが、悲しい気分、落ち込み、気の滅入り・ふさぎ、つらさやきつさ、憂鬱、抑鬱感といったところだろう。トラブル（揉めごとや困りごと）や生活上の困難、失恋や別離等による孤独な暮らしといった苦いもしくはつらい現実が、ブルース感情をもたらす。「何がおれをブルースにさせるのか、かね？……愛をめぐる不幸っていうのがまず一つだな。世間での成功がとても難しいっていうのが二つ目。それから、男が家庭を持ったら、生計を立てて生き伸びるのが難しいっていうのもあるよね。」（エディ・カークランド）「人生のどこかで、人は心のどこかに傷を負うもんだよ。……それは、あんただけに起こった出来事じゃない。あんたのご先祖さまたちにも、それ以外の人にも起こったことだよ。」（ジョン・リー・フッカー）[ii] 優れたソングライターのルーズヴェルト・サイクスは、ブルースは、トラブルに直面した（とりわけ何らかの形で他者《ひと》にひどい取り扱いを受けた）ときの気の滅入りや不安のことだといいながら、一方で、楽曲としてのブルースには、楽しい気分が詰まった、聴き手が愉快になるものもあると指摘する。だから、ブルースの歌詞と歌唱には、憂鬱であれ、楽しさであれ、恋情であれ、ほかの何であれ、パフォーマーの感情（feeling）がこもっていないといけない、というのが、サイクスの持論だ。[iii]

　ブルースは聴かせるためだけでなく、きわめてしばしばダンスをさせるために演奏されるものだったから、ノリのいい愉快なブルースや滑稽なブルース、さらにはエロティックなブルース（ただしその多くはポルノのように情欲を刺激するのが狙いではなく、下ネタジョーク、つまりは滑稽な歌の一種なのだが）もたくさんある。しかし、演歌に〝涙〟がつきものなのと同じく、ブルースという音楽ジャンルと、〝憂鬱《ブルース》〟の感情表現は切っても切りはなせない。だからこそ、この章で取り上げる〈落ち目になったらだれも見向きもしない〉が、楽曲の形式はまったくブルースではないのに、〝ブルースのスタンダード〟としていまに歌い継がれていたりもするのだ。この曲は、ジミー・コックスというソングライターが一九二三年に書いたヴォードヴィル・ソングで、六年後にそれを、キャリアの最盛期の終わりに差しかかりかけていたベッシー・スミスが見事に歌いあげたことによって、成功と没落という「人生にままある事柄《ファクツ・オヴ・ライフ》」を歌う名曲として広く知られるようになった。

ベッシー・スミスは、〝ブルースの女帝（the Empress of the Blues)〟の称号にふさわしい、六フィート（約一八三センチ）を超える背丈と堂々たる体躯、そして（マイクロフォン以前の商業歌手にとっては当然のことながら）大きい、しかも表現力豊かな声の持ち主だった。父を亡くして姉を親代わりに育ち、故郷のテネシー州チャタヌーガの盛り場通りの九番街で、一〇か一二くらいのころから通行人相手に歌ってお金を稼いだベッシーは、一〇代の半ばにはジョージア州アトランタのヴォードヴィル劇場（和風にいえば演芸場）でオーディションを受けてコーラスラインのダンサーになり、数年のうちに黒人のタップダンサーとデュオを組んでステージのフロントで踊るようになった。〝ブルースの母〟、ガートルード〝マ〟レイニーとの交流は、おそらくこの時期にアトランタで、劇場での共演がきっかけで始まった。マとパのレイニー夫妻が、年端もいかないベッシーをチャタヌーガの街角で拐《かどわ》かして旅芸人に仕立てあげたという風説が古くから語られているが、それには根も葉もない。とはいえ、マ・レイニーはまるで家族のように親身にベッシーの面倒をみたとのことで、ベッシー自身も、キャリアの初期にマの歌い方に影響を受けたことを認めている。

　ダンサーから歌手に転身し、若くして一座を率いるようになったベッシーは、そのパワフルな歌唱に、踊りと、コメディアンとしてのしゃべくりの才能（ソウルの時代でいえばミリー・ジャクスンを思い浮かべるといい）を加えて人気を博し、一九二三年の〈ダウンハーテッド・ブルース〉のヒットで、レコーディング・アーティストとしての地歩を確立した。二〇年代がベッシーの最盛期で、コロンビアに、しばしばジャズの大物ミュージシャンをフィーチュアした優れた録音群を残すとともに、自前の大型テント持参でテントショウをして回ったり、プルマン式車両（宿泊設備がある豪華な特別車両）をあつらえそれに乗って巡業したりした。アポロ劇場の支配人のフランク・シフマンを再三やり込めた話をはじめ、彼女の女傑ぶりを示すエピソードには事欠かないが、次のKKK絡みのものは、そのうちでもきわめつけといえるだろう。一九二〇年代後半に、ノースカロライナ州のコンコードというところでベッシーがテント掛け巡業していたとき、地元のクー・クラックス・クランが五、六人、例の白いとんがり覆面をかぶって、一座のショウをつぶしにやってきた。かれらが宵闇にまぎれて支柱を引き抜きテントを倒そうとしているのを、たまたま外に出ていたバンドのメンバーが見つけ、大慌てでベッシーに注進した。出番を終えたばかりのベッシーは、アンコールの声を背に、道具係のスタッフを連れて現場に向かった。おびえて近寄れないスタッフを尻目に、クランから二、三メートルのところまで駆け寄ったベッシーは、左手を腰にあて、右手で握りこぶしを作ってかまえ、「何をやろうとしてやがるんだよ！」と怒鳴りつけた。「このテントはあたしのもんだ。シーツを脱いで、とっととどこかへ行っちまいな！」びっくりして棒立ちのクランをベッシーは睨みつけ、お得意の罵りのことばを大声で、かれらがすごすご闇に消えるまで浴びせかけつづけた。[iv]

全盛期のベッシーは、身内や仲間といっしょに飲んで乱痴気騒ぎをしたり、派手なショッピングをしたり、夫がいるのにさかんに恋にふけったり（男性だけでなく女性も愛した）、が大好きだった。旅先でも日曜には一行を連れて最寄りの教会へ礼拝に行く信仰深さがあったが、大酒（歌に出てくる密造ウィスキー＝bootleg liquorを好んだ）や浮気や口汚い罵りの言葉（さらには実力行使で腕っぷしの強さを披露すること）が、その信仰と相容れないとはみじんも思っていなかった。

この歌、〈落ち目になったらだれも見向きもしない〉は、まだそうした「百万長者の暮らし」のさなかにいたベッシーが、でもその自分だって落ち目になればこんなものさと、醒めた目で自分を見ていたことのあらわれだと思う。あるいは、この歌の吹き込み（一九二九年五月）の少し前に、のべつケンカしながら連れそった夫ジャック・ギーと、その姪で付き人として影のようにベッシーに寄り添ってきたルビー・ウォーカーの二人と別れたことや、乞われて出演したミュージカルが大コケしたこと、そして音楽の流行りが変わってだんだん「時代遅れのブルース歌手」とみられはじめていたことが、ベッシーをシニカルな気分にさせていたのかもしれない。

ちなみに、二番に出てくる「eagles」は、ドル紙幣の裏面にある米国の国鳥のハクトウワシの図柄を指す。「(un)till (them) eagles grin」は訳詞では直訳したが、当然のことながらハクトウワシ（あるいはその図柄）は、いつまで待ってもニヤリと笑ったりはしない。だから、「永遠に手離さない」「ぜったい握ったままでいる」というのが、くだけた意訳だ。ほかにはそんなにわかりにくいところはない平易な、そして思い当たるところがある人には身につまされる歌詞だ。それをベッシーは、自己憐憫や卑屈さが入る余地のない堂々とした唱法で歌い上げる。とくに効果的なのが、三番の「Mmmmmmm」という、たぶん先輩のマ・レイニー譲りのモーン（呻き声）だ。ベッシーは、意図的に歌詞を抜くことで、かえってその歌詞に伴うフィーリングを聴き手の胸にダイレクトに伝える。人間ってそういうもんさ。金の切れ目が縁の切れ目。でも、私は、まだ終わったわけじゃないよ……。つまり、この歌は、落魄した人が酔っていうグチや繰り言の歌として聴くこともできるが、落ちるところまで落ちてもまだファイティングポーズを捨てないしぶとい人間のことばとして聴くこともできるのだ。

「思い当たるところがある人には身につまされる」と先に書いたが、ベッシーがこの歌を吹き込んだ直後に、米国、いや世界は、思い当たりそうな人を大量生産する大変動に巻きこまれた。一九二九年一〇月二四日のウォール街の株式市場の大暴落から始まった世界大恐慌は、多くの「百万長者」をdown and outにし、ホワイトカラーやブルーカラーを失業者に変えた。そうした大恐慌の時代の雰囲気にマッチしてベッシーのこの歌は支持され、代表作のひとつになった。時代が変わっても、成功と没落は世の常だから、この歌は繰り返しカヴァーされて、ルイ・ジョーダン、バーサ〝チッピー〟ヒル、ラヴァーン・ベイカー、スクラッパー・ブラックウェル、サム・クック、オーティス・レディング、オスカー・ブラウン・ジュニア、ニーナ・シモン、ジャニス・ジョプリン、オールマン・ブラザーズ・バンド、ボビー・ウォマック、B・B・キング、エリック・クラプトン……と、秀作や注目作に限っても枚挙のいとまがない。

ベッシー自身は、そこまでの落ち目になる前に、ミシシッピ州クラークスデールの近くで自動車事故にあって亡くなった（享年四三）。それは一九三七年の秋の出来事で、彼女の死をめぐってまもなく、「大けがをしているのに、黒人であるために治療を受けられず、メンフィスの病院の待合室で亡くなった」という裏付けのないうわさが広がった。のちに、ベッシーの伝記作家によって、不幸な事故の詳細が（深夜のハイウェイでの二重衝突だった）、かなりの程度明らかにされるまで、「あの有名なベッシー・スミスでさえもが人種差別の犠牲になった」と語られ続けた。死後、ベッシーの自宅があるフィラデルフィアで葬儀が行われ、人気の絶頂を幾年も過ぎていたにもかかわらず、彼女を悼む七千人もの群衆が集まった。「だれも見向きもしない」どころか、ベッシーは最後まで、臣下に敬愛されるブルースの女帝でありつづけたのだ。

i　映画『クロスローズ』でウィリー・ブラウン（映画のストーリーの中での）が語って有名になったが、Lee Roy "Lasses" Whiteというブルースマンが、一九一二年に音楽出版社に著作権登録した"Negro Blues (Nigger Blues)"（ちなみにこれが史上最初に著作権登録された一二小節ブルースだとされる）に、すでにこの歌詞があるという。ジョージア・ホワイトやケニー・ニールが、これを曲のタイトルにしている。

ii　David Evans, *Big Road Blues: Tradition and Creativity in the Folk Blues*, Da Capo, 1987, p.17.

iii　同右、pp.17-18。

iv　Chris Albertson, *Bessie*, Stein and Day, 1972, pp.132-133.

v　ベッシーの死の経緯は、右のアルバートスンの本に詳しい。彼女がちゃんとした医療を受けなかったというのは誤りだが、ただ、当時のミシシッピの病院は人種分離されており、白人のけが人が先に白人病院からの救急車で搬送され、黒人病院からの救急車が来るのが遅れたという事実はあった。「たられば」の領域の話になるが、人種による取り扱いの違いがなければ、重傷で歌手としての再起は無理でも、命をとりとめることはできたかもしれない。ちなみに、ベッシーについての本は何冊もあるが、このアルバートスンの伝記本が定番で、それをより新しい、チャタヌーガでの若いころを中心にしたスコットの研究書（Michelle R. Scott, *Black Empress in Chattanooga: Bessie Smith and the Emerging Urban South*, University of Illinois Press, 2008）で補えば、われらが女帝のけた外れの人生のあらましを捕捉することができる。

第一三章

MEAN OLD WORLD

(Written by Aaron "T-Bone" Walker)

つらい浮き世　――Tボーン・ウォーカー

This is a mean old world	つらい浮き世だよね
Baby, to live in by yourself	ねえ、そこで一人ぼっちで生きていかなくちゃいけないのなら
This is a mean old world	つらい浮き世だよね
Baby, to live in by yourself	ねえ、そこで一人ぼっちで生きていかなくちゃいけないのなら
When you can't get the woman you love	好きな女に手がとどかない
Did you know she's lovin' someone else?	あんた、彼女はほかの男を愛してるって知らなかったのかい
Well, I drink to keep from worryin'	うん、思い悩まないために飲む
Yes, and I smile to keep from cryin'	そうとも、そして泣かないために笑うんだ
I drink to keep from worryin',	おれは思い悩まないために飲むのさ

Baby, and I smile to keep from cryin'
That's to keep the public from knowin'
Just what I have on my mind

Someday, someday, baby
I'll be six feet in my grave
Someday, someday, darlin',
I'll be six feet in my grave
And I won't be 'round here mistreated,
darlin'
Like a lowdown slave

ねえ、そして泣かないために笑うんだ
胸のうちを世間の人に知られたくないから
そんなふうにするのさ

いつの日か、いつの日か、ねえおまえ
おれは自分のお墓の六フィート下にいる
いつの日か、いつの日か、愛しいおまえ
おれは自分のお墓の六フィート下にいる
そしたらもうこんなところで、愛しいおまえ
下等な奴隷みたいなひどい扱いをされてなんかいないさ

このパートに配置した五つの曲の共通項は、トラブルと孤独がもたらす気鬱《ブルース》だ。奴隷制の時代はもちろんのこと、「解放」は名ばかりで〝白人の旦那さん〟たちが経済の仕組みと法律と暴力を通じて支配を続けた南北戦争後の南部でも、そして、その支配から脱け出そうとして移住した先の北部や西海岸の都会でも、世界は、多くの黒人にとってとてもmeanな（ひどい、意地悪で酷薄な）ものだった。[i] 前向きに暮らしていても、角を曲がればトラブルや孤独が待ち伏せしていたりする。黒人霊歌の〈イッツ・ア・ミーン・オールド・ワールド〉（ヘヴンリー・ゴスペル・シンガーズの一九三〇年代の録音が有名）は、そんな無情な世界のことを、こう歌った。「このつらい浮き世で、死ぬその日まで、生きていかなくちゃいけない。父親も、母親も、兄弟も、姉妹もいない。そんな浮き世で、ひとりぼっちで生きていかなくちゃいけない。」[ii] 霊歌や讃美歌のような教会の歌は、そうした苛酷で薄情なこの世の中で、頼りになる友はただ一人、イエス（神）さまだけだと歌い（"What A Friend We Have In Jesus"）、そして、そうしたトラブルだらけの浮き世を後にして天国へ行くその日を待ち望む（"Soon I Will Be Done With The Troubles Of The World"）。

　そうした霊歌を「ちょっとひねればブルースになる」というのは、Tボーン・ウォーカーが語ったという名言だ。教会の歌とブルースは、「心の悩み（trouble in mind）」に対処するやり方は違うけど、そのもととなる経験や気分は同じだから互換性があるというのだ。Tボーンは、ご存知のようにエレクトリック・ギターによるブルースの単弦奏法の祖だが、と同時に優れたソングライターでもあった（彼の作品中でたぶんもっとも有名な〈ストーミー・マンデイ〉は、パートVの二八章で紹介する）。ここで取り上げる〈つらい浮き世《ミーン・オールド・ワールド》〉は、右の名言の通り、霊歌の〈イッツ・ア・ミーン・オールド・ワールド〉を「ちょっとひねって」作られたものだ。神の愛を信じることを通じての救いという宗教的な考えを（否定するわけではないけど）とりあえず脇に置く世俗音楽のブルースやR&Bでは、憂鬱な気分への処方箋は音楽やダンスや酒や遊興（〈ロック・マイ・ブルース・アウェイ〉〈ドリンキング・ブルース〉）、[iii] そして、孤独への特効薬は男女の愛だ。妻や恋人の存在がこのつらい浮き世を、生きる値打ちがあるものに変えてくれるのだが、ところが、この特効薬には副作用もある。別離や仲たがいや心変わりや片思い。男女の仲は、ブルースへの特効薬であるとともに、その病原にもなる。この歌の一番では、自分が想っているからといって、相手も想ってくれているとはかぎらないという片思いの苦さが、「あんた、知らなかったのかい？」という皮肉な口ぶりで示される。恋すると馬鹿（＝視野狭窄）になる。周囲のみんなに見えていることが、見えなくなってしまうのだ。

　二番では、酒と笑顔で、つらくてブルーな内心を隠すという、ある意味でとても都会的な歌の主人公のふるまいが歌われる。この部分を聴くと、筆者はどうしても後年の、サム・クックのチャールズ・ブラウン・スタイルの名作ブルース〈ラフィン・アンド・クラウニン（笑ってお道化《どけ》て）〉や、スモーキー・ロビンスンとミラクルズの〈涙の道化師《クラウン》〉を思い浮かべてしまう。どちらも、つらい気持ちを隠すために笑ってはしゃいでみせるという歌で、モータウン・サウンドの後者と結びつけるのはさすがに無理だが、クックが、この歌の二番をヒントにして右の曲を書いた可能性は十分あると思う。じつは、クックは、〈ミーン・オールド・ワールド〉というこれと同題の曲を書いて〈ラフィン～〉と同じアルバムに収録していて[iv]、そしてその曲は明らかに、Tボーンのこの曲の一番（あるいはそのネタもとになった霊歌）のモチーフをふくらませたものだ。その昔のグリコのキャラメルの宣伝コピー、「一粒で二度美味しい」ではないが、クックがTボーンのこの曲の本歌取りをして曲を二つ書いたのではないかと想像してみるのも楽しい。

三番では、歌の主人公は自分につらく当たる、思いやりのない妻もしくは恋人を遠まわしになじる。おまえはおれをそんなふうに扱うけどさ、おれはいつまでも生きているわけじゃない。お墓に入ってしまったら（「地面の六フィート下」は死んで埋葬されることの慣用表現、土葬が通例の米国では、六フィート、つまり約一・八三メートル以上の深さに棺を埋めるようにと法に定められている）、もうおれにひどい扱いをしようと思ってもできないんだぜ。そのときに悔やんだって、もう遅い。そのときのことを思うなら、生きているいまのうちに、もう少しやさしくしてくれたって罰《ばち》は当たらないだろう。

アーロン・ティボー〝Tボーン〟ウォーカー（1910,5,28 - 1975,3,16）は、テキサス州リンデン生まれで、先住民のチェロキーの血をひく。T-Boneというニックネーム（T字型の骨つきのサーロインステーキ、もしくはモデルT型のフォード車を指す）は、たぶん名前のThibeauxが転じたもの。両親ともにミュージシャン、また継父のマーコ・ワシントンはダラス・ストリング・バンドのメンバーで、Tボーンはこの人から、ギター、ウクレレ、バンジョー、ヴァイオリン、マンドリン、そしてピアノを教わったという。一五でプロのミュージシャンになって、まずはダラスで腕を磨き、二〇代に西海岸に移りビッグ・バンドに加入、初めはダンサーやヴォーカリストとして、のちにはギターを弾く歌手として活動した。子どものころ彼の家にブラインド・レモン・ジェファースンが出入りしたとのことで、それもあってか、小粋なバラードを歌う都会派エンターテイナーとしての顔も持ちながら、その引き出しには、「今日、いまここででも、歌うより早くブルースを作ることができる。あんたが聴きたいなら、一日じゅうブルースを歌って、二へん同じ歌詞を繰り返さないことだってできるよ」[v]と豪語するほどたくさん戦前ブルースの歌詞のストックを身につけた、純正のブルースマンでもあった。

Tボーンは、この〈つらい浮き世〉を三度吹き込んでいるが、[vi]ここで取り上げたキャピトルでの最初の録音（一九四二年のロス録音）は、ブルースの器楽の歴史の中でひときわ重要なものだ。ピアノとベース、ドラムだけをバックにしたこの演奏には、歌の前に長いギター・ソロがあり、そこにはのちにTボーン奏法として知られることになるさまざまなリフが入っていて、エレクトリック・ギターでのブルースの単弦ソロ演奏の完成形のショーケースになっているからだ。言い換えれば、この曲（とSP盤の裏面の〈アイ・ガット・ア・ブレイク・ベイビー〉）は、後続のギタリストたちに新しいブルースの奏法を示す最初の範例になった。

Tボーンのもの以外にも、霊歌〈イッツ・ア・ミーン・オールド・ワールド〉を「ちょっとひねった」ブルース曲はけっこうある。Tボーンに先行するビル・ゲイザーやビッグ・ビル・ブルーンジーのもの、先に挙げたサム・クックのものがあるが、なかでもいちばん著名なのがリトル・ウォルターの〈ミーン・オールド・ワールド〉[vii]だろう。興味深いのは、B・B・キングやオーティス・ラッシュの〈ミーン・オールド・ワールド〉がTボーンにかなり忠実なのに対して、エリック・クラプトンやプロフェッサー・ロングヘアー、チャック・ベリーの同題の曲は、ウォルターのほうを下敷きにしているように見えることだ。つまり、近年歌われる〈ミーン・オールド・ワールド〉には、歌詞から見るかぎり、Tボーン系とウォルター系の二つの系統があるように思われる。

Tボーンは、このモダン・ギター・ブルース誕生の記念碑といってもいい演奏を、一九四二年七月に、新興のキャピトル・レーベルに吹きこんだ。同じ地域の出身で六歳年下の、エレクトリック・ギターの奏法を創り上げる過程でたがいに影響しあった[viii]〝ジャズ・ギターのソロ演奏の祖〟、チャーリー・クリスチャン（彼もキャピトルに録音を残した）が亡くなって四か月後のことだった。しかし、この録音がただちに大ブレークし黒人音楽の世界を塗り替える、ということにはならなかった。時期が悪かったのだ。戦時になってSP盤の材料のシェラック（動物系の樹脂状物質）が不足し、新参者のキャピトルはレコード盤を製造しにくくなった。またその年から四四年まで、全米ミュージシャン組合がストライキをして、レコード会社がレコードを出しにくい状態が続いた。結局、Tボーンの名曲群がヒットして多くのフォロワーを生み出すのは、戦後の一九四七年にラルフ・バスがプロデュースしたブラック＆ホワイトでの録音以降のことになる。

第二次大戦中、Tボーンは米軍慰問団（USO）の傘下に入り、各地の陸軍基地を回って演奏活動をした。そのまえに徴兵検査を受けたが、偏平足を理由にはねられたのだという。[ix]Tボーンが兵士に適格と認定されて軍務につき、前線へ出て戦死したり手をけがしたりしていたら、彼の戦後期の録音はありえないわけで、そうなればブルース・ギター演奏の歴史は大きく変わっていただろう。一ブルース・ファンとして、彼の偏平足に感謝せずにはいられない。

i　ちなみに、「mean old」のoldは、「古い」や「年取った」ではなく、ただ単に強調を示す。語呂を優先してスルーしたが、それを組みこんで訳すなら、「すごくひどい」「えらく酷薄な」「とてもいまいましい」といったところだろう。

ii　この歌詞の「父親も、母親も、兄弟も、姉妹もいない」というのは、奴隷制の時代にはよくある話だった。親子や夫婦を別々にして売るというのは、「商品」である奴隷の取り扱いとしてごく当たり前のことであり、奴隷の家族の絆は「ご主人さま」しだいのとても不安定なものだったからだ。

iii　ルシール・ボーガンの歌。「ブルーな気分だからあたしは飲む、トラブルのせいであたしは考えこむ。おかげでそのうち墓場行きになるだろう。でも、そのときまでずっと、心配ごとを抱えてあたしは飲みつづけるよ。」

iv　『Night Beat』(RCA 2706, 1963)。このアルバムについては、次のチャールズ・ブラウンの章で、もう一度ふれる。

v　Nat Shapiro and Nat Hentoff, *Hear Me Talkin' to Ya: The Story of Jazz by the Men Who Made It*, Rinehart, 1955, p.249、ただしここでは、Michael Taft, *The Blues Lyric Formula*, Routledge, 2006 からの重引用。引用で、Tボーンが「歌うより早くブルースを作る」といっているのは、歌詞と曲をアドリブで一から作るという意味ではない。演奏をしながら、ブルース・アーティストの間で共有財産になっている定型化された歌詞のストックから適当な一行を選んで歌い、次に、同じストックからそれと意味の上でつながり脚韻が揃う別の一行を探し出して歌うという、マッチングの作業のことを指している。戦前派の古参のブルース歌手は、こうしたやり方で、自分の引き出しにある歌詞のストックを使って、長い演奏時間を通して歌い続けることができた。

vi　二度目は一九四五年の"Mean Old World Blues"というタイトルの、Rhumboogieレーベルのための録音で、三度目は、ロスに戻って、名手ロイド・グレンのピアノを従えて、最初のキャピトル録音を曲の構成も歌詞もほぼ忠実に踏襲した一九五六年のアトランティックへの録音。そのそれぞれに聴きどころがある。ラムブギ録音は、ビートがよりモダンで、一番と二番はオリジナルと同じだが三番がなく、ブリッジが二度繰り返される。このブリッジの歌詞が面白いので、以下に紹介しておく（ていうか本当は、むつかしい聞き取りをコンプしたので自慢したいのだ）。「(bridge 1) When I first met you, baby, you didn't know what it's all about /Standing on a corner, Mama, ragged as a barrel of sauerkraut /Yes, I love you, yes, I love you /Yes, I love you, and don't care what you do //(bridge 2) I put some clothes on you, baby, moved you into my house /You got wrinkles up your belly, now, you wanna full T-Bone now /Yes, I love you, etc.」ちなみに、一つ目のブリッジの中の、「最初に会ったとき、おまえは漬物樽（ザワークラウト樽）のようにみすぼらしかった」という言い回しは、のちに、B・B・キングの"Baby Look At You"に踏襲されている。

vii　Tボーンのヴァージョンをよく知っていたに違いないウォルターの歌詞の一番では、「This is a mean old world, try to live in by yourself（×2）/Can't get the one you love, have to use somebody else」と片思いから一歩進んで、あの娘に断られたら別の娘にアプローチするしかないよと、ポジティヴ・シンキングな歌詞が歌われる（二番以降はTボーンとはぜんぜん違う歌詞）。

viii　Tボーンとクリスチャンの共通点や相互影響、さらにはジャズ的な要素がどのようにしてリズム&ブルース化されたかについては、ウェイドリッチの、譜例とCDによる音の例示がついた詳しい考察がある(Joseph Weidlich, *Trading Licks: Charlie Christian and T-Bone Walker*, Centerstream, 2015)。

ix　Helen Oakley Dance, *Stormy Monday: The T-Bone Walker Story*, Louisiana State University Press 1987, p.72. この件について、ダンサーとして足におぼえのあったTボーンは、こう語る。「なぜだかわからないよ。おれの偏平足を問題にするなんて。おれは、いろんな病気でときに体調をとても悪くしたけど、よりによって、偏平足だぜ。そうおれに告げた軍曹の顔をみつめていたら、彼はいった。『さよなら、おにいさん《バディ》。まさか軍隊が、偏平足のリハビリプログラムを持っているとは思わないだろう？』おれは、この足で何マイルもほっつき歩いたことがあるといってやったんだけどね。」（同上）

第一四章

TROUBLE BLUES
(Written by Charles Brown)

トラブルのブルース　——チャールズ・ブラウン

So many days since you went away
I always thought of you each night and day
Someday, someday, darling
I won't be trouble no more

Trouble, trouble and this misery
Is about to get the best of me
Someday, someday, my darling
I won't be trouble no more

おまえが行ってしまって、ずいぶんたった
毎日毎晩、おまえのことを考える
でも、いつの日か、ねえ愛しい人《ダーリン》
おれにも悩まない日がくるだろう

トラブルが、トラブルが、そしてこの苦しみが
おれを参らせかけている
でも、いつの日か、ねえ愛しい人
おれにも悩まない日がくるだろう

I told you my story, I sang my song
About your leaving, baby
You know that's wrong
Bye bye, bye bye, darling
I won't be trouble no more

おれの身の上話はこれだけ
もう歌い終えた、おまえが行ってしまったことを
良くないことをしたって、わかるよね
さよなら、さよなら、愛しい人
おれはもう悩みはしないよ

TROUBLE BLUES　Words & Music by CHARLES BROWN

人はなぜわざわざ、トラブルの経験やつらい思い・悲しい気持ちを歌った歌、たとえばこのパートに集めたようなブルーな歌《ブルースソング》を聴くのだろうか。その答えは、一言でいえば、気が晴れるから。少しかっこうをつけていえば、カタルシスを得られるから、ということになるだろう。作り物のお話への感情移入を通じて、日常生活の中で押し殺されて鬱積しているつらさや悲しみ等が解き放たれて、その結果気持ちよくなるというのが、カタルシス効果だ。前の章の〈つらい浮き世〉の歌詞にあったように、つらい内心を人目から隠そうとして、「泣かないために笑」い、冗談をいったりは

しゃいだりしていると、かえって内面のつらさは膨れあがる。鬱の人を励ましてはいけないという、精神医療でよくいわれる経験則と同じ理由から、気が滅入っている人にとって、明るい歌はじつは救いにならないのだ。お芝居でいえば悲劇にあたる、ブルーな歌の作りものの話に感情移入して、ときには涙を流したりすることによって、心の憂さの少なくとも一部分は解消される。

第二次大戦後の出世作〈ドリフティン・ブルース〉（流れ者のブルース）（1946）から六年ほどの間、黒人大衆音楽の世界で文字通りのスーパースターだったテキサス出身の歌手／ピアニスト、チャールズ・ブラウン。彼の最大のヒット曲であるこの〈トラブルのブルース〉は、右に述べたようなカタルシス効果をもたらすべく設計された彼の楽曲のエッセンスを、絵解きのように示しているといっていいと思う。

この曲、タイトルに反して、一種のバラードだ。ピアノ・トリオの演奏も、そしてマイナー・キーのメロディーもとてもブルージーだが、曲はいわゆるブルースの形式をとってはいない。八小節で、前半の二つの行は韻を踏むが、後半の二行は韻を踏まないリピート部分になっている。思いを絞りだすかのように超スロウに、抑制のきいた節回しの二枚目だが重く粘るテナー／バリトンで（一時期いわばライバルだったナット・キング・コールの滑らかさとは対照的）、ブラウンの歌の主人公は自らの傷心を語る。

自分を捨てた彼女のことを、忘れられない男。彼女をめぐるいろんなことを、朝な夕な思い出しては、失ったものへの未練に滅入りこむ。ときどき、「おれはもうダメだ」と打ちひしがれてしまいそうになる。ただ、いまはこんなにつらいけど、そのうちいつか、自分を捨てた彼女をめぐって、思い悩まなくなる日が来るだろうと、主人公はその期待を語る。なぜ思い悩まなくなるのかについて、この歌は語らない。聴き手の想像にゆだねられる。だから正解はないけれど、少なくとも三通りの解釈が考えられると思う。彼女が戻ってきて仲直りをするか、胸の傷が癒えて彼女を忘れられるか（もっと素晴らしい恋人ができるかも！）、それとも、前の章の〈つらい浮き世〉で主人公が口にしたように、死んでお墓の中に入るか。三つ目は、ちょっとつらすぎる解釈だけど、それも含めて、一番と二番のリピートの部分は、「このつらさもいつかは終わる」と自分に言い聞かせているという意味で、主人公に（そして聴き手に）「救い」を与える。

結びとなる三番の歌詞では、身の上話が終わったと歌われ、それを語って主人公の心がいくらか安らいだことが示唆される。自分を捨てた彼女を「悪いことをした」となじったあと、主人公は、「さよなら、さよなら」と彼女に別れをいう。もちろん、主人公がこれからこの世とお別れする（だからこの歌は最後の身の上話）という解釈も不可能ではないけど、それでは暗過ぎる。心の整理がつき、新規まき直しする気分になったというのが穏当な聴き方だろう。この歌を「カタルシス効果をもたらすべく設計された楽曲のエッセンスの絵解き」と先に書いたのは（ちょっと図式的すぎかもしれないけど）、それがこうして「失恋の苦しみ→再出発」という流れになっているからだ。

じつは、この歌の下敷きになったのはおそらく、四〇年代のピアノ・ブルースの大物、ビッグ・メイシオ・メリーウェザーの代表作〈ワリード・ライフ・ブルース〉（くよくよ思い悩む人生ブルース）だ。八小節の節構造も、ヴァースの後半のくりかえし部分の趣旨も同じ。[i]「彼女が行ってしまって以来、昼も夜も悩む」といった、ブラウンが参考にしたと思われる歌詞があり、「これでおれの話は終わった」と歌い、彼女にさよならを告げるという、歌の結びの段取りも、ほとんど〈ワリード・ライフ〜〉そのままだ。にもかかわらず、この二つの曲の印象は、大きく違う。ジョージアからシカゴへと移った（ジョニー・ジョーンズやオーティス・スパンといったフォロワーがいる）メイシオに比べて、ブラウンの歌詞は切り詰められて整理され、メロディ・ラインは短調。そして、彼のピアノとチャールズ（チャック）・ノリスのギター、エディ・ウィリアムズのベースのトリオ（推定）によるサウンドは、メイシオよりずっとモダンで洗練されているのだ。ウィリアムズのことばを借りるなら、「おれたちは、ブルースに上品さ《クラス》を持ちこんで、クリーンにしたんだ。チャールズは腹《ガッツ》から歌うのをやめて、近くでささやくように《クルーン》歌った。そしたら、おれたちは二年ほどで、ほんとうにビッグになったよ」ということになる。[ii]

一九三〇年代後半から四〇年代にかけて、テキサスおよびその北のオクラホマの出身のブルース・アーティストたちは、前の章のTボーン・ウォーカーを筆頭に、戦時特需で栄えた西海岸へと移動しながら、ブルースの演奏をモダン化し洗練させる動きを進めていった。それを、いわゆる西海岸R&Bの勃興といいかえてもいい。[iii] ギターでいえば、大卒で化学の教師や電気技師をしていたブラウンをクラブ・ミュージシャンに育てあげたジョニー・ムーア[iv]が重要な存在だし、そして、ピアノでは、ブラウンやエイモス・ミルバーン、アイヴォリー・ジョー・ハンター、リトル・ウィリー・リトルフィィード、セシル・ギャントといった面々の名前を挙げることができる。そのうちでも、独自のピアノリフを編み出し、〈ドリフティン・ブルース〉やこの〈トラブルのブルース〉、〈サニー・ロード〉〈メリー・クリスマス、ベイビー〉〈ブラック・ナイト〉といった後世に残る曲を書いたブラウンは、不動のエースだろう。筆者は、リロイ・カーやビッグ・メイシオからチャールズ・ブラウンへ、そしてレイ・チャールズへ（レイは当初チャールズ・ブラウンとナット・キング・コールのそっくりさんだった）というふうに、ピアノ（キイボード）・ブルースの発展史を描くことができると思っている（さすがにそのあとにスティーヴィー・ワンダーをくっつけるのはやりすぎだろうけど）。

話を、歌に戻そう。タイトルがシンプルなために、この歌には同名異曲がたくさんあってまぎらわしいが、もちろん、ファッツ・ドミノやジョン・ハモンド、バディ・ガイなどカヴァーも多い。その中でも、この曲を多くの人の耳に届けるのにいちばん貢献したのは、たぶんソウル歌手のサム・クックだろう。クックは、一九五〇年代後半に、白黒の壁を越えたティーンの人気者としてスターダムに上ったあと、「大人の歌手」としてのポジションを確保するためにジャズのスタンダード曲をカヴァーしたりした。そうした試みの最良の果実が、六三年二月に吹きこまれた〝ブルース・アルバム〟、『ナイト・ビート』だ。手練れのリズム・セクションだけによるこのアルバムの演奏のねらいは、チャールズ・ブラウンのサウンドをモデルに、それをアップデイトすることだったといっていいだろう。そこからヒットしたのはハウリン・ウルフがオリジナルの〈リトル・レッド・ルースター〉だったが、このアルバムでは、〈トラブルのブルース〉、〈プリーズ・ドント・ドライヴ・ミー・アウェイ〉、そしてバラードの〈ゲット・ユアセルフ・アナザー・フール〉に〈フールズ・パラダイス〉と、ブラウンの往年のヒットが四曲も歌われている。〈トラブルのブルース〉では、クックはブラウンの歌詞をほぼ踏襲していて、全盛期の彼の、ゴスペルで培ったブルージーさにスターの色気を小さじ一杯加えた歌唱は、万全といっていい。とはいえ、筆者にとっての最大の聴きどころは、じつは歌唱が始まるまえにある。曲の冒頭の、シンプルなドラムの刻みだけを従えた、たぶんアドリブの長いハミング。それは、たとえばブラインド・レモン・ジェファースンの呻き《モーン》と比べれば、軽いかもしれない。しかし、現代に生きる私たちの悩みごとを抱えた胸に手をつっこんでマッサージしてくれる、じつに立派なブルースの歌唱だと筆者には思えるのだ。

i　ビッグ・メイシオの〈ワリード・ライフ〜〉では、リピートの部分は、「でも、いつの日か、おまえ、おれも自分の人生について悩まなくなるだろう（But someday, baby, I ain't gonna worry my life any more）」と歌われる。ただし、この種の繰り返しの言い回しは、メイシオのオリジナルというわけではない。彼の前にも、有名なものにスリーピー・ジョン・エステスの"Someday Baby Blues"（1935）がある。また、後年に、マディ・ウォーターズも"Trouble No More"（1955）でこのフレーズを使ったし、今世紀に入ってからは、ボブ・ディランが、"Someday Baby"で「trouble, poor me anymore」というリフレインを使った。ブルースの歌詞のパーツはこんなふうにして、共有財産として流通していくものなのだ。

ii　『The Chronological Charles Brown 1947-1948』（Classics 1147, 2000）のライナーノーツより。

iii　正確には、こうしたジャズの要素を取りこんだ「ブルースのクリーンアップ運動」（チャールズ・カイル）と並んで、一九三〇年代にシカゴで有名なプレイヤーを輩出し（ジミー・ヤンシーやアルバート・アモンズ、ミード〝ラックス〟ルイス）、一九四〇年代に主流のスウィング・ジャズにとりこまれたブギ・ウギ・ピアノの流れを、戦後西海岸R&Bの勃興のもう一つのルーツとして押さえておく必要がある。ブギ・ピアノは、ニューオーリンズを含む南部一帯に広がっていたが、最近では、テキサスがその発祥の地だとする研究が出てきている（マーシャル郡とハリソン郡というピンポイントの地名を挙げる論者さえいる）。

iv　テキサスで生まれアリゾナで育ったジョニー・ムーアとその兄のオスカー・ムーアはどちらもギタリストで、オスカーがチャーリー・クリスチャンの影響を受けてジャズに進み、ナット・キング・コールのコンボに入ったのに対して、ジョニーは、スリー・ブレイザーズを結成して、よりR&B的なサウンドとそれにマッチするエレクトリック・ギターの奏法を追い求めた。ブラウンは、自作の"Driftin' Blues"の大ヒットのあと、自分の名前を表に出してくれないジョニーに腹を立てて彼とたもとを分かったが、ジョニーはそのあともフロイド・ディクスンやビリー・ヴァレンタインなどをフィーチュアして活動を続けた。彼のパイオニアとしての功績は、近年再評価されるようになってきている。

BAD LUCK BLUES

(Written by Samuel Maghett)

悪い運のブルース　――マジック・サム

I been down so long,
　but I'm on my way up again
I been down so long,
　but I'm on my way up again
When I reach the top this time, baby, oh,
　you want to be my friend

とても長いことどん底だったけど、
　また運が向いてきた
とても長いことどん底だったけど、
　また運が向いてきた
今度てっぺんまで上がったら、なあ、おまえだって
　もう一度おれと仲良くしたがるさ

I gave you all my money,
　a Cadillac and everything
I gave you all my money,
　a Cadillac and everything

有り金ぜんぶおまえにやった、
　キャデラックでもなんでも買ってやった
有り金ぜんぶおまえにやった、
　キャデラックでもなんでも買ってやった

But you gone and left me, oh, for another man

Now I've been walkin' from town to town,
　I have had the blues to eat
I've been wearin' borrowed clothes
　and no shoes on my feet

I been down so long, but I'm on my way up again
I been down so long, but I'm on my way up again
When I reach the top this time, baby, oh,
　you want to be my friend
I say, you want to be my friend
Ooh, baby, I say, you want to be my friend, Lord

だけど、おまえはおれを捨てて、
　ほかの男のところへ行ってしまった

あの街この街と渡り歩いて、
　食べものを手に入れるのに苦労した
人に服を借りて、靴もはかずに歩いた

ずっとどん底だったけど、また運が向いてきた
ずっとどん底だったけど、また運が向いてきた
今度てっぺんまで上がったら、なあ、おまえだって
もう一度おれと仲良くしたがるさ
もう一度おれと仲良くしたがるよ、なあ、おまえ
　そうにきまってるさ

その昔、一九七〇年代初めの日本に、ブルース・ブームというものがあった。六〇年代後半に、英米のロック・バンドが、ブルースを下敷きにした新しい音楽を切り開いた。それをただ真似するのではなく、むしろ飛び越えて直接黒人のブルースを聴いたり、学んで演奏しようとしたりする動きがその時期に、関西から始まって広がった。そうした動きのなかで、向こうのロック・ギタリストに大きな影響を与えた「三大キング」（B・B・キング、アルバート・キング、フレディ・キングをまとめてそんなふうに呼んだりした）だけでは飽き足らないミュージシャンやマニアにとって、当時、モダン・ブルースのかっこいいギタリストといえば、オーティス・ラッシュ、バディ・ガイ、そしてこのマジック・サムにとどめをさした。なにしろ、京都のJ楽器店四条店のレコード売場で、サムのアルバムが月間売り上げ枚数一位を記録したといわれたりする時代だったのである。

この三人はいずれも、一九五〇年代～六〇年代にチェスやコブラといったシカゴの黒人向けインディ・レーベルに、優れた録音を残して愛好家の胸奥を鷲づかみにした。ブルース・ブームが始まるころには、ガイはハーピストのジュニア・ウェルズと組んで大いに活躍しており、いっぽうラッシュは、新録を出せないという不遇の中にいた。そして、サムは、すでに病没していた。愛好家レーベルのデルマークへの録音でブルースの未来を担うアーティストの一人として注目され、アンナーバー・ブルース・フェスティヴァルで大好評を博し、国内およびヨーロッパからブッキングが集まるという、章の始めに掲げた歌詞でいえば「運が向いてきた」局面で、突然心臓麻痺で亡くなったのだ。本名サミュエル・マゲット（Samuel Gene Maghet; 1937,2 - 1969,12）、享年三二。デルマークからのセカンド・アルバム、『ブラック・マジック』の発売直後のことだった。日本の（そしてもちろん欧米の）ブルース・ファンが、圧倒的な演奏力を持っていたサムを「夭折した天才」として伝説化し、彼への強い思い入れを育んだのは、自然の成り行きだったといえる。

一二章のベッシー・スミスの〈落ち目になったらだれも見向きもしない〉でも語られるように、世間は薄情だ。落ち目になり、尾羽打ち枯らしたら、それまで周りで自分にチヤホヤしていた人たちが離れていく。ベッシーの歌ではおもに友人が話題にされたが、このサムの不運《バッド・ラック》のブルースでは、歌の主人公は、離れていった恋人もしくは妻に語りかける。おれの羽振りがよかったときには、おまえがほしがれば、高級車でも何でも買ってやったのに、運が傾いたらいなくなった。牛を馬に乗り換えて、ほかの男のところへ行った。見損なった、そんなに真心のない打算的な女なんか、こっちのほうから願い下げだとは、歌の主人公には思えない。未練があるのだ。ああいう女だから、自分にまたツキが回ってきていい暮らしをするようになれば、向こうからやってきてよりを戻そうとするさと、主人公は独り言《ご》ちる。

サムの歌詞はシンプルだ。それが、この曲のようなスロウ・ブルースで、確信に満ちたギターのフレイズと掛け合いながら、独特のヴィブラートが隠し味の張りと粘りのある声で歌われると、行間からことばに回収できないフィーリングが溢れ出る。ところで歌の主人公は、ほんとうに「また運が向いてきた」のだろうか。ひょっとしたらそれは、落ちるところまで落ちた男の夢想かもしれない。街角で、「あんた、小銭《チェンジズ》をくれないかい」と通る人に声をかけ、やっとファストフードにありついて空き腹に応急処置をしたあとで、「こんどてっぺんまで上ったら…」と独白しているのかもしれない。もちろん、そうであっても楽天的に、落ちるところまで落ちたらあとは上りしかない、ともいえる（ジョージ・ジャクスンが書きオーティス・クレイやラティモアが歌った明るい開き直りの歌、"The Only Way Is Up"で歌われたように）。そういう意味では、どん底でもへこたれない主人公の前向きさを聴くというのもありだろう。根暗の筆者はついつい、昔の黒人向けアクション映画《ブラックスプロイテーション》で、こんなふうに落ちぶれた男が「おれ、また運が向いてきた、とてもいい話があるんだ、このシゴトがうまくいったら、出て行ったあいつもきっとおれを見直すぜ」とかいえば、それはたいてい死亡フラグだなどと、いらないことを考えてしまうのだが。

この曲はたぶん、J・B・ルノアの〈アイヴ・ビーン・ダウン・ソー・ロング〉の出だしの部分を拝借し、それにオリジナルの歌詞をくっつける形で作られた。「あの街この街と渡り歩いて〜」というブリッジ（サビ）のリズムと旋律は、サムがお気に入りでよくギター・ソロなどにも使ったレイ・チャールズの〈ロンリー・アヴェニュー〉からのもの。このレイの曲の作者は、〈ラストダンスは私に〉や〈アイ・カウント・ザ・ティアーズ〉などの曲で知られる名ソングライター、ドック・ポーマスで、彼はこの特徴的なリズムとメロディを、ピルグリム・トラヴェラーズのゴスペル曲、“How Jesus Died”から借用した。

　録音は一九六六年。この年、冒頭に掲げたタイトルでデルマークに、そして〈悪い運ももう品切れ（Out of Bad Luck）〉と題を変えてマイナー・レーベルのクラッシュにと、サムは同じ曲を二度吹きこんでいる。二度目の録音で、すぐにシングル盤として発売されたクラッシュ録音のほうがより整っている感じはするが、歌詞はまったく同じ、演奏もほぼ変わらない。[ii] サムは、B・B・キングやジュニア・パーカー、ボビー・ブランド、フレディ・キングなどのカヴァーをさせても無敵だったが、いっぽうで、〈オール・オブ・ユア・ラヴ〉や〈イージー・ベイビー〉といった、日本でもいまもブルース・ミュージシャンに歌いつがれる佳曲を書いた。そうしたオリジナルの中でも、この〈悪い運のブルース〉もしくは〈悪い運ももう品切れ〉こそが一番の傑作だという人も少なくない。

　サムは、この二度の吹きこみのあと、一九六八年に今度は〈とても長いことどん底だった（I've Been Down So Long）〉という題で、おじのハーピスト、シェイキー・ジェイクとのシカゴのクラブでのジョイント・ギグを記録したライヴ録音を残している。ころころと題が変わるのだが、サムにとっては、曲のタイトルは落語の外題みたいなもので、通じさえすればそれでよかったのかもしれない。しかし、時とともにクラッシュ録音のタイトルが定着したようで、ロニー・アールやアル・ギャレット、デルマーク録音に参加していたエディ・ショウ（のウルフ・ギャング）、ヴァーノン・レイ・ハリントン、そしてグレグ・オールマン（彼の最後のスタジオ・アルバム『Low Country Blues』所収）が、クラッシュ盤のタイトルを踏襲して吹きこんでいる。[iii]

最後にひとつだけ、文字どおり死児の齢《よわい》を数えるたぐいの「たられば」の話を。サムが体をいたわって、亡くならずにあのまま活動を続けていたら、どうなっただろうか。大先達のマディ・ウォーターズが進んだコースをたどって、ジュニア・ウェルズとバディ・ガイやフレディ・キングのように、黒人街のクラブから白人のブルース／ロック市場へと活動の重心を移していっただろうというのが、順当な予想だと思う。しかし、別の未来もあったかもしれない。十代にミシシッピ（ブルースよりヒルビリー系の音楽が盛んだったというグレナダ郡育ち）から、畑仕事と父の殴打を嫌ってシカゴに出て来て、ウェストサイドでマック・トンプスン、ジミー・ジョンスン、シル・ジョンスンのトンプスン兄弟と近所づきあいをして音楽的に成長したサムは、[iv] R＆Bやソウルを吸収する柔軟な耳とソウルフルな喉の持ち主だった。十代ですでに達者なギター演奏と見た目のよさで女性ファンが騒ぐローカルの人気者になったが、徴兵されて脱走し半年投獄されて、[v] すっかり元気がなくなったとシル・ジョンスンは回顧する。しかし、そう語る旧友のシルが、ギターを脇に置いてソウル・シンガーとして成功するのを、サムは目のあたりにしていた。また、突然の死の前に、サムが契約していたデルマークのオーナー、ボブ・ケスターは、サムのメンフィスのソウル・レーベル、スタックスへの移籍話を後押ししていたという（何しろ同輩のブルースマン、ルーサー・

アリスンがモータウンと契約するような時代だった)。サウンドの面でも、ボビー・ラッシュ（四章参照）のプロデュースで、アイズレー・ブラザーズばりのジャンプ・ナンバーのシングル盤を出した実績がすでにあった。[vi] ひょっとしたらソウル／ファンクの新星として、颯爽とサムが登場する七〇年代もありえたのではないか。正統派のブルース愛好家には叱られるかもしれないが、それが、没後半世紀のあいだ、筆者が勝手に抱き続けている夢想なのである。

i　筆者は、当時日本にいなかったので、京都をホームベースにしたウェストロード・ブルース・バンドやブルース・ハウス・ブルース・バンド（あるいは大阪の憂歌団やサウス・トゥ・サウス）の大人気ぶりを直接見聞きしてはいないのだが、後年（七〇年代後半）、ブルース・ハウスの流れをくむブレイクダウンの追っかけをして、はっちゃん(服田洋一郎)たちから、当時の様子を漏れ聞いた。ホームベースだったライブハウス拾得で、ブルース・ハウス（レコードもなければメディア露出もほとんどない）が演奏したら、二階の楽屋へ上がる階段から店の前まで、お客でいっぱいになったという。そのころ筆者は、シカゴの黒人街のテレサズでマディ・ウォーターズのギタリストのサミー・ローホーン（ヴォーカルはビッグ・ヴォイス・オダム）を聴いたり、チェッカーボード・ラウンジでフィル・ガイ（バディ・ガイの弟、オウナーの兄は店にいてもめったに弾かなかった）を聴いたり、フローレンスでハウンド・ドッグ・テイラーを聴いたりしていたわけだが、ブルース・ブームの絶頂期の関西のブルース・バンドは、お客の数と熱気でいえば、ご本家を凌駕していたといっていいと思う。

ii　先に録音されたこの〈悪い運のブルース〉のほうは、一年遅れて、白人の愛好家レーベル、デルマークから、マジック・サム・ブルース・バンド名義で、『Sweet Home Chicago』というオムニバス・アルバムに収録された四曲中の一つとして発売された。二つのセッションのリズムセクションは同じで（Mac Thompson (b), Robert Richey (ds)、デルマーク録音ではそこにサックスのエディ・ショウが加わり、いっぽうクラッシュ録音ではエディが抜けて、オーティス・スパンのピアノとマイティ・ジョー・ヤングのセカンド・ギターが入る。なお、クラッシュ録音では、作者のクレジットにサムと並んで、アル・ベンスンの名がある。

iii シカゴのラジオ局で四〇年代から活躍する人気ＤＪで（シカゴ・ソウルの名プロデューサー、カール・デイヴィスもこの人の番組アシスタントから業界に入った）、本名アーサー・バーナード・リーナー、ワンダーフル・レコードのリーナー兄弟のおじで、そして、この曲のシングルを出したクラッシュ・レーベルのオウナーだ。レーベル経営者やＤＪがレコード発売やラジオでのエアプレイの交換条件として曲の著作権の一部を貰い受けるというのはよくあった慣行で、たぶんこのケースもそうなのだろう。

ちなみに、クラッシュ盤のタイトルの「out of」には、「〇〇の外に［出る］」と、「〇〇［の手持ち］がなくなった」というのと、二つの理解の仕方がある。前者をとって、不運から脱出すると理解する「悪い運とおさらば」でも、まったく意味は通る。でも、おれの身にこれだけたくさんの不運が続いたんだから、いいかげん不運も種切れさ、という後の解釈のほうが表現として味があるような気がするので、「悪い運ももう品切れ」と訳したい。

iv ちなみに、最初の芸名のグッド・ロッキン・サムを、名字のマゲットに因んでマジック・サムに変えさせたのは、ベーシストでこの曲のどちらのセッションにも参加しているシル・ジョンスンの兄、マック・トンプスンだという。

v あのハウリン・ウルフも、徴兵されたが軍の規律と波長が合わず、精神に変調をきたして不名誉除隊になったという。昔の黒人ミュージシャンの人生やキャリアにとって、軍隊経験はとても大きなものだった。

vi シカゴのマイナー・レーベル、Bright Star から出たアイズレー・ブラザーズ調の“I'll Pay You Back / Sam's Funck (inst.)”。ギターはサムではないような気がするが、歌唱はみごとにファンク・リズムを乗りこなしている。このシングルは、ローカルで売れ行きがよかったからか、メジャーのリバティ系のミニットにリリースされ、再発売された。

第一六章

TAKE A LOOK BEHIND

(Written by Otis Rush)

振り返ってみたら　――オーティス・ラッシュ

Yes, looking back over my life
Oh, I can see where I caused you strife
Yes, looking back over my life
Oh, I can see where I caused you strife
But if I just had the chance
I never make the same mistake again

Yes, looking back over the deeds
Oh, I can see signs wise man reads
Yes, looking back over my deeds

過去の自分の人生を振り返ったら
おれがどこで、おまえとの争いの種を蒔《ま》いたのかがわかる
そう、過去の自分の人生を振り返ったら
おれがどこで、おまえとの争いの種を蒔いたのかがわかる
もしもやり直す機会をもらえるのなら
二度と同じ間違いはしないよ

そう、自分の行いを振り返ったら
賢い人なら気がつく前触れがあったのがわかる
そう、自分の行いを振り返ったら

Oh, I can see signs wise man reads
If I just had the chance
I never make the same mistake again

Yes, once my cup is overflowing
Oh, but I gave nothing in return
Yes, once my cup is overflowing
But I gave nothing in return
Yes, if I just had the chance
I never make the same mistake again

Yes, looking back over the slate
I can see love turns to hate
Oh yes, looking back over the slate
Oh, I can see love turns to hate
But if I just had the chance

賢い人なら気がつく前触れがあったのがわかる
もしもやり直す機会をもらえるのなら
二度と同じ間違いはしないよ

そうさ、おれのコップは一杯であふれ出すほどだったのに
それだけもらったお返しに、与えるってことをしなかった
そうさ、おれのコップは一杯であふれ出すほどだったのに
それだけもらったお返しに、与えるってことをしなかった
そうとも、もしもやり直す機会をもらえるのなら
二度と同じ間違いはしないよ

そう、自分の人生の帳簿を読み返したら
愛が憎しみに変わったのがわかる
ああ、そうさ、自分の人生の帳簿を読み返したら
ああ、愛が憎しみに変わったのがわかる
もしもやり直す機会をもらえるのなら

Ohooh, I never make the same mistake again　　ああ、二度と同じ間違いはしないよ

一定の年齢《とし》になり、自分の人生を振り返ってみて、「ああ、あのときああすればよかった」と臍《ほぞ》を噛んで後悔する事柄がひとつもないなら、その人は幸せな人だ。このパートに集めたようなトラブルと孤独のブルースと友だちづきあいせずに、機嫌よく暮らしていけるだろう。過去なんか振り返っているひまはない、「これから」を考えるだけで精いっぱいだというあなたは、まだまだ若い。年を取ればだんだん「これから」が少なくなり、背中に冬の北国の雪のように厚く過去が降り積もる。昔の嫌なことなんか、わざわざ思い出さなくてもいい。いまがすべてだよ、というのはもちろん正論だけど、でも、「いま」が不遇な人には、なかなかそれができない。後悔を憂歌《ブルース・ソング》でことばにして、心の深いところに沈みこんだ憂さを処置する必要が、そこから生まれる。独創的な天才で、しかし不遇な時期が長かったオーティス・ラッシュのこの曲は、そうした心の奥底の滓《おり》と共振する傑作ブルースだ。

三つ前の章で、Tボーン・ウォーカーが霊歌から作ったブルースを紹介したが、ラッシュは、この曲をそうしたトラッドではない既存の楽曲、それもナット・キング・コールの大ヒット曲を一二小節ブルースに改作するという大胆なやり方で作り出している。それについては後で触れるとして、まずは歌詞を見てみよう。

歌の主人公が、もし時をもとに戻せるなら（ソウル歌手、タイロン・ディヴィスのヒット曲の言い回しを借りるなら、If I could turn back the hands of time）、やり直したいのは、別れた彼女といっしょだったときの暮らし。あの時は彼女を責めて罵ったりもしたけど、振り返ってみれば、けんかになるもとを作ったのは、自分だった（一番）。自分がもう少し賢ければ、二人の仲が破局にいたる前触れ《サイン》が、ちゃんと見えていただろうに（二番）。彼女が自分のことを思って、身に余るほどに良くしてくれるのに甘えて、自分も彼女を大切にし、彼女によくしようなんて思ってもみなかった、バカだよね、おれは（三番）。思い返せば、そうしたことが積み重なって、もとは好きあっていた二人が、憎みあうようになったんだよね（四番）。このそれぞれに、やり直すチャンスがあれば、二度と同じ間違いはしないという繰り返しのことばがつく。歌をめぐる状況の想像は、ブルースの通例通り、聴き手にゆだねられる。主人公の手の届くところに彼女がいて、こうやって悔悟を示せばやり直せるだろう。どうか自分にもう一度チャンスを下さいという、これは「お願い」の歌なのか。それとも、彼女とやり直せる可能性はすでになく（亡くなったというケースさえ考えられる)、主人公は、悔やんでも取り返しがつかないことを思い出し、胸を痛めているだけなのか。そのどちらであるにせよ、このとてもスロウなブルースの簡明な歌詞に、ラッシュがこめる感情の濃密さは、並み居るブルース歌唱の中でもけた外れだ。

オーティス・ラッシュは、不運《バッド・ラック》と厄介《トラブル》ごとの歌の比類のない歌い手でありライターだ。ミシシッピで生まれ(一九三四年生)、一四のときに最初の結婚生活を捨てて姉を頼りにシカゴに出、屠場で働くようになったラッシュは、マディ・ウォーターズやジミー・ロジャーズに触発されてギターを弾くようになり、ほどなくバンド活動を始めた。Tボーン・ウォーカーやB・B・キングの技法を取り入れ(ただしラッシュは左利きなので右利き用に絃を張ったギターを上下逆にして弾くという奏法を編み出した)、郷里の教会の聖歌隊で育んだ喉と呼応させて、新時代のモダン・エレクトリック・ブルースのスタイルの原形を作り出した。[i] そんなラッシュを見込んだのが、戦後のシカゴ・ブルースの興隆に貢献したプロデューサー/ソングライター/ベーシストのウィリー・ディクスンだ。ディクスンの庇護下に、地元のマイナー・レーベル、コブラに録音したラッシュは、やっと成年という年で(米国の成人年齢は二一歳)、〈アイ・キャント・クィット・ユー、ベイビー〉というR&Bチャートのトップテン・ヒットを放ち、全国区のスターになった。[ii]

ここまではサクセスストーリーだが、その後が悪い。コブラは間もなく倒産し、ラッシュはディクスンに連れられて、戦後のシカゴの黒人音楽の代名詞といっていいチェス・レーベルへ移る。しかし、〈ソー・メニー・ローズ、ソー・メニー・トレインズ〉という後年高い評価を受けることになる吹き込みを残したものの、プロモーションのバックアップはおろか、録音の機会もわずかしか与えられなかった。そのあとのテキサスのデューク・レーベルでの扱いは、もっとひどかった。専属契約を交わしていた四年間（一九六二〜六五年）に、シングル盤が一枚リリースされただけだった。[iii] この間にR&B界で全国区のスターだったラッシュの知名度はしぼみ、シカゴのウェスト・サイドやサウス・サイドのクラブでの演奏という振出しに戻った。六〇年代後半にブルース・ブームが起こり、英米の白人の若いミュージシャンが、ロックの〝ルーツ〟としてのブルースに熱い関心を寄せるようになると、ラッシュが吹きこんだ曲や彼のギター・スタイルもカルト的な人気を集めた。[iv] しかし、自らが白人のロック市場に参入しようとする試みはうまく行かず（コティリオンから一九六九年に出た『モーニング・イン・ザ・モーニング（Mourning In The Morning）』の不発）、そのあと一九七一年にキャピトルに吹き込まれた、アルバム単位でいえば彼の最高傑作との呼び声も高い『ライト・プレイス、ロング・タイム』は、リリースされずお蔵入りになった。[v] ここで対訳した〈振り返ってみれば〉は、そのアルバムに入っているのだが、[vi] 以後も、芸術家肌の気難しさと、ノリに左右される演奏の出来不出来のむらの大きさなども手伝って、演奏や録音の機会に恵まれず、また、うつ病や糖尿病に悩まされるなど、私生活も順風満帆にはほど遠かった。不遇に嫌気がさし、八〇年代の初めに一度演奏活動をやめたこともある。[vii] ラッシュがトラブルや胸の痛みを歌うとき、そうした人生が生んだ鬱屈が濃密な歌唱に昇華されて、私たち聴き手にまっすぐに手渡されている気がする。

さて、この歌の元ネタに話を移そう。その歌詞は、R&B歌手として活躍したがソングライターとしても手練れのブルック・ベントンと、ベルフォード・ヘンドリックス、そしてこれもソングライター／プロデューサーとして大きな存在だったクライド・オーティスのトリオの作で、ナット・キング・コールが歌い、一九五八年にヒットしたバラードの名曲〈ルッキング・バック〉を、ほとんど丸ごと借用している。パクリといえばパクリなのだが（ただしこれがラッシュ作としてクレジットされていることにベントンたちサイドからのクレイムはなかったようだ）[viii]、ブルースはもともと、こうしたアバウトなやり方で作られるものだったともいえる。

筆者は、一度だけラッシュとことばを交わしたことがある。七〇年代の半ばにシカゴで、当時ラッシュが契約していたデルマーク・レコードのプロデューサー兼マネージャー、スティーヴ・トマシェフスキーが運転する車に同乗したのだ。寡黙な人で、とはいえスティーヴと何か仕事の話をしていた。その合間のわずかの世間話の中で、どういう話の流れからか、私が（よせばいいのに）「シンガーだと、テッド・テイラー（ハイテナーの伸びで知られるディープ・ソウル歌手）とか好きです」といってしまった。「ああ、あのおかまな《シシー》」というのが、ラッシュの即座の反応だった。そうか、ゴスペルの本流の精力的なシャウト唱法を身につけた彼にとって、ああいうハイテナー／ファルセット歌手は「おかま」なのか。そう考えるのが彼の矜持のあり方なのかと、筆者は内心で勝手に得心したことだった。[ix]

ラッシュは、二〇一八年の秋に、脳卒中で亡くなった。病気でギターを弾けなくなった晩年も、ステージに上がって衰えない喉を聴かせた。亡くなる二年前のシカゴ・ブルース・フェスティヴァルのときに、エマニュエルシカゴ市長は、彼の業績を称えるために六月一二日をオーティス・ラッシュの日にすると宣言した。しかし、そうしたリスペクトを受けはしても、彼の晩年の境遇が、ジョン・リー・フッカーやバディ・ガイといった人たちに比べて、けして恵まれたものでなかったらしいのは、彼の音楽的貢献の偉大さを考えるとき、とても残念だ。

i　たぶんコブラ録音より後だと思うが、自分のバンドにシカゴのシーンで初めて、アップライトのウッドベース奏者ではない、エレクトリック・ギターの下の四絃を使うエレキ・ベース奏者を養成して弾かせたのは（当時は当然四絃のエレクトリック・ベースなどなかった）、ラッシュのバンドだったという。だとすれば彼は、現在のモダン・ブルースとロックのバンドの器楽編成の草分けということになる。

ii　コブラでは〈アイ・キャン・クィット・ユー、ベイビー〉や"Groaning The Blues", "My Love Will Never Die"といった、ディクスンの作品を多く吹きこんだが、そのかたわら、自作の"Double Trouble"と"Three Times A Fool"の二曲のトラブルのブルースの大名作をこのレーベルに残している。

iii　裏付けのない憶測にすぎないが、筆者は、デューク／ピーコックのラッシュとの契約は、当時の同社のドル箱、ボビー・ブランドの脅威になりうるラッシュの首根っこを押さえ、飼い殺しにする方策だったのではないかと疑っている。ラッシュは、ギターを脇に置いても、適切なプロデューサーとマテリアルさえあれば、ブランドと同じマーケットで争えるだけの歌唱力の持ち主だったし、この業界ではそうした潜在的ライバルつぶしの策略はないことではない。そして、何よりも、デューク／ピーコックのオウナーのドン・ロビーは、そういうことが平気でできる人物だった。

iv　ロックのスーパースター、レッド・ツェッペリンが、ラッシュをコピーした〈アイ・キャント・クィット・ユー、ベイビー〉が入ったアルバムで一世を風靡しても（ラッシュのコティリオンでのアルバムが不発に終わった一九六九年のこと）、曲の作者でないラッシュのふところはうるおわなかった。ちなみに、この曲を含め、多くのシカゴ・ブルースの楽曲の作者であるウィリー・ディクスンのところにも、ロック・ミュージシャンの多くが「自作」という不誠実な表記をしていたため、当初は著作権料が入ってこなかったが、それと気づいたディクスンが法的措置をとった結果、しだいにちゃんと支払われるようになった。

v　お蔵扱いに耐えかねたラッシュは、録音の権利をキャピトルから買い戻して日本のPヴァインにリースし、この名盤は五年後（一九七六年）にやっと日の目をみた（その後米国のインディからもリリースされた）。その前年の日本ツアーで数多くのファンに歓迎されたこと（ラッシュはツアー後『ダウンビート』誌に、その熱狂的な受容にいかに感動したかを語っている、コンサートの模様はライヴ盤として発売）も手伝って、ラッシュの意欲とキャリアは上向きになった。さらに大きいのは、この訪日ツアーがきっかけになって、長年公私にわたってラッシュを献身的にサポートすることになる後半生の伴侶、マサキさんとめぐりあったことだ。彼女がいなければ、二〇〇四年に卒中に倒れてツアーをやめるまでの彼のキャリアは、ずっと短いものになっていたかもしれない。

vi 以後、七五年録音の日比谷公会堂でのライヴ盤（『BLUES LIVE!』トリオ）では“Lookin' Back”という題でややテンポを上げて演奏され、九八年の『Any Place I'm Going』(House Of Blues) では、題はやはり“Looking Back”だが、元の稠密なスロウ・ブルースに戻った。ほかにもヨーロッパでのライヴ録音がある。

vii そんな彼をサポートしてミュージシャンとして立ち直らせたのが、マサキさんだった。

viii ラッシュは、四行＝八小節の最初の二行を繰り返すというやり方で、“Looking Back”を一二小節ブルース化した。二番の「I can see signs wise man reads」のreadsが原曲ではheeds（注意を払う、心にとめる）である以外、両者の歌詞にほとんど違いはない。なお、バラードの“Looking Back”はスタンダード化したといってよくて、コール以外にも、ジョー・サイモンやルース・ブラウン、カーラ・トーマス、ボビー・ブランド、サム・クックとソウル・スターラーズなど、多くのカヴァーの名演がある。興味がある方は、ラッシュのブルースと聞き比べてみてほしい。

ix 当時の筆者はゴスペルに詳しくなかったが、アンソニー・ヘイルバットの『ゴスペル・サウンド』を訳したあとのいまなら、アーチー・ブラウンリー（ファイヴ・ブラインド・ボーイズ・オヴ・ミシシッピ）の流れを汲むラッシュの、クロード・ジーター（スワン・シルヴァートーンズ）のフォロワーだったテイラーに対するライバル意識というふうに、話を整理してみることもできる。

PART IV

ケイティ・メイのような女

Love Makes You Happy, Love Makes You Blue

第一七章

LONESOME HOME

(Written by Sam "Lightnin'" Hopkins)

ひとりぼっちの家　——ライトニン・ホプキンズ

Ain't it lonesome, ain't it lonesome,
　sitting in your home alone?
Ain't it lonesome, ain't it lonesome,
　sitting in your home alone?
Yes, you know, when your wife done quit your
　black self and the girl you love is gone

Yeah, you know, she's kind of like Katie Mae
I give her everything in the world she needs
That's why she don't do nothing, man,

さみしいだろ、さみしいだろ、
　自分の家にひとり座ってるのって
さみしいだろ、さみしいだろ、
　自分の家にひとり座ってるのって
そうさ、なあ、あんたを置いてかみさんが出て行って、
　愛する女がいなくなったそのあとに

ああ、彼女はケイティ・メイみたいな女なんだ
必要なものはなんだって与えたよ
だからあいつは何もしないでよかった、なあ、あんた、

but lay up in the bed and read
And you know, she's kind of like Katie Mae
Boy, I give that woman everything in the world she needs
Yes, that's why, you know, she don't do nothing, man, lay up in the bed and read

Yes, you know I bought her a radio, I even bought her a 'lectric fan
She said, "Sam, I'm gon' lay here and read and God knows I won't have no other man"
That made me feel so good till I don't know what to do
Yes, darling, every dollar poor Sam makes, you know, he got to bring it back home to you

ベッドで上半身を起こして本を読んでればよかった
だから、そうさ、ケイティ・メイみたいな女なんだ
ああ、あいつに、必要なものはなんだって与えたよ
そうとも、だから、ほら、あいつは何もしないでよかった、ベッドで上半身を起こして本を読んでればよかった

そうさ、あいつにラジオを買ってやった、扇風機だって買ってやった
あいつはいったよ、「サム、わたし、ここに寝そべって本を読んでるわ、神さまもご存じのとおり、わたしの彼氏はあんただけよ」
そういってくれたのがとても嬉しくて、どうしたらいいか分からないほどだったよ
そうさ、おまえ、不肖サムさんが稼いだ金は

[spoken] Got to play it out right here

Still, I say, can't a woman act funny? I'm
talking about when she got another man
You know she won't look straight at you,
boy, she always raising sand
A woman act funny, boy, when she got
another man
Yes, you know she won't look straight at
you, then, she's always raising sand

一ドルももらさず、ねえ、おまえがいる家に
持って帰るよ

［語り］ここらでちょっとソロを弾かないとな

だけど、ほら、女って妙なそぶりをするよね、
ほかに男ができたときには
人の顔をまっすぐ見なくなるんだ、ああ、
いつでもかんしゃくを起こすんだ
女って妙なそぶりをする、ああ、
ほかに男ができたときには
そうさ、人の顔をまっすぐ見なくなる、
そして、いつでもかんしゃくを起こす

この章からのパートⅣの六つの章は、パートⅠのいわば展開として、ブルースの登場人物たちの、愛の喜びと苦しみの諸相を描いた歌を取り上げる。となると、まずはこの人に出てきてもらいたい。サム〝ライトニン〟ホプキンズは、ブルースの吟遊詩人と呼ばれる。あの黒いあくと存在感を煮しめにしたような声で、あの定番のギターのフレーズを弾いて歌えば、どんな素材を歌ってもそこに彼の刻印が押される。その際だった個性を武器にして、トラッドや他のブルース歌手の持ち歌を改作して自由自在に曲を紡ぎ出すことができた彼は、同時に、独創的なオリジナルの詞句の書き手でもあった。テキサスで生まれ、テキサスで生涯を閉じたライトニンは、自分が暮らす地域の人たちの日常を歌にする語り部としての民俗ブルース歌手のあり方を、偉大な郷土の先輩、ブラインド・レモン・ジェファースンから受け継いだといっていいだろう。[i]

第二次世界大戦が終わって間もない一九四六年に、ヒューストンの第三街区のストリートやパーティで演奏していたサムに、エイモス・ミルバーンを発掘したという実績を持つ地元のタレントスカウトのローラ・アン・カラムが目をつけた。ピアニストのウィルスン〝サンダー〟スミスと組ませ、「雷《サンダー》と稲妻《ライトニン》」のコンビとして、いわゆる西海岸R&Bを録音して全国区のヒットを出していたロスのアラディン・レコードに連れていったのだ。これが、ライトニンという芸名と、そのレコーディング・キャリアの始まりである。

地元を超えたヒットは出なかったものの、アラディンで録音し続けたライトニンは、しかし同レーベルとかわした契約など気にもとめず、地元ヒューストンのゴールド・スターにもソロや兄のジョエルの伴奏つきで吹きこんだ。この〈ひとりぼっちの家〉は、そのゴールド・スターでの録音（一九四七年）で、ギターをエレクトリックに持ち替えたソロ演奏。そのため、ある意味お行儀がよかったアラディンでの録音に比べて、ライトニンのブルースの魅力と持ち味がより濃厚になった。

歌詞の中身は、別にむつかしくない。典型的な、「妻（もしくは恋人）に逃げられた」系統の歌だ。一番で、出て行かれてひとり自分の家にいる淋しさが噛みしめられ、二番と三番では昔を振り返って、彼女にどれだけ尽くしたかが歌われる（このくだりでしだいに曲のテンポが上がる）。そして四番では、女性に別の彼氏ができたらどんなふうに態度が変わるかが述べられ、彼女が出て行ったのはanother manのせいだということが遠回しに示される。彼女の喜ぶ顔を見るのが嬉しくて、買ってやるのがラジオや扇風機なのは、まだそんなに贅沢品にあふれてはいなかった四〇年代だから。労働者階級は週給で、週末に給料が出たらそれをポケットにねじ込んで仲間と飲んだり騒いだりしに街へ繰り出すというのが定番だから（二八章の〈荒れもようの月曜〉にもそのあたりが歌いこまれている）、それをせずに「稼いだ金は一ドルももらさず、ねえ、おまえがいる家に持って帰るよ」というのは、最上級の愛情表現なのだ。四番で、女はほかに男ができたら、たぶん後ろめたさから、夫や彼氏の目を見て話さなくなるというのは、たぶん人生経験に裏付けられた面白い説だ（もっとも、日本人は会話のとき米国人ほどには相手の目を見ないので、この説を適用されたらみんな、何か後ろめたいことがあるのではと疑われることになるかもしれない)。raising sandはここでは「かんしゃくを起こす」と訳したが、砂埃が立つような騒ぎを起こすというのがもともとの意味だ。

歌詞の中で、予備知識がないとわからないのは、二番に出てくる女性の名前、ケイティ・メイだ。これは、ライトニンがアラディンへ初めて吹きこんだ曲、〈ケイティ・メイのブルース〉の登場人物。この若い女性は車にたとえればキャデラックではなくフォードのT型モデル、「まるで裏庭に油田があるみたいな」優雅な歩き方をする(ブルースの詩人、ライトニンならではの形容)。歌の主人公はそんな彼女と相思相愛で、彼女のためならなんでもする。だから、彼女は、ベッドで本でも読んでればいい。そう歌った過去の録音の歌詞を、ライトニンはこの歌で引用しているのだ。私たちが聴けば唐突だが、ライトニンの頭の中では、聴衆は自分が二年前に吹きこんだ持ち歌を知っていることになっている。つまりは、身近なコミュニティの聴衆を念頭に置いて、歌を作り、歌っているのだ。そんなに相思相愛で、「あなた以外に男は要らない」とまでいっていた彼女に、別の男ができた。女というやつは……、というわけで、ある意味でこの歌は、アラディンでの初録音の続編みたいなものになっている。

この曲の二年後に、同じくゴールド・スターに吹き込まれ、西海岸のモダーンにリースされた

〈ティム・ムーアの農場〉が、R&Bチャートのトップテン近くに入った。それから一九五二年までの三年ほどのあいだ、レコードの売り上げでいえば、ライトニンは全国区のR&Bスターだった。〈Tモデル・ブルース〉(Gold Star, 1949)、〈ショットガン・ブルース〉(Aladdin, 1950)、〈ギヴ・ミー・セントラル209〉(=〈ハロー・セントラル〉Sittin' in with, 1952)、〈コーヒー・ブルース〉(Sittin' in with, 1952) と、いくつかのインディーから黒人聴衆相手に次々と後続ヒットを放ったこの頃までが、歌書きとしてのライトニンの創造性がもっとも高かった時期だといわれる。もちろん、五〇年代末に白人のブルース愛好家に「再発見」されて以降のライトニンにも、聴くべきものはたくさんある（ヘラルドやファイアやジュウェルのバックのついた録音も悪くない）。とはいえ、この時期のライトニンは、まさしく最強だった。

ライトニンが、地域の黒人の経験の語り部の役割をどんなふうに果たしたかを示す一例が、彼の最初のヒット曲、〈ティム・ムーアの農場 Tim Moore's Farm〉だ。この歌に出てくるティム・ムーアは、実在の白人農場主トム・ムーアの名前をちょっとだけ変えた、知っている人には丸わかりの変名だ。警察より強いといわれたムーア一家の治外法権に近い大農場での、黒人の物納小作人《シェアクロッパー》[ii]の過酷な扱いは東テキサス界隈の黒人の間では有名だった。ブルース研究者のマック・マコーミックによれば、この歌の元曲を作ったのは一九三〇年代にムーアの農場にいたヤンク・ソーントンという農夫で、その後口伝えであたりに広まったという。その一家は地元では恐れられており、近くの農場で働くマンス・リプスカムがこの曲を一九六〇年にアーフリーに吹きこんだときにも、自分の名を外に出さないでほしい、でないと身が危ういからと、録音したクリス・ストラクウィッツに頼んだといわれる。ライトニンは、いとこのテキサス・アレグザンダーがこの歌を歌っていたのを聞いて覚え、その長い歌詞から一部を選んでレコードにした。

この歌の出だしで、ライトニンは、「おれの人生で唯一の過ちは、家族を連れてティム・ムーアの農場に住みこんだことだ」と、いきなりど真ん中に直球を投げる。歌はこう続く。ティム・ムーアは、笑顔なんてみせたことがない酷薄な男さ。朝から晩まで小作人をこき使う。おれのかみさんが亡くなったとき、埋葬するために休みがほしいと頼んだら、答えはこう。「雨続きで農作業が遅れてるんだ。あの女を埋めるのは、いつかそのうちの晩飯どきでいい。ラバに犂《すき》を引かせろ。でなきゃ、自分で鍬を握って働くんだ。」

ライトニンはもちろん、トム・ムーアのところで働いたことはない。自分もかつてその一人だったことがある、地主に平身低頭せざるをえない小作人たちの気持ちを代弁して歌ったのだ。この曲が黒人聴衆の共感を呼んでヒットし、ラジオやジュークボックスでかかると、もちろんムーア一家は怒った。リプスカムによれば、「あのくそったれ。見かけたら殺してやる」とトムは激高したという。そしてもちろん、一家で陰に陽にライトニンに圧力をかけてきた。iii リプスカムと違って、ヒューストンの第三街区という街で暮らし、いわば安全地帯にいたからこそ、ライトニンはこの歌を世に問うことができたともいえる。

ライトニンは、R&B市場でヒットを連発した四〇年代後半から五〇年代にかけてなぜ、たとえばアポロ劇場の舞台を踏むといった、メジャーへの道を目指さなかったのか。実際、エイモス・ミルバーンを発掘し、アラディンに連れて行って全国区の大スターにしたローラ・カラムは、ライトニンも同じようにバックアップし、R&Bのツアーに入れようと試みたようだ。しかし、ライトニン自身がそれを望まなかった。第三街区を離れたがらず、そして大手との長期契約より、ローカルのマイナーレーベルにワンスポットで吹きこんで、前金で現ナマを手にするのを好んだ（彼はレコード会社が売り上げ枚数に応じてちゃんと印税を支払うとは頭から信じていなかった）。音楽性が古風だったこと（Tボーンやローウェル・フルスンのような柔軟さはなかった）[iv]、バンドを率いるのを好まなかったこともある。そもそも束縛されるのも、マネージャーを置くのも嫌い、電話さえ持たず、気ままに暮らしたいという人だった。彼をヒューストンの街に引きとめたのは、酒とギャンブルだったともいわれている。しかしライトニン自身は、なぜツアーをしないのかという問いに、こう答えている。「［ヒューストンの街の人はみんな］おれによくしてくれる。みんな、おれを知っていて、たくさんの人と知り合いにならなくてもいい。ここにいるのは、よく知っているやつばかりだからな。だから、自分のうちにいるって気分になれる。そんなふうによくしてもらっているのに、なんで立ちあがって、旅に出かけなきゃならないんだい。[v]」

ヒットが出なくなってしだいに知名度が下がり、レコーディングのオファーが減っても、ライトニンの生き方は変わらなかった。そこへ、「商業主義に汚されていない」民俗音楽の歌い手を探していた白人のリサーチャーたちが現れて（その第一号がマック・マコーミック）ライトニンを「発見」し、彼に理想のフォーク・ブルース歌手のイメージをあてはめた。そこから、一九五九年のフォークウェイズ録音以降の、〝白人市場向けのライトニン〟の数多い（三〇〇曲を軽く超える）録音が始まる。もちろん、聴衆がだれであれ、ギターがアコースティックであれエレクトリックであれ、ライトニンの音楽の根幹は変わらなかった。しかし、そうしたレコーディングの市場や、フォーク・リヴァイヴァルやブルース・フェスといったライヴの場には、いわば世俗の説教師としての彼の語りかけに応える、彼をよく知る「会衆」はいなかった。彼はブルースの「生きた伝説」として、コミュニティの外の世界を吟遊するしかなかった。[vi] そして、そのことをだれよりも痛切に感じていたのは、おそらくライトニン自身だっただろう。[vii]

i

ライトニンは、八歳のときに、テキサス州バッファローで、教会のピクニックに招かれたブラインド・レモンの演奏を聴いたのが、ブルースマンとしての自分の出発点だと繰り返し語っている。テキサス第一の都市ヒューストンの第三街区《ザ・サード・ワード》に落ち着いてレコーディングを始めるまでのライトニンについてはわからない部分が多い。本人がインタヴューや歌でかなり豊富に残した、生い立ちや農夫仕事や刑務所経験や恋愛と結婚についての回顧談も中身はまちまちで、「お話」として聴いたほうがよい部分も少なくない。しかし、子どものころにレモンと出会い、教会のイベントでその伴奏をするようになったのが、ライトニンの自分史の中でとても重要な出来事だったのは間違いないところだろう。ライトニンの一家はみんなミュージシャンだったし（ホプキンズ三兄弟によるフィールド録音もある）、もう少し大きくなってから、いとこのテキサス・アレグザンダーの伴奏をして音楽家稼業の手ほどきを受けた。また、別のいとこのフランキー・リー・シムズは、早い時期からエレクトリック・ギターを弾いたことで知られる。しかし、ライトニンにとってレモンは、かれらとは別格の存在だったのである。

ii

南部一帯で行われたシェアクロッパーの制度は、必ずしも黒人だけを対象にしたものではないが（プレスリーの祖父も、フェイム・スタジオを作ったリック・ホールの父もそうした小作人だった）、貧しい黒人にとっては、奴隷制度の延長と呼びたくなるようなものだった。地域によって多少の違いはあったようだが、ここではミシシッピの例を紹介しよう。「このシステムの下では、プランテーションの農場主が、小作人一家に家［というか小屋──筆者注］と十五～四十エーカー（約六～十六ヘクタール）の土地を割り当てることになっていた。小作人はその土地を耕す代わりに、月一五～二〇ドルというわずかな固定給と収穫時に〝分け前〟を貰えるのだ。／［……］小作人たちは食糧や生活必需品を大抵一五～二〇パーセントの利子で農園主から借りるしかなかった。また、それらを買うにも、農園主が好き勝手に値段をつけたプランテーションの売店を利用するしかなかった。／小作人は最初から借金を背負っていたし、大抵ずっとそのままだった［農園で育てた作物の市場価格が値上がりしている年なら、小作人は利益の一部を受け取ることができるが、価格が下がった年には、諸経費を差し引いたあとの借金を小作人は抱えこむことになる――筆者注〕。悪辣な農園主たちは、自分たちの労働者を経済的にかんじがらめにするために帳簿をごまかした。小作人が自分の収支に疑問を呈しようものなら、命が脅かされることもあった。」（サンドラ・トゥーズ（西垣浩二訳）『マディ・ウォーターズ――ブルースの覇者』ブルース・インターアクションズ、一九九八年、二七〜二八頁）。南部の黒人がこうした境遇に甘んじざるをえなかったのは、南北戦争後の奴隷解放のときに、奴隷だった人たちに約束された各世帯あての補償、「四〇エーカーの土地とラバ１頭」が、南部白人の巻き返しによって反故にされ実現しなかったからである。

iii　「ある出来事が、ムーアの短気さを示している。アーフリー・レコードの創設者のクリス・ストラクウィッツによれば、ヒューストンが本拠のゴールド・スター・レコードがホプキンズの歌、〈ティム・ムーアの農場〉を発売したあと、トム・ムーアがヒューストンのすぐ北のコンローで開かれたダンスの催しに姿をあらわした。その町は、ムーアの農場があるグライムズ郡から四二マイル東にあった。ムーアはホプキンズに、このあたりで二度とあの歌を歌うなといった。マック・マコーミックによるインタヴューで、ホプキンズ自身も、最初にあの歌を吹きこんだ直後に、ムーアとその兄弟にいろいろ困らされたと語っている。」(Timothy J. O'Brien and David Ensminger, *Mojo Hand: The Life and Music of Lightnin' Hopkins*, University of Texas Press, 2013, p.29)

iv　ライトニンや、マディ・ウォーターズら初期の戦後シカゴ・ブルースのヒットは、洗練されたテキサス〜西海岸系のR&Bの隆盛への一種のアンチテーゼというか反動だったと思う。それを支えたのは、田舎から都市へのニューカマーたちの郷愁だっただろう。シカゴ・ブルースは、それを出発点にしながらバンド・アンサンブルの進化とR&B化（その中心的な推進者がウィリー・ディクスン）の道を進んで、五〇年代に栄えるが、ライトニンはそうした方向へ進まなかった（もしくは進めなかった）。

v　Alan Govenar, *Lightnin' Hopkins, His Life and Blues*, Chicago Review Press, 2010, p.68.

vi　ライトニンの吟遊の足どりは、晩年（六九歳で亡くなるほぼ四年前の一九七八年二月）に、東洋の島国日本にまで及んだ。筆者は観ていないが、そのステージが精彩を欠くものだったといううわさは耳にした（〝ライヴ・イン・ジャパン〟のようなアルバムがないから後からの検証はできない）。とはいえライトニンは、ブルース・ファンにとって目にすることができただけで有難いアーティストの一人だといっていいので、当時米国からすでに帰ってきていた自分が、個人事情から観に行けなかったことを残念に思っている。

vii　「それ［フォークウェイズ録音やアーフリー録音］からあとの二〇年間、ホプキンズは白人聴衆にシフトした第二のキャリアとなる道を進み、有名なブルースの達人として国中、さらには地球を渡り歩いて演奏した。／しかし、ライトニンは自分が、黒人聴衆の特徴であるアーティストとのやりとり《ギヴ・アンド・テイク》が欠落した雰囲気の中で演奏していることに気づいた。ヒューストン民俗協会が主宰した一九五九年のアレー劇場で演奏したときに、ライトニンはこういったとされる。『この説教師［自分のこと］は、少しもエイメン［黒人教会の説教にひんぱんに入る賛同の合いの手］をもらってないぜ。』」(John Wheat, "Lightnin' Hopkins: Blues Bard of the Third Ward," in Francis E. Abernethy et. al. (eds.), Juneteenth Texas: Essays in African=American Folklore, University of North Texas Press, p.268)

第一八章

IT HURTS ME TOO
(Written by Elmore James, Marshall E. Sehorn)

おれも苦しいよ　――エルモア・ジェイムズ

You said you was hurtin'
You almost lost your mind
Now, the man you love,
He hurts you all the time
But, when things go wrong, go wrong with you
It hurts me, too

おまえは胸が苦しいっていった
気が変になりそうだって
そう、おまえが好きな男が
いつもおまえを苦しめる
物事がおまえにとって悪いほうに進んでいるのなら
おれの胸も苦しいよ

You love him more
When you should love him less
Why lick up behind him

あいつへの愛を減らさなきゃいけないときに
おまえは愛を深めている
どうしてあんなやつを慰めて

And take his mess?
But, when things go wrong, go wrong with you
It hurts me, too

He loves another woman
Yes, I love you
But, you love him
And stick to him like glue
When things go wrong, go wrong with you
It hurts me, too

Now, he better leave you
Or you better put him down
No, I won't stand
To see you pushed around
But when things go wrong, go wrong with you

尻ぬぐいまでしてやるのさ
物事がおまえにとって悪いほうに進んでいるのなら
おれの胸も苦しいよ

あいつはほかの女が好き
そしておれはおまえが好き
なのに、おまえはあいつのことが好きで
糊《にかわ》みたいにぴったりくっついている
物事がおまえにとって悪いほうに進んでいるなら
おれの胸も苦しいよ

あいつがおまえから去ればいい
でなきゃ、おまえがあいつを捨てればいい
おまえがいいように引き回されているのを
見ていたくないんだ
物事がおまえにとって悪いほうに進んでいるなら

おれの胸も苦しいよ

It hurts me, too

エルモア・ジェイムズは、世界じゅうのギター弾きとギターのリスナーにエレクトリック・スライド・ギターの快感を教えた人だ。ブギ系の曲での彼の、「ギャギャギャギャ・ギャギャギャ・ギャギャギャ・ギャギャギャ・ギャンギャン」というお定まりのフレーズのあの颯爽たる疾走感。スロウの曲で大胆に宙を滑走するあの音色の法悦。しかも、そうしたギターの力に、彼のヴォーカルは引けを取らない。タフで、ぶっきらぼうそうで、そのじつ飽和点に達したパッションにひりついている。これだけでも、たいしたプロモーション力もないマイナー・レーベルが出した彼の曲が、R&Bチャートの上位に四度も入ったことの説明として十分だろう。しかし、彼の曲（とくにスロウなブルース）の歌詞はシンプルだけど、聴き手の胸に訴えかける力は抜群だから、筆者としてはそこにも注目してほしい。

とりわけこの、もっとも演奏されカヴァーされてきたブルース曲のひとつ、〈おれも苦しいよ〉がそうだ。本書のこのパートでは、前のパートⅠの恋歌やパートⅢの不遇とロストラヴの歌に比べて、もう少し複雑な、もしくは微妙な男女の人間模様を歌った歌を取り上げる。ある種の〝横恋慕〟がテーマのこの歌は、そのモチーフにぴったりだ。しかも、そこで歌われているシチュエーションは、肌の色や風俗習慣の壁を越えて、多くの人が感情移入できるものだと思う。

歌の主人公の身近にカップルがいる。主人公の目から見ればろくでもない男と、その男に惚れこんで尽くす女と。主人公は、彼女に思いを寄せている。主人公は彼女と心やすくしていて、だから彼女は主人公に、自分の彼氏について愚痴をこぼしたりする。その男は彼女を大切にしない。放蕩をしてはヒモのようにたかるのかもしれないし、彼女に手を挙げるのかもしれないし、のべつ浮気をするのかもしれない（そのぜんぶプラス・アルファなのかもしれない）。彼女は、この歌を通じて主人公が彼女に語りかけるまえに、おそらく何度も、自分の夫または彼氏のひどい仕打ちに「傷ついた、苦しい（hurting）」と主人公に話している。つらくて「頭がおかしくなりそう」だとも。主人公は、以前から彼女が好きだったのかもしれないが、話を聞いてやり、彼女の境遇を知るにつれて同情が深まり、その同情が愛に変わったのかもしれない。夏目漱石風にいうなら、「可哀想だた惚れたって事よ（Pity is akin to love）」というやつだ。

彼女を想う主人公にとって、彼女のふるまいは不可解だ。そんなにひどい男なら、別れてしまえばいいのに。なのに、男がどじをしたら慰めその尻拭いをし、彼への愛情の細やかさを主人公に見せつける。いわゆる腐れ縁というやつなのかもしれないけど、あいつと一緒にいてもどんどん不幸になるだけだよ、と主人公はいいたい。ほかに、もっとましな男がいくらもいるだろう。ほら、こっちを見て。あんたのことを、とても大切に思っている自分のほうを見て。主人公はたぶんそういうサインを全身で送ってきたのに、彼女にはそれが目に入らない（あるいは、見て見ないふり？）。彼女の目には、あのろくでなし男しか映っていない。主人公の胸中は、とめどなく切ない。

　こういう設定は恋愛ものドラマの定番のひとつで、とはいえただの絵空事とはいえない。実生活にも、ときにそういうことがある。読者の中にも、似たような経験の持ち主がいるかもしれない。この八小節ブルースの必殺の切り札は、もちろん繰り返される後半の二行だ。物事が彼女にとって悪いほうに進んでいくとしたら、それで苦しむのはおまえだけじゃない。自分だって、同じように苦しいんだと、「too」という副詞ひとつに思いを凝縮して、主人公はいう。片想いの彼にとって、これは渾身の、しかしやるせない告白のことばだ。なぜ、やるせないのか。彼女がそれにやつれた笑顔と「ありがとう」の一言で応えて、ただの友人の親身なことばとして受け取ったなら、事態は何も変わらないままだ。きっとそんなことが、何度も繰り返されたのだろう。

じつは、この歌の決め台詞といっていい、繰り返しの二行を作ったのはエルモアではない。このパタンの曲は以前からあったのだが、それをこの形にしてヒットさせたのは、戦前期から戦後すぐにかけて絶大な人気を誇った〝ギターの魔術師〟、タンパ・レッドだった。タンパは、その曲を〈ホウェン・シングス・ゴー・ロング・ウィズ・ユー〉というタイトルで一九五一年にヒットさせている。[i] エルモアはレッドから、スライド奏法のテクやバック・バンドのコアメンバー（ピアノのジョニー・ジョーンズとドラムのオディ・ペイン、なおジョニーについては八章も参照のこと）とともに、この曲も継承し、自分の歌に作り変えたのだった。タンパの歌詞では、主人公は、彼女がブルーだと自分もつらいとつかみのことばを述べたあと、彼女にひどい扱いをする彼氏を非難して不倫を告げ口し（「あいつ、お隣の娘と浮気をしてるよ」）、そして、「このタンパといっしょに町を出ていこう」と駆け落ちをもちかける。あいつもおまえを失ってみれば、自分が大切なものを粗末に扱ってきたと分かるだろう、というわけだ。これはたぶん典型的な人妻くどきの歌だ（こんな甘いことをいう旅の芸人《ブルースマン》について行って、泣きをみた女性も少なくなかったのではとつい思ってしまう）。エルモアは、このタンパの歌のドラマの人間模様に、新しい要素を付けくわえた。それは、彼女の気持ちだ。どうにもひどい男を、だけど彼女は愛しつづける。その気持ちを知りつつ、なんとか翻意させようと訴えかける主人公。この改変によって、この歌のブルースはより深みを増し、主人公はより大きな胸の痛みを抱えこむことになった。

ミシシッピ生まれで、一二のときに単弦のスライド楽器ディドリー・ボウを弾くことから音楽の世界に入ったジェイムズ（本名Elmore Brooks, 1918-1963）にとって、スライド奏法は第二の天性のようなものだったのだろう。地元のパーティやジューク・ジョイントで演奏し、ロバート・ジョンスンが亡くなる少し前に出会って影響を受けたといわれ、また、サニー・ボーイ・ウィリアムスンII（ライス・ミラー）とも、戦前から交流があった。第二次大戦期に徴兵され、海軍で上陸用舟艇の艇長としてグァム島進攻作戦に加わったが、除隊後帰郷して、自分の心臓の状態がよくないのを知った。いとこがやっていた電気店を手伝ううちに、電気機材を使ってあのエレクトリック・ギターの独得のワイルドな音を出す方法を案出、心臓のこともあり、かたぎの労働は無理だと音楽に専念。一九五二年に、ミシシッピ州ジャクスンの小レーベル、トランペットに吹きこんだ、ロバート・ジョンスンの曲が下敷きの〈ダスト・マイ・ブルーム（とっととおさらばするぜ）〉がR&B界でまさかの大ヒット、ジェイムズは一躍全国区のスターになった。自らのヒット曲にちなんだブルームダスターズ（「旅する流れ者たち」とでも訳す？）を率いて南部を中心にツアーをしたが、ギグのあとはしょっちゅう大酒を飲み、これも大酒飲みのピアノのジョニー・ジョーンズと喧嘩をしたという逸話も残っている。

この〈おれも苦しいよ〉の最初の録音は、一九五七年のシカゴのチーフ・レーベルでのものだが[ii]、その後、スライドの音がより前面に出たヴァージョンが一九六二年か三年に、ニューヨークの名物レコード店主ボビー・ロビンスンの手で吹きこまれている。ブルースマンのタフなロード暮しについていけなかったのか、ジェイムズの心臓は一九六三年の五月に鼓動を打つのをやめるが(享年四五)、それからほぼ二年後に、ボビーがエンジョイ・レーベルから出したこの曲の二度目の録音が、R&Bチャートの25位に上るヒットになった。もうエルモアはツアーをしておらず、ボビーのレコード会社も、健闘していたとはいえインディーに過ぎないのに。このヒットは(そして後年、この曲がブルース/ロックの堂々のスタンダードになったのは)[iii]、端的に、歌そのものの力によるものだと考えるしかない。

i　レッドは、自身の"Things 'Bout Comin' My Way"(1931)のメロディラインを使ってこの曲を作り、"It Hurts Me Too"として一九四〇年に吹き込んだ。ヒットした五一年のバンド録音では、カズーやコーラス(?)が入りややジャイヴ(もしくはノヴェルティ)っぽい味わいになっているが、最初の録音と歌詞はだいたい同じである。なお、レッド以外にも、スティック・マギーやビッグ・ビル・ブルーンジーなどが、それぞれ独自の歌詞の"It Hurts Me Too"を吹きこんでいる。ビッグ・ビルの吹きこみは複数ヴァージョンがあるが、それはたとえば、①彼女が苦しんでいるのを見ながら、どうしようもないというのはつらすぎるので、おれは町を出るよ、さよなら、という歌だったり、②その旅立ちに際して、(もう一度?)人妻を口説いてみる歌だったりする。これは、エルモアの歌の後日談と考えればいいか。また、チャック・ベリーの“It Hurts Me Too”は、出だしはタンパ・レッドを踏襲しながら、あとは独自の歌詞になっている。この歌は、フォーク・ソング方面でも歌われており（カレン・ダルトンの、ビッグ・ビルっぽい別の歌詞など）、この系列の歌の流通範囲は思いの外広い。

ii　この最初のヴァージョンのレコードでは、曲の作者が「London」になっているが、これはレーベル・オウナーのメル・ロンドンがクレジットをわがものにしたという、よくあるケース（ちなみに、このチーフ版は後にＶＪにリースされた）。なお、ここではチーフ録音に依って歌詞を起こしたが、後のエンジョイへの録音も、歌詞はほぼ同じだ。

iii　この曲のエルモアのヴァージョンには、数多くのカヴァーがある。順不同で、そのうちの一部を挙げると：ハウンド・ドッグ・テイラー、ルーサー・アリスン、ジュニア・ウェルズ、リトル・ミルトン、カルヴィン・リーヴィー、ジョン・メイオール、キャンド・ヒート、グレイトフル・デッド、ローリング・ストーンズ、サヴォイ・ブラウン、エリック・バードン、エリック・クラプトン、フォガット、サニー・ランドレス、ウェット・ウィリー、ピーター・グリーン、スーザン・テデスキ、ガヴァメント・ミュール、ケブ・モー（あなたの好きなアーティストのカヴァーが入っていなかったらごめんなさい）。

第一九章

HOODOO MAN BLUES

(Written by Junior Wells)

フードゥー使いのブルース　——ジュニア・ウェルズ

Lord, I wonder what's got the matter
I'm trying all the time
It seems like hours, everything done
　changed
But I hold my hand
Lord, I'm trying to make you understand
Lord, you know, everybody, they tell me
"Somebody done hoodooed the hoodoo
　man"

ああ、いったい何がいけないんだ
おれは、いつだって努力してるよ
たった何時間かのうちに、
　物ごとがぜんぶ変わってしまった
でもおれは、胸をさすってがまんする
おまえにわかってもらおうとつとめるさ
みんながおれにいう
「フードゥー使いにだれかが、フードゥーの魔法を
　かけた」ってさ

Now, you know, I, I buzzed your bell this
　morning
Baby, you had your elevator running low
I buzzed your bell, little girl, to take me
　upon the third floor
But I hold my hand
Lord, I'm trying to make you understand
Lord, you know, they tell me, baby
"Somebody done hoodooed the hoodoo man"

(A ha ha ha, looka here, baby)

I say I'm, I tell you this time, baby, I ain't
　gonna tell you no more
The next time I tell you, I have to let you go
But I hold my hand

今朝、おまえのうちの呼び鈴《ベル》を鳴らしたけど
おまえはエレベーターをのろのろとしか上げない
なあ、ちびちゃん、おれがベルを鳴らしたのは、
　三階に上がるためなのに
でもおれは、胸をさすってがまんする
おまえにわかってもらおうとつとめるさ
なあ、みんながおれにいう
「フードゥー使いに、だれかがフードゥーの魔法を
　かけた」ってさ

（あはは、ほらほら、おまえ）

なあ、これっきりだぞ、これ以上はいわない
今度これを口にするのは、おまえと別れるときだ
でもおれは、胸をさすってがまんする
おまえにわかってもらおうとつとめるさ

Lord, I'm trying to make you understand　みんながおれにいう
Lord, you know, everybody, they tell me　「フードゥー使いに、だれかがフードゥーの魔法を
“Somebody done hoodooed the hoodoo man”　かけた」ってさ

この〈フードゥー使いのブルース〉は、ジュニア・ウェルズ（本名Amos Wells Blakemore Jr., 1934,12,9 - 1998,1,15）が一九六五年にデルマークから出した、最初のアルバムのタイトル・ソングだ。この時期のモダン・シカゴ・ブルースの到達点を示すアルバムとして高く評価され、地元の愛好家レーベルであるデルマーク（とそのオウナー兼プロデューサーのボブ・ケスター）が広く注目されるきっかけになった。このアルバムはまた、このあと長年にわたって続く、ハーピストのウェルズとギタリストのバディ・ガイ（三〇章参照）のコンビの成立を告げる記念碑的作品でもあった。ウェルズのあくの強いヴォーカルとハープの存在感と、ガイのけた外れに達者で見せ場に富んだギターは、ゲットーの壁を越えて多くの白人（さらには東洋人）ミュージシャンに影響を与

え、外の世界でのスターの座へのパスポートになった。[ii]

フードゥー、つまりはお呪《まじな》い（魔法）という歌のトピックが、その濃い目のキャラとあいまって、このウェルズのステージでの看板曲におどろおどろしい内容を期待するブルース・ファンもいるだろう。しかし、歌詞をよくみるとこれは、おそらくのろけと紙一重の、彼女に頭を押さえつけられている男の歌なのである。

フードゥー使い《フードゥー・マン》とは、ルート・ドクターやコンジュア・マンなどと同じ（昔は地域によって呼び方が違った）、伝承の呪術や占いや民間医療に通じた人物のことで、[iii] ブルースやR&Bには古くから、よく登場する。[iv] 登場する場面は、とくに男女関係のトラブルがらみのことが多い。たとえば、七〇年代初頭のソウル・ヒット〈モジョ・ハンナ〉[v] では、「あなたの髪の毛を撚ったのを四束、手紙に入れて、五ドル札を添えて送るわ。ルイジアナのハンナっていう、南部でも評判の呪術師の女性のところに。彼女がお呪いをしてくれて、だからあなたはきっと私のところに戻ってくる」と歌われる。呪術師には男性も女性もいて、そして、その呪術師がより強力な呪術師にフードゥーの魔法をかけられて、やっつけられることもある。ルイ・ジョーダンの〈サムバディ・ダン・フードゥード・ザ・フードゥー・マン〉は、そうした出来事を歌った曲だ。そこでは、ルイジアナからやってきて、市《まち》のサウス・サイドでフードゥー使いとしてならした男、ジョー・ハンナが（Hannahはフードゥーの名門の名前なのだろうか？）、だれかにフードゥーをかけられてすっかり生気をなくしてしまったといううわさ話が語られる。

ただ、ここで見るウェルズの歌は、そうしたきびしい魔術の応酬を歌っているのではないだろう。「あの女たらし、もてるねえ、フードゥーの魔法でも使っているんじゃないの」などと仲間にいわれていたモテ男が、ミイラ取りがミイラになるではないけど、一人の女性に首根っこを押さえられて、手玉にとられてしまう。仲間のうわさになっているとわかってはいても、どうしようもない。そういう歌らしいのだ。

一番の歌詞は、具体的な説明がないので分かりにくいが、彼女が短時間のうちに、手のひらを返すように態度を変えることを、こんな言い回しでいっているのだろう。とにかく、歌の主人公は、がまんをする (hold my hand)。腹を立ててことを荒立てたりしないで、彼女に「わかってもらおうと」する。二番の歌詞は、たぶんサニー・ボーイ・ウィリアムスンIの〈エレヴェイター・ウーマン〉を下敷きにしている。ベルを鳴らすとは、性的な誘いかけをすること、エレベーターで上の階へ上がるというのは、性感の高まりの喩えで、いろいろ働きかけてもあまり乗り気にならず、「エレベーターをのろのろとしか上げない」彼女に、主人公は不満だ。でも、ここでもがまんする。三番では、たぶん腹が立つことがあって（あるいは喧嘩口論をしていて）、主人公は、タンカを切ろうとする。おい、おれのいうことをちゃんと聞け、聞かないならもういわない、その代わりこれでお別れだぞと、尻《けつ》をまくろうとするのだ。でも、やはり主人公はがまんして、辛抱強く彼女に理解を求め、「フードゥー使いに、だれかがフードゥーの魔法をかけた」とうわさされる立場に甘んじる。主人公に魔法をかけた「だれか」は、もちろん彼女だ。

じつは、この曲のオリジネイターは、ウェルズではない。戦前からシカゴで大人気のレコーディング歌手だったサニー・ボーイ・ウィリアムスンⅠ（ジョン・リー・ウィリアムスン）が戦後にヴィクターに吹きこんだ〈フードゥー・フードゥー〉（1946）が元ネタなのだ。サニー・ボーイⅠの歌詞は、ウェルズのものよりわかりやすい。世の中が変わった、自分の彼女に男ができた、だれかがおれにフードゥーをかけたからだと主人公は歌い（一番）、だからルイジアナに行って新しいモジョ・ハンドを買おうと、のちにマディ・ウォーターズの〈ガット・マイ・モジョ・ワーキング〉で世界的に有名になるフレイズが語られる（二番）。おれは以前は女どもにみつがして左うちわだったのに、いまじゃ彼女に逃げられる憂き目をみていると愚痴り（三番）、最後に彼女との別れが歌われる（四番）。このサニー・ボーイⅠの歌では、主人公は、喩えではなく本気で、だれかにフードゥーの呪術をかけられたと思っているのかもしれない。

ウェルズのデルマーク録音では、作者のクレジットはウェルズとサニー・ボーイ・ウィリアムスンⅡ（ライス・ミラー）の二人になっている。そこからの推測なのだが、この歌は、サニー・ボーイⅠ→サニー・ボーイⅡ→ウェルズと、ハーピストつながりで受け継がれてきたのかもしれない。[vi]

サニー・ボーイIが健在のときに、南部で「本物のサニー・ボーイ」を名乗っていたサニー・ボーイIIは、たぶんレコードを通じて、サニー・ボーイIのレパートリーの多くを自家薬籠中のものにしていただろう。そして、そのサニー・ボーイIIは、アーカンソー州ウェスト・メンフィス生まれのウェルズにとって、いとこのジュニア・パーカー（一一章に登場）と並んで、南部にいたころにハーモニカの手ほどきをしてくれた師匠だった（ちなみに、ジュニアは七歳のころにはいっぱしのハープを吹いたという）。

おそらくそういう経路で習い覚えたこの曲を、ウェルズはじつは、デルマーク以前にも録音している。一九五二年に、独り立ちして抜けたリトル・ウォルターの代わりにマディ・ウォーターズのバンドにハーピストとして入った彼は、翌五三年に、シカゴのインディ・レーベル、ステイツに、〈サムバディ・フードゥード・ザ・フードゥー・マン〉という題でこの曲を吹きこんでいる。[vii] 自己名義の最初の録音を、まだ一八歳で、しかもバックは、エルモア・ジェイムズにジョニー・ジョーンズ、のちのエイシズのマイヤーズ兄弟、当時のシカゴ・ブルース界の〝裏ボス〟、ウィリー・ディクスンという錚々たるメンバーなのだ。ウェルズの得意満面ぶりは、想像にかたくない。ところが、本人の思いに反して、売れなかった。後年の『シカゴ・トリビューン』紙のインタヴューで、ウェルズは、地元シカゴのラジオ局のＤＪにシングル盤を持って行き、ローテでかける曲のリストに入れてくれるように頼んだら、そのＤＪは、ただ断っただけでなく、盤を床に投げ捨てて踏み割ったと語っている。それが苦い思い出になって、ウェルズは、二度とこの曲を取り上げたくはなかった。ところが、六五年にデルマークで初アルバムを作っているときに、プロデューサーのボブ・ケスターが、「あれはいい曲だ」と再録音を勧めた。冒頭に書いたとおり、このアルバムが高い評価を受け、おかげで〈フードゥー使いのブルース〉は、ウェルズのステージでの看板曲の一つになった。終わりよければすべてよし。しかし、一つの曲がたどる運命の紆余曲折は、人生と同じで、つくづく面白いなあと思う。

i　二人のコラボは、断続的に二〇年以上も続いた。バディ・ガイの回想によれば、このコンビがうまくやっていけたのは、バディがバンマスを担当したからだという。バディは、こう語る。「ほんとうに、二人のジュニアがいたんだよ。しらふのジュニアと酔っぱらったジュニアと。しらふのジュニアは、自分が着ているシャツだってくれる、財布の最後の一ドルだって渡してくれる。しらふのジュニアは、心優しい男だった。酔っぱらったジュニアとなると話が別さ。強情で意地悪で、怒りっぽい（evil）。」しかも、六〇年代の終わりごろに、早朝のクラブで、昔の彼女にナイフで背中を刺されて生死の境をさまよって以降、ウェルズは以前にも増して扱いにくい男になったとバディはいう。(Buddy Guy with David Ritz, *When I Left Home*, Da Capo, 2012, 191-192)。飲酒がらみのトラブルで警察のやっかいになっているウェルズを、バディは何度も請け出しに行ったし、後年には酒のためにステージでの精気も衰えた。ウェルズもまた、酒と女と《ウィスキー・ウィメン・アンド》……

を地でいったブルースマンの一人なのだった。

ii　ジュニアとバディは、おりしものブルース・ブーム中の一九七五年三月に来日し、第二回ブルース・フェスティバルに出演した。このときの模様はライヴ・アルバム化されているが（再発CD＝『バディ・ガイ&ジュニア・ウェルズ ライヴアット郵便貯金ホール』バーボンレコード、一九九〇年）、なぜかそこではこの曲は披露されていない。

iii　「『フードゥー』という語は、とくに南部のミシシッピ峡谷地帯で使われる、アフリカン・アメリカンの魔術の慣行を指す名詞、および、だれかにお呪いや呪いをかけることを意味する動詞である。それに関連することばに、『魔法をかける（conjure）』、『わざをしかける（tricking）』、『魔法の粉（goopher dust）』、『モジョ』、『ルートワーク』がある。『Vodou』をそれと同じ意味に使う人もいる。フードゥーを行う人は、フードゥー・ドクターや、二つ頭のドクター、Hoodooists、Hoodoosなど、さまざまな名で呼ばれる。」（*African American Folklore: An Encyclopedia for Students*, Greenwood, 2016の「Hoodoo」の項より）。フードゥーの伝承は、奴隷がアフリカからもってきた宗教・民俗の残滓と、北米先住民（いわゆるインディアン）の文化、ヨーロッパのキリスト教文化が混然一体となって生まれたと考えられている。元フランス領で、プロテスタント教会より土俗文化に寛容なカトリックの信仰が主流のルイジアナでは（そういう民間呪術をキリスト教に取りこんだ心霊教会と呼ばれる教会さえある）、とくにフードゥーが栄え、伝説の呪術師たちを生んだ。ブルースやR&Bで、ルイジアナがフードゥーの本場のように語られる（たとえば、マディ・ウォーターズの〈ガット・マイ・モジョ・ワーキング〉での「おれはルイジアナに行って、モジョ・ハンドを手に入れるんだ」のように）のは、そのためだ。昔のルイジアナのフードゥーがどんなものだったかを知りたい人には、作家ゾラ・ニール・ハーストンの『騾馬とひと』（中村輝子訳、平凡社、一九九七年）の「フードゥー」の項を読んでみることをお薦めしたい。彼女が、人類学のフィールドワーカーのように、実地に何人もの呪術師に弟子入りして経験した話は、とても興味深い。フードゥーは、近代化の流れの中で滅びたわけではなく、むしろ近年、占いブームなどと軌を一にする形で、都会の人びと相手にふたたび活況を呈しているようだ。いまではネットショッピングで、（さすがに黒猫の骨は無理だろうが）各種のモジョのお守りや、征服者ジョン（ヒルガオ科のヤラッパ）の根や油を手に入れることができる。

iv　古くはマ・レイニーの“Louisiana Hoo Doo Blues”から、ヴィクトリア・スピヴィーの“Hoodoo Man Blues”、メンフィス・ミニーの“Hoodoo Lady”、最近ローリング・ストーンズがカヴァーしたライトニン・スリムの“Hoodoo Blues”まで、このウェルズのもの以外にも、フードゥーのブルースはいろいろある。こういう分野のブルースに興味がある人には、手始めとして、『*Voodoo Blues: Hoodoo & Magical Practices*』(Saga, 2005) と『*Blues, Blues, Hoodoo Halloween*』(Document, 2014) の二枚のコンピレーションCDを探してみることを勧めたい。

v　ニューオーリンズの歌姫タミ・リンによる一九七一年のヒットで、エスター・フィリップスやネヴィル・ブラザーズ、エルキー・ブルックスなどの吹きこみもある。ただし、作者（バーバラ・ポール・ハドスン、アンドレ・ウィリアムズ、クラレンス・ポールの三人）はじつはこの曲を、一九六二年に、モータウンの歌手ヘンリー・ランプキンのために書いた。なお、この歌には、「土曜の夜の一二時ごろに、彼女［モジョ・ハンナ］はヴードゥー男にフードゥーをかける（she hoodoos the voodoo man）というくだりがあって、それは、本文中のルイ・ジョーダンの歌のトピックと同じ事態を、呪術をかけるほうの側から歌っているのだと思われる。

vi　もちろん、三三章で触れるように、このクレジットは、チェスとARCミュージックによる、サニー・ボーイⅠの曲の多くをサニー・ボーイⅡの作として登録するという悪事の副産物という可能性もある。しかしながら、サニー・ボーイⅠのオリジナル盤が世に出たときのウェルズの年齢からして、サニー・ボーイⅡ経由でウェルズに伝わったことの現れ、と想像する余地は残されていると思う。

vii　このStates録音は、後にデルマークからアルバムとしてリイシューされている（『Blues Hit Big Town』＝

日本盤はPヴァインより発売)。ジミー・リードっぽいゆるいブギのリズムに乗せて、本人はできるだけ渋くマディ(・ウォーターズ)しているつもりだろうか、さすがに後年に比べればヴォーカルが若々しく、そしてもちろん、エルモアのスライド・ギターが聴きものだ。歌詞は、デルマーク盤と一番は同じだが、二番はサニー・ボーイIの二番と同じルイジアナへモジョを手に入れに行くという歌詞。そして、三番が、デルマーク録音では二番に当たるエレベーターの歌詞。のちのライヴなどをみても、ウェルズの〈フードゥー使い〜〉には、両方の録音を合わせた都合四つの歌詞がある(そのうちデルマーク録音の三番の「なあ、これっきりだぞ、これ以上はいわない」のみがウェルズのオリジナル歌詞?)といっていいと思う。

第二〇章

I'M YOUR HOOCHIE COOCHIE MAN

(Written by Willie Dixon)

おれはあんたの魔法医師《フーチー・クーチー・マン》　——マディ・ウォーターズ

The gypsy woman told my mother
before I was born
You got a boy child comin',
he's gonna be a son of a gun
He gonna make pretty women jump and shout
Then the world wanna know what this all
about

But you know I'm here
Everybody knows I'm here

おれの生まれる前に、
ジプシー女がおふくろにこういった
生まれてくるのは男の子だね、
その子はとんでもないやつになる
きれいな女たちを跳ね上がったり叫んだりさせる
なもんで、世界中の人がいったい何がどうなっ
てるのか知りたがるだろうよ

でもさ、ほら、おれはここにいる
おれがここにいるって、だれもが知ってる

Well, you know the Hoochie Coochie Man
Everybody knows I'm here

I got a black cat bone, I got a mojo, too
I got John the Conqueroo, I gotta mess with you
I'm gonna make you girls lead me by my hand
Then the world will know
　I'm the Hoochie Coochie Man

But you know I'm here
Everybody knows I'm here
Well, you know the Hoochie Coochie Man
Everybody knows I'm here

On the seventh hour on the seventh day
On the seventh month, the seven doctors say

そうさ、魔法医師《フーチー・クーチー・マン》っていうの、
　聞いたことあるだろう
おれがここにいるって、だれもが知ってる

黒猫の骨を持ってるよ、
　それから魔法のお守り《モジョ》もね
ヤラッパの根《ジョン・ザ・コンカラー》を持ってる、あんたの相手になるよ
あんたたち女どもに、おれの手を取って連れて
　行きたくさせる
そしたら、おれが魔法医師《フーチー・クーチー・マン》だってことが、
　世界中の人にわかるだろう

でもさ、ほら、おれはここにいる
おれがここにいるって、だれもが知ってる
そうさ、魔法医師《フーチー・クーチー・マン》っていうの、
　聞いたことあるだろう

"He was born for good luck," and that you see
I got seven hundred dollars,
　don't you mess with me

But you know I'm here
Everybody knows I'm here
Well, you know the Hoochie Coochie Man
Everybody knows I'm here

おれがここにいるって、だれもが知ってる

七つめの月の、七つめの日の
七番目の時間に、七人の医師がこういった
「この子は幸運をつかんで生まれてきたよ」、
　ほんとうさ、おれを見りゃわかるだろう
おれは七〇〇ドル持ってる、
　おれの相手になろうとするんじゃないよ

でもさ、ほら、おれはここにいる
おれがここにいるって、だれもが知ってる
そうさ、魔法医師《フーチー・クーチー・マン》っていうの、
　聞いたことあるだろう
おれがここにいるって、だれもが知ってる

史実にゆるやかにもとづく映画『キャデラック・レコード』[i]の物語は、シカゴのインディ・レーベル、アリストクラト／チェス／チェッカー／アーゴを経営したポーランドからのユダヤ系移民の息子レナード・チェス（当時三一歳）と、ミシシッピのドッカリー農園の綿畑からシカゴにやってきたブルースマン、泥水野郎《マディ・ウォーターズ》ことマッキンリー・モーガンフィールド（当時三五歳）[ii]の、肌の色が違う二人の男のあいだの友情の芽生えから始まる。映画で描かれるとおり、二人のパートナーシップのきっかけは、ミシシッピ・デルタで演奏されていたラフ・エッジなブルースのサウンドをエレキ・ギターとアンプで増幅した、〈アイ・フィール・ライク・ゴーイング・ホーム（田舎へ帰りたい）〉と〈アイ・キャント・ビー・サティスファイド[iii]（満足なんかできない）〉の二曲を両面に配した音盤が、一九四八年にシカゴと南部各地でヒットしたことだった。しかし、マディの名声を決定的にしたのは、それから六年後のウィリー・ディクスンが曲を書きプロデュースした、この章で取り上げる〈おれはあんたの魔法医師《フーチー・クーチー・マン》〉である。映画のではない、実際のマディのアーティストとしてのあり方は、ジューク・ジョイントやストリートやピクニックで演奏していたミシシッピ時代を前史として脇に置くなら、大まかにいって、(1)南部から大都市に新規移住した黒人たちの心情にアピールするエレクトリック・ダウンホーム・ブルースの担い手だった時期、[iv](2)主流のR&Bのスターとして活躍した時期、(3)「ロックのルーツとしてのブルース」の象徴的存在としてもっぱら白人（というか非黒人）の聴衆相手に演奏するようになった時期の三つに分けて見ることができる。

個人的には、筆者は、(1)の時期の右の二曲や〈ロング・ディスタンス・コール〉、〈ハニー・ビー〉といった初期録音でのマディがとりたてて好きだ。しかし、それは、ひとつには、この〈フーチー・クーチー・マン〉や〈ジャスト・メイク・ラヴ・トゥ・ミー〉、〈マニッシュ・ボーイ〉、〈ガット・マイ・モジョ・ワーキング〉といった(2)の時期のヒット曲群がブルース／ロックの大定番曲になり、長年のうちにそのカヴァーに耳が飽和状態になってしまっていることにもよる。しかしもちろん、そんなふうに大定番になったこと自体が、じつはとても大したことなのである。

有名すぎていまさらといわれるかもしれないが、歌詞を見てみよう。まずは、キイワードのhoochie coochie（あるいはhoochy-coochy）から。おそらくご存じのように、この語は性的な魅力やエロティックなダンスのことを指すが（南部では近年でも死語ではなく、たとえばボビー・ラッシュが〈フーチー・ママ〉について歌い、バーバラ・カーが〈フーチー・ダンス〉について歌っている）、たぶんもっと古くから、hoochie coochie man（およびwoman）には、フードゥーの呪術（と民間医療）の実践者という意味もある。つまりは、ひとつ前のジュニア・ウェルズの章に出てきたフードゥー使いやルート・ドクターと同義語で、作者のディクスンはそのことばを使って、そうした魔法やお呪いの力を身につけた者のイメージに、性的なカリスマを持つ人物のイメージを重ね合わせたのだ。歌の主人公がそういう男性なのだから、歌詞の中身はその自己宣伝の、大げさなほらや誇張表現（boastingもしくはbragging、初期のヒップホップのライムの基本テーマでもある）のオンパレードということになる。

まず一番。生誕の前にすごい子が生まれるぞと予言されるというのは、偉人（イエス・キリストを含む）と無法者《バッド・マン》の生い立ちについて、よく語られることだ。この歌では予言をするのはジプシーの女性だが、作者のディクスンは、このくだりは実体験が下敷きになったと語っている。「子どものころ、ジプシーたちが、幌つきの荷馬車に乗って街道を行き来していたよ。ジプシーの連中はいつも、何か人びとの関心を惹くよいことを見つけ出して語るんだ。貧乏な人間は、よいことをいってもらいたがるからね。『あれ、奥さんお腹が大きいね。とても美しい男の子が生まれるよ。世界中の女たちが、その子を好きになるよ。その子について予言しよう。どんなことでも教えてあげるよ。』その予言は、当たるかも知れないし、当たらないかも知れない。」[vi]

続く二番には、ミシシッピ生まれのディクスンの、南部の各種俗信についての知識がたっぷり盛りこまれている。黒猫の骨は、フードゥーの呪術では、特別の効果があるお守り（呪具）になると信じられていた。姿を隠す、幸運を呼ぶ、悪意のある魔法から身を守る、死後の生まれ変わりをもたらす、恋愛を成就させる等々がその効果で、歌の主人公がそれを持つのはもちろん、その最後の効果のためだ。モジョ、略さずにいえばモジョ・ハンド（古くはアイダ・コックスから、ライトニン・ホプキンズや、さらにはマディ自身も〈ルイジアナ・ブルース〉で歌の題材にしている）も、やはりフードゥーのお守りで、ネルの袋にさまざまな材料を入れて、そこにフードゥー師が精気を吹きこむと強力な呪具になる。[vii] 征服者ジョン（John the Conqueror、ただしマディはなまって Conqueroo と発音）は、黒人の民間伝承でのヒーローの名前がついたヒルガオ科の植物で（メキシコではヤラッパと呼ばれる）、その根は強い下剤として薬用に使われたが、同時に、フードゥーのお呪いの道具にもなった。以上の三つは、主人公が実際にそうしたお呪いの道具を持っていると解してもかまわないが、それは比喩で、まるでそうしたものを持っているみたいに強い性的なカリスマを誇っているのだと取ることもできる。三番の歌詞では、主人公は験《げん》のいい七尽くしを披露して、自分はよい運の星の下に生まれついた（アルバート・キングの〈悪い星の下に生まれて〉のような歌とは正反対の）男だとアピールする。

ウィリー・ディクスンは、「おれがブルースなんだ（I am the blues）」と豪語しているが（そう歌い、そういう題の本を書いている）、じつは一二小節ブルースよりもむしろ、もっと入り組んだ構成のR&B曲を書いて音楽史に残る存在になった。この〈フーチー・クーチー・マン〉も、先に一番、二番……と書いた歌の一まとまりは、ストップタイムで歌われるメインの部分とウォーキングベースに乗せて歌われる繰り返し部分（いわゆるverseとhook）とで計二四小節になる。ゴールデン・ゲイト・カルテットやインク・スポッツ系統のヴォーカル・グループのベース歌手として出発し、ジャイヴ・グループ（ビッグ・スリー・トリオ）で曲を書いたディクスンにとって、この手のR&B曲作りはお茶の子だった。

この曲（ビッグ・スリー・トリオ時代にすでに書かれていたらしい）をディクスンがマディに歌わせると決めたのは、五〇年代初めの時点ですでにエレクトリック・ギターとバンドによる勢いのあるサウンドを志向していたこと、身だしなみに気をつけルックスも悪くなかったこと、そして、男盛りの魅力で女性の聴衆を惹きつけていたことの三つの理由からだったという。[viii] ユーモラスな大言壮語をして客席を沸かせる精力絶倫の呪い師のキャラを振り付けるには、チェスの持ち駒の中では、マディこそがうってつけだと考えたのだ。

〈フーチー・クーチー・マン〉が吹きこまれたのは一九五四年の一月だが、その前の年に、ディクスンはマディが出演しているクラブ・ザンジバルを訪れ、休憩時間中にトイレでこの曲の歌詞とリフとを教えた。「おれたちはあそこの便所で、一五分か二〇分くらい、ああでもないこうでもないと曲を触っていたんだ。そのあと、マディがいった。『この曲、とりあえず一度っ演《や》ってみるよ。忘れてしまわないためにね。』彼は習った最初の晩にまっすぐステージに上がって、おれが教えてやった［口立てで—筆者注］ちょっとしたリフをバンドに教えた。初演だったけど、お客の反応は、ほんとうに熱狂的だった。それからマディは、死ぬまでその曲を演り続けたよ。」[ix]

この歌がヒットし、ディクスンが振り付けたそのマッチョなキャラとスタイルが人気を博して

R&Bスターとして歩み始めたとき、マディはすでに四〇過ぎだった。この時期の彼のヒット曲の背景にはもちろん、彼がたぶんミシシッピ時代からそなえていた異性へのアピール力がある。とはいえ、そうした力はあくまで背景なのであって、この歌の歌詞自体は、ボースティングやブラッギングといった誇張法を駆使した一種の冗談の芸なのだ。マディは、あくまでそんなキャラを演じているのであり、それを文字通りに取るのは野暮だ。カヴァーするときも、ムキになってガチマジに歌ってはいけない。

六〇年代のニューヨークのグリニッチ・ヴィレッジで、フォーク・リヴァイヴァル運動の中心にいたデイヴ・ヴァン・ロンクという歌手が、〈フーチー・クーチー・マン〉をカヴァーして持ち歌にした。そのロンクが七〇年代の前半に、マディも出演した東海岸のブルース・フェスティヴァルの舞台に立った。到着が遅れたため、先にマディが出たとは知らないままに、ステージに上がった。「[……]いつも通りの持ち曲のショーを披露し、最後を、マッチョ満点で攻撃的に威張り散らし蒸気ローラーのように強力にシャウトする〈フーチー・クーチー・マン〉で締めくくった。嵐のような喝采を浴びて退場すると、舞台のそでに、その曲のオリジネイターのマディ・ウォーターズがいた。彼がそこに座ってずっと自分のパフォーマンスを観ていたと知って、ロンクは恥ずかしさに身の置きどころをなくした。つねに紳士的なウォーターズは、ロンクを速やかに落ち着かせようとした。彼の肩に手を置いて、『とてもよかったよ、お若いの』といった。それからこう付け加え

た。『でも、あれはね、じつは可笑しい歌（a funny song）なんだよ。』」[xi]

こうした大きなコンサートや海外ツアーにひんぱんに出演するようになったのはもちろん、前のほうで触れたマディのキャリアの三区分のうち最後の時期のことだ。マディ自身は、この時期こそが自身の成功の頂点だと考えていた。白人に知られるようになって聴衆がふくれあがり、しかも、白人のミュージシャンやロック／ブルース・ファンから崇敬される存在になった。黒人聴衆がいなくなったのは淋しかったが、[xii] R&Bのスターだったころより実入りがよくなり、サウスサイドを出て白人の住宅地区に家を持つこともできた。チェス兄弟は、映画にもあったようにキャディラックを買ってくれたが、しかし同時に、音楽出版社のアーク・ミュージック（経営者はベニー・グッドマンの兄弟たち）と結託して、手のこんだやり方でアーティストが得るべき作者印税のかなりの部分を懐に入れていた。それに気がついたウィリー・ディクスンの助言を受けて法的措置をとり、ちゃんと印税が入るようになったこともたぶん大きい。

私がシカゴにいた一九七四年に、印象的なテレビ番組が放映された。PBS（米国公共放送）が制作したスタジオライヴ番組「サウンドステージ」の第一回が、この時期のマディの栄光を象徴する「Muddy And Friends」だった。シカゴのWWTW局のスタジオにウィリー・ディクスンやジュニア・ウェルズ、マイケル・ブルームフィールド、ジョニー・ウィンター（この共演が後の二人のコンビ活動の出発点になった）、ドクター・ジョン、ココ・テイラーが集まって、ブルースの

「ゴッドファーザー」に、演奏を通じて敬意を表した。ドクター・ジョンは、ニューオーリンズから産直のモジョの首掛けを持参して、マディの首にかけた。「おれがどれだけ嬉しいか、あんたらにはわからないよ。人生最大の興奮だよ、若い人たちが、おれのことを忘れていなかったってわかるっていうのはね。」[xiii] もちろんマディは〈フーチー・クーチー・マン〉を歌ったが、フィナーレはゲストが全員参加し、客席が総立ちの〈ガット・マイ・モジョ・ワーキング（おれのモジョよ、ちゃんと働け）〉だった。そう、それしかないだろう。

i　『キャデラック・レコード 音楽でアメリカを変えた人々の物語』（原題は *Cadillac Records*）、ダーネル・マーチン監督、二〇〇八年。エタ・ジェイムズを演じたビヨンセ・ノウルズが製作総指揮を務め、マディやリトル・ウォルター、ウルフ、チャック・ベリーなどの音楽面での再現性は高いが、史実とは違うエピソードも多い。モータウンのベリー・ゴーディとダイアナ・ロスならともかく、レナード・チェスとエタのロマンティックな関係など考えられないし（不都合なエピソードも含めて大胆に事実をぶちまけたエタの自伝 *Rage To Survive* にもそんな話はかけらもない）、エタの恋愛話を描くなら、彼女がチェスに来るきっかけになった当時の恋人、ムーングロウズのリーダーでデュオを組んだこともあるハーヴェイ・フーカを出すのが筋だろう。この映画ではそもそも、チェスの米櫃の一部だったドゥーワップやソウルのヴォーカル・グループはぜんぶカットされているから、あくまで「お話」として受け取るべきなのだが。ちなみに、より正確にチェス・レコードの歴史をたどったものに、Nadine Cohodas , *Spinning Blues into Gold:*

The Chess Brothers and the Legendary Chess Records, St. Martin's Press, 2000がある。また、マディの邦訳されている評伝に、トゥーズ（西垣浩二訳）の『マディ・ウォーターズ—ブルースの覇者』ブルース・インターアクションズ、一九九八年（Sandra B. Tooze, *Muddy Waters: The Mojo Man*, Stoddart, 1997）がある。

ii 本名McKinley Morganfield、ミシシッピ州のローリング・フォークの近くで一九一三年四月に生まれ、イリノイ州ウェストモントで一九八三年四月に亡くなった。

iii ここでのマディのエレクトリック・アンプリファイド・ギターの使用が、のちのロックの歴史につながったというのは、よくいわれる指摘だが、エレクトリック・ギター自体は戦前の、Tボーン・ウォーカーやチャーリー・クリスチャンの時代からあった。しかし、それらは高価で、ステージへのセットも簡便ではなかった。マディの「ブルース革命」を可能にしたのは、ディアルモンドの電磁ピックアップという従来のエレクトリック・ギターの五分の一程度の価格の製品の普及であり、それを（ジミー・ロジャースの勧めで）活かしてカントリー・ブルースのギターを「都市化」したのがマディだったというのは、興味深い歴史的事実だ。（「デルタ・ブルース・ブルースマン都会に行く」および「マディ・ウォーターズのブルース革命」ブラッド・トリンスキー、アラン・ディ・ペルナ、石川千晶訳『エレクトリック・ギター革命史』リットー・ミュージック、二〇一八年、原書は、Brad Tolinski and Alan di Perna, *Play It Loud: An Epic History of the Style, Sound, and Revolution of the Electric Guitar*, Doubleday, 2016.）

iv 戦後シカゴ・ブルースを最初に支えたのは、比較的新しく（一九四〇年代）、南部の田舎からシカゴへ大挙移住してきた人たちだった。この大移住の背景には、工業が発展し都市部に多くの（しかも南部の黒人の仕事に比べればずっと高賃金の）雇用が生まれたという誘因《プル》（それに第二次世界大戦下の戦時特需が増幅した）だけでなく、ラバからトラクターへの機械化のおかげで、農業にそんなに人手が要らなくなったという押し出し因《プッシュ》もあった。そうしたニューカマーの、とりわけミシシッピ流域出身の黒人たちにとっては、シカゴで栄えてきたジャズや、洗練された戦前のシカゴ・ブルース（いわゆるブルーバード・ビート）、さらには全国区で流行りはじめていた西海岸風R＆Bよりも、デルタ直送の荒削りなビートとサウンドで、街での暮らしや故郷《ダウンホーム》への思いを歌う同じニューカマーのマディたちの音楽のほうが、より馴染める「自分たちの音楽」なのだった。

v　じつは、歌詞の使用許諾の問題で刊行直前に曲の差し替えを余儀なくされるまえに、このマディの章で取り上げて対訳していたのは、この時期の名曲〈アイ・キャント・ビー・サティスファイド〉だった。

vi　Willie Dixon, *Willie Dixon: The Master Blues Composer*, Hal Leonard, 1992, p.152。

vii　mojoの語源はヨルバ語のmojubaだともフラニ語のmocaだともいわれ、ジョージアのシー諸島のガラ語で魔法を意味するmoca、ジャマイカ英語で民間医療の植物を指すmajoeとつながりがあるとされる。モジョ・ハンドと呼ばれる呪《まじな》い袋（基本形は赤のフランネル）には、conjure bagやconjure hand、lucky bag、gris-gris bag、juju、nation sack（女性専用）、toby、trick bagといったさまざまな異称がある（つまり、一章に出てきたネイション・サックも、モジョ・ハンドの一種とされることもあったのだ）。袋の中身は多種多様で、歌詞のすぐ後に出てくるジョン・ザ・コンカラーの根や、ハーブ、小枝の束、昆虫の器官の干物、特殊な灰、死者の指の骨、お呪いをかける相手の爪や某所の毛等々、目的によって、あるいはそれぞれの呪い師の方式によってさまざまだった。こうしたモジョによるお呪いの効果のひとつに、異性を感情的および性的にとりこにする（fix）というのがある。「惚れさせ」モジョの持ち主しか目に入らないようにさせるだけでなく、まかり間違って他の異性とことに及ぼうとすると、女性なら月経や分泌物にブロックされ、男性なら勃起不全が起こって、モジョの持ち主以外との性行為ができないようになるというのだ。

viii　Mitsuyoshi Inaba, *Wille Dixon: Preacher Of The Blues*, The Scarecrow Press, 2011, pp.78-80。

ix　Willie Dixon and Don Snowden, *I am the Blues*, Quartet Books, 1995, p.85。ちなみに、この曲の録

音セッションで初めて、ディクスンはマディを自分の担当アーティストとしてプロデュースし、本格的に二人三脚を始めることになった。

x 「マディの演奏は、畑に鍬を打ちこんでいるようだ。彼の音楽は、絃に触れて動かすときの感触と、絃を動かすことが周りの空気に及ぼす影響とをよく知り、それらを踏まえて弾くことによって紡ぎ出される。それ［ロマックスとワークによる一九四〇年のフィールド録音］は、偉大な演奏だ。マディ一人で歌い、ギターを弾く。ロバート・ジョンスンの切望と絶望の感情表現とは違って、マディの演奏は力（パワー）を、システムに使役された男の身体のたくましさを伝える。いっぽう、ロバート・ジョンスンの演奏から聞こえてくるのは、畑仕事から逃げ出した男の声である。」(Robert Gordon, *Can't be Satisfied: The Life and Times of Muddy Waters*, Little, Brown & Co., 2002, p.38) このマディとロバート・ジョンスンの比較は面白い。ジョンスンの青年のセックスアピール（彼は年上の女性に面倒を見てもらうというのを旅の方便にしていたふしがあり、メンフィスの「家庭」でもつねに未婚の「お兄ちゃん」キャラだった）とは対照的に、マディは大人の男の魅力を武器にした。しかもジョンスンは早死にしたから「永遠の青年」であるしかなく、だからロック世代の若者たちの感情移入の対象になったのもむべなるかななのである。

xi これは、音楽研究者／ミュージシャンのイライジャ・ウォルドが、ロンク本人から聞いた話である（Elijah Wald, *Escaping the Delta: Robert Johnson and the Invention of the Blues*, Harper Collins, 2004, p.177）。誇張法は米国製ユーモアの定番だが、黒人の間では、とくに重要な手法になっている。たとえば、こんな誇張法の下ネタ小咄がある。二人の黒人が、ブルックリン橋の上に並んで立小便をした。一人が言った。「ああ、河の水はまだ冷たいなあ。」もう一人が答えた。「そうだな。それにこの河、かなり深いぜ。」〈フーチー・クーチー・マン〉が誇張法の「可笑しい」歌だからといって、それを歌うマディの性的アピールが否定されるわけではない。とはいえ、何もあんなに必死にマッチョを気取って攻撃的に歌う必要はない、あれはあくまで芸の上でのことなのに、とマディは思ったのだろう。そして、それはたぶん、若者の音楽であるロック（およびフォーク）への、オトナの音楽であるブルース／R&Bサイドからのコメントでもあった。

xii　この時期のマディは、黒人の若者や子どもたちがブルースを知らない、自分たちの伝統という宝物に見向きもしないと愚痴ったりもした。しかし、当時の黒人の若者や子どもたちは、広い意味でブルースからの派生物ともいえるファンクのサウンド（たとえばジェイムズ・ブラウンやオハイオ・プレイヤーズ）に夢中になっていたのである。

xiii　前掲のTooze著*Muddy Waters: The Mojo Man*のp.255。

第二一章

SWEET SIXTEEN (Pt.1/Pt.2)

(Written by Ahmet Ertegun / B.B. King)

かわいい一六歳　――B・B・キング

When I first met you, baby
Baby, you were just sweet sixteen
Yes, when I first met you, baby
Baby, you were just sweet sixteen
You just left your home then, woman
Ah, the sweetest thing I'd ever seen

But you wouldn't do nothing, baby
You wouldn't do anything I asked you to
Yes, you wouldn't do nothing, baby

最初に出会ったときおまえはちょうど
可愛いさかりの一六歳だった
そうさ、最初に出会ったときおまえはちょうど
ねえ、可愛いさかりの一六歳だった
家を飛び出したばかりだったんだよね、おまえは
ああ、それまでに目にした娘《こ》のなかでいちばん
　かわいかった

でも、おまえは何もしない
おれがしてといったことを、何ひとつしようとしない

No, you wouldn't do anything I asked to
You know you ran away from your home,
　baby
And now you wanna run away from old B,
　too

You know I loved you
I loved you before I could call your name
Oh, you know I loved you, baby
Baby, I loved you, I loved you before I could
　call your name
Oh, it seems like everything I do now, baby
Everything I do is in vain

My brother's in Korea, baby
Sister's down in New Orleans

そうさ、おまえは何もしない
おれがしてといったことを、何ひとつしようとしない
ねえ、おまえは、家出して家族から逃げて
今度は、このBから逃げようとしてる

おまえのことを愛したよね
おまえの名前を呼ぶようになる前から、愛してた
ああ、おまえのことを愛したよね、ねえ、おまえ
ねえ、愛してたよ、おまえの名前を呼ぶようになる
　前から、愛してた
ああ、おれがやる事なす事はみんな、ねえ
みんな無駄なんだね

おれの兄貴は朝鮮にいる
妹はニューオーリンズで暮らしてる
そうさ、おれの兄貴は朝鮮にいるんだ

Yes, brother's in Korea, baby
My sister, sister's down in New Orleans
Yes, you know I'm having so much trouble,
　woman
Baby, I wonder,
I wonder what in the world is gonna happen
　to me

You know I love you
And I'll do anything you tell me to
Yes, you know I love you, baby
Baby, I love you, and I'll do anything you
　tell me to
Well, there ain't nothing in the world, woman
Baby, it ain't nothing
Nothing in the world I wouldn't do it for you

妹は、妹はニューオーリンズで暮らしてる
そうさ、おれは厄介ごとを山ほど抱えてる、
　ねえ、おまえ
ねえ、おれはいったい、
　いったいこれからどうなるんだろう

愛してるんだよ
おまえがしてということは何だってするさ
そうさ、愛してるんだよ、ねえ
ねえ、愛してる、おまえがしてということは
　何だってするさ
そう、おれがおまえのためにしないことなんて、
　ねえ、おまえ
この世には、ねえ、何ひとつ
おまえのためにしないことは、
　この世には何ひとつないよ

You can treat me mean, baby
But I'll keep on lovin' you just the same
Oh, you can treat me mean, baby
But I'll keep loving you, I'll keep loving you just the same
Oh, but one of these days, baby
You're gonna give a lot of money
To hear someone call my name

Yes, sweet sixteen, baby, sweet sixteen
Hey, yes, the sweetest thing, the sweetest thing, the sweetest thing, baby
Hey, yes, the sweetest thing, the sweetest thing I ever seen
Yes, I'm having so much trouble, woman

ひどい仕打ちをすればいいさ
それでも変りなく愛しつづけるから
ああ、ひどい仕打ちをすればいいさ
それでも変りなく、変りなく愛しつづけるから
ああ、でもそのうちいつか、ねえ、おまえ
おれの名をだれかが呼ぶのを聞くためだけに
たくさんのお金を払いたいと思う日が来るよ

そうさ、可愛いさかりの一六歳、ねえ、可愛いさかりの一六歳
へイ、そうさ、いちばん可愛い、いちばん可愛い、いちばん可愛い、ねえ、おまえ
へイ、そうさ、いちばん可愛い、おれがいままで見たなかでいちばん可愛い娘《こ》
そうさ、おれは厄介ごとを山ほど抱えてるのさ、

Baby, I wonder [yeah], yes, I wonder [yeah],
baby, I wonder [yeah], yes, I wonder
[yeah], baby, I wonder [yeah]
Oh, I wonder what in the world's gonna
happen to me

ねえ、おまえ
ねえ、いったい［イエー］、そうさ、いったい［イエー］、ねえ、いったい［イエー］、ねえ、いったい［イエー］、そうさ、いったい［イエー］
ああ、おれはいったいこれからどうなるんだろう

前の章で取り上げたマディ・ウォーターズが最初のヒット曲を出した一九四八年の秋、ライリー・B・キングはまだ綿畑にいた。「『マディが演奏してるときに、私は畑を耕してたんだよ』とB・B・キングは回想する。『ラバでね。最初にマディを聴いたとき、私はまだ、ミシシッピを出たことがなかった。やっと彼のレコードが届くようになってね、〈フィール・ライク・ゴーイング・ホーム〉さ。マディの曲には、ほかのだれにもないものがあった。だから、彼の演奏を聴くのが好きだった。』」[i]

実際には、当時のキングはラバではなく、トラクターを操って畑仕事をしていたようだ。二年前に一度ミシシッピを出奔してメンフィスに行き、いとこのブッカ・ホワイトのところに滞在して賑やかなビール・ストリートの音楽シーンを見学してもいた。[ii] しかし、まだ音楽で身を立てるには実力不足だとさとって、いったんミシシッピ（インディアノラ）に戻り、農園で働くかたわら前からメンバーだったゴスペル・グループ（フェイマス・セント・ジョンズ・カルテット）でギターを弾いて歌っていた。ラジオから聞こえるあらゆるジャンルの音楽が、キングの耳と外の世界への夢を育んだ。マディのヒットに影響されたのかどうかはわからないが、とにかくこの年（四八年）の末に、二三歳のキングは、ふたたび妻を置いてメンフィスへ旅立つ（マディをはじめ多くのミシシッピ人が向かったシカゴ《ウィンディ・シティ》へは、寒い風や雪やみぞれがいやだから行きたくなかったのだという）。[iii]

メンフィスで、キングは、ミシシッピ川にかかる橋を渡った対岸の街ウェスト・メンフィスのラジオ局ＫＷＥＭへ、そこで番組をもつサニー・ボーイ・ウィリアムスンⅡに会いに行った（一〇代のころからアーカンソー州ヘレナのＫＦＦＡ局から流れるサニー・ボーイの人気番組「キング・ビスケット・タイム」を聴いていたので、まるで知り合いのような気になっていたのだ）。運よく彼の番組で歌わせてもらい、ギグの紹介までされた。それに背中を押されてか、キングは、メンフィスに設立されたばかりのＷＤＩＡ局へ自分を売りこみに行って〝歌うコマーシャル〟の仕事をもらい、そのあとそこのＤＪになった（ちなみに、ほぼ同じころにのちに〈ウォーキング・ザ・ドッグ〉のヒットで知られるようになるルーファス・トーマスもこの局のDJになった）。キングがラジオの音楽番組のDJとして音楽業界に入ったことは、実働は一年余りと短期間であっても、見過ごしにはできない事実だ。ラジオを通じて名前を知られ、プロとしての演奏活動を立ち上げるのに大いにプラスになったと、キング自身は語る。DJとしてのニックネーム「ザ・ビール・ストリート・ブルース・ボーイ」が縮まって「ブルース・ボーイ」に、そしてその頭文字をとって「B・B・」に、というぐあいに、芸名の由来もDJ時代の二つ名にさかのぼる。しかし、何よりも、黒人大衆音楽の枠内でではあれ、聴取者を喜ばせるために多種多様なレコードを聴いてかけるものを選ぶ中で耳を育てたことが、その後の〝モダン〟な方向への音楽的展開のかけがえのない肥やしになったのではないか。キングは、ブルース・ミュージシャンには珍しくレコード好きの収集家で、ブルースとR&Bを中心に多くの盤を集めていたが、[iv] たぶんこのDJ時代がその出発点だったただろう。

メンフィスへ出てきた翌年に初レコーディングを果たし、[v] その三年後（一九五二年）に、ローウェル・フルスンの〈午前三時のブルース《スリー・オクロック・ブルース》〉のリメイクを大ヒットさせた。そこでのギター演奏は、Tボーン・ウォーカーにミシシッピの香りをまぶしたといった感じの、後の人の耳にはやや生硬さを感じさせるものだったが、その少しあとになる五〇年代半ばの〈テン・ロング・イヤーズ〉や〈スウィート・リトル・エンジェル〉では、いわゆるB・B・キング・スタイルのゴスペル的な唱法とギターの奏法の組み合わせが確立されている。この章で取り上げた、シングル盤の両面にわたる当時としては長尺の〈スウィート・シックスティーン〉（ロスで録音され一九六〇年にヒット）は、そうしたキングのモダンなスロウ・ブルースの一つの完成形を示す名作である。[vi]

歌のテーマは、ブルースでは定番といっていい、わがままな彼女（恋人もしくは妻）を愛する男の千々に乱れる想い。彼女はたぶん主人公よりだいぶ年下で、そして二人が出会ったとき、彼女は一六歳の少女だった。冒頭の対訳では、「sweet sixteen」を、やや意訳気味に「可愛いさかりの一六歳」と訳したが、この年齢の女の子についての米国人の特別な思い入れにそってもっと大胆に訳すなら、「花の一六歳」とか「花も恥じらう一六歳」もありかもしれない。というのも、米国のミドルクラスの人たちには、女の子の一六歳の誕生日にパーティを開いて祝う習慣がある。ニール・セダカの〈すてきな一六歳〉やサム・クックの〈オンリー・シックスティーン〉、チャック・ベリーの〈スウィート・リトル・シックスティーン〉といった歌で歌われる一六歳の女の子は、親の庇護下にあって無邪気に暮らし、たぶん誕生パーティをしてもらえるハイスクール生、言い換えれば、花開きかけているとはいえまだ「子ども」なのだ。いっぽう、キングが育ったミシシッピでは、一六にもなれば、男の子だけでなく女の子も一人前に野良仕事をして働かなければいけない。世帯を持って、子どもを作ることもある。この歌で主人公が語りかける女性も、一六で家出して、主人公のところに転がりこんできた。

彼女が愛《いと》しい。でも、勝手気ままにふるまわれ、「おれがしてといったことを、何ひとつしようとしない」というのでは、暮らしていくのには困る。でもいっぽうで、若い彼女が、いつ自分を捨ててどこかへ行ってしまうかと心配だ。二番の「このBから逃げ出そうとしてる」の「B」は、歌手＝主人公という想定の歌唱だから、もちろん〝B・B・〟の略。[vii] 彼女がいなくなれば、故郷を離れて暮らす自分は、ひとりぼっちになってしまう。近くに身よりはいない。歌詞の四番で歌われるように、兄貴は軍隊に入って朝鮮に、妹はニューオーリンズにいる（英語ではbrotherは兄・弟、sisterは姉・妹の両用だが便宜的にこう訳した）。

なぜ朝鮮かといえば、もちろん朝鮮戦争があったからなのだが、あの半島で戦いがあったのは一九五一年から五三年にかけて。この歌が吹きこまれたのは五九年だから、若干の時期のずれがある。そしてこのずれは、この歌の成り立ちに由来するのだ。じつは、この歌には元曲がある。ビッグ・ジョー・ターナーの一九五二年の同題のヒットで、曲の作者はアトランティック・レコードの創始者アーメッド・アーティガンだ。ただし、ターナーの元曲は、アイヴォリー・ジョー・ハンターの〈シンス・アイ・メット・ユー・ベイビー〉と同じような八小節のブルース・バラードだった。キングはその前半分の四小節（訳詞の前二行分）をリピートして、まるで以前からあったように聞こえる一二小節ブルースに作り変えた。[viii] つまり、元曲が世に出たときは朝鮮戦争のまっ最中《さなか》、向こうへ行った肉親がいつ戦死してもおかしくないという状況だったのだ。もちろん、米軍はキングがこの曲を吹きこんだときにも韓国に駐留していたから、歌詞として変ではないのだが。ちなみに、カルヴィン・スコット（一時クラレンス・カーターとデュオを組んだ）は、一九七一年にスタックスに吹きこんだこの曲のカヴァーで、「おれの兄貴はヴェトナムにいる」と歌っていた。それを聴いて、なるほど、この部分って時事ネタなんだなと再認識させられた。

キングはブルースをソウル化した、ブルースにゴスペルを持ちこんだとよくいわれる。声をふるわせたり（いわゆるメリスマ）、シャウトしたりという歌い方が、その例として挙げられる。しかし、もっと重要なのは、そうした唱法を駆使して、歌手の感情表現がしだいにテンションを上げ、伴奏もそれに付き従い、終わり近くで曲がクライマックスに達するという「盛り上がり型」のパフォーマンスの展開を、ゴスペルから借用したことだと思う。この曲でいえば、最後の、「ねえ、いったい［イエー］」、そうさ、いったい［イエー］……」とバンドのメンバーとかけあうあたりが、そのクライマックスだ。昔ながらのブルースはそんなふうに盛り上がったりせず、一つのテンポとグルーヴを維持しながら、その上に歌唱や器楽ソロが乗っかるかたちで曲が展開する。キングと同時代のものでいえば、ジョン・リー・フッカーのブギや、ジミー・リード・ナンバーを思い浮かべてみてほしい。楽曲の形式は異なるけど、同じ盛り上がり型だという意味で、こうしたキングの手法は、六〇年代のサザン・ソウルのバラードに向かって一歩を踏み出したものといえなくもない。

キングは、ブルースという音楽様式のあり方を大きく変えた、偉大な刷新者《イノヴェイター》だ。この刷新は天賦の才によってというより、むしろ不器用さによって成しとげられたと、筆者には思われる。子どものときから吃音があって、それを歌うことで克服したとキングは述懐している。ギターの演奏についても、天才肌ではなかった。いとこのブッカ・ホワイトが得意とするスライド奏法をマスターできなかった。ロニー・ジョンスンやTボーン・ウォーカー、ジャンゴ・ラインハルト等々、さまざまなギタリストの影響を受けたが、そうした先人の演奏の一音ごと《ノート・トゥ・ノート》のコピーができなかった。練習のために同じように弾こうとしても、どうしても自分流になってしまう。[ix] さらにいえば、キングは、歌っているときには、ギターが弾けない。そうしたテクニカルな限界を、努力と工夫と並はずれた歌とギターの音にフィーリングをこめる能力によって乗り越えて、キングは自分独自のスタイルを産み出し、多くのフォロワーを生むことになった。

穏やかな人格者であり、無類の働き者で、[x] 音楽的には一か所に止まれない（過去の自分の演奏をなぞれない、なにしろレコードを聴くのは大好きだが自分のものはよほどの理由がないかぎり聴かない、百パーセント満足できる演奏をしたことなどない、という人だったから）つねに現在進行形のミュージシャンであり、そして長生きをした。二〇一五年に八九歳で亡くなったとき、メンフィスの街はまるでニューオーリンズになってしまったかのように、〈聖者の行進〉のパレードでキングを悼み送った。

i　Robert Gordon, *Can't be Satisfied: The Life and Times of Muddy Waters*, Little, Brown & Co., 2002, p.94.

ii　このメンフィス滞在のときに、キングは、当時まだ幼かった、ビール・ストリートの著名バンド・リーダーの息子で、ジャズ・ピアニストのフィニアス・ニューボーン・ジュニアの弟、カルヴィン・ニューボーンにギターの手ほどきをしている。「B・B・は、彼の大きなギターを手渡して、弾き方を教えてくれた。彼は、もうちゃんと弾けたんだけど、拍を数えるのが苦手だった。彼が弾くと、九小節のブルースになったり、一一小節のブルースになったりした。」（イエロウ・ドッグレコードから出たカルヴィンのアルバム、『New Born』のライナーノーツより）。この傾向はその後も続いたようで、再びメンフィスに来てからも、彼のギグの場に居合せたロバート・ロックウッド・ジュニアに、「あんたとは弾けない」とジャムを断られている（キング談）。キングは、フィーリングが拍やコード進行といった音楽的決まりに優先してしまうタイプのミュージシャンで（ゴスペルの世界で音楽を身につけたこともその一因かもしれない）、だから終生にわたって、彼のパフォーマンスの動きを察知してフォロウする「自分のバンド」が必要だったのだと思う。

iii　B・B・キング（石山淳訳）『だから私はブルースを歌う――B・B・キング自叙伝』ブルース・インターアクションズ、二〇〇一年、一〇九頁（原著は B. B. King with David Ritz, *Blues All Around Me: The Autobiography of B. B. King*, Avon Books, 1996）。なお、日本語で読めるキングの評伝に、チャールズ・ソーヤーの『キング・オブ・ザ・ブルース登場――B・B・キング』（染谷和美訳、Pヴァイン、二〇一五年）がある。また、キングが黒人聴衆と黒人コミュニティにとってどんな存在だったかを描くドキュメントとして、チャールズ・カイルの『アーバン・ブルース』（北川純子・浜邦彦・高橋明志訳、ブルース・インターアクションズ、二〇〇〇年）の第四章「舞台裏《バックステージ》のB・B・キング」をお薦めしたい。

iv　キングは後年、レアなものも含まれるそのレコード・コレクションをそっくり、ミシシッピ大学の南部文化研究センターに寄贈した。

v

キングの最初のレコード、ミシシッピに残した妻の名を歌った〈ミス・マーサ・キング〉はナッシュヴィルのBulletレーベルへの吹きこみで、おそらくドラマーでバンド・リーダーのフィニアス・ニューボーンが仕切ったメンフィスでの録音だ（フィニアス・ジュニアもピアノで入っている）。そのあと、西海岸（ロス）のRPM（モダーン／クラウン／ケント）との六〇年代初めまで続くつきあいが始まるが、そこでの録音ものちには主にロスで行われるようになるが、最初のうちはニューボーンやアイク・ターナーの仕切りでメンフィスで行われた。

vi

この曲は、七〇年代初めにABCで再録音されて一度目ほどではないけどヒットし、さらに、ライヴ・アルバム（たとえば『ライヴ・イン・クック・カウンティ・ジェイル』や『ライヴ・イン・ジャパン』）でも繰り返し取り上げられている。

vii

余談だが、以前、日本のブルース・バンドがこの曲を英語で演っているのを聴いていたら、このくだりでオリジナルの歌詞通り「B」と歌っていて、ちょっと違和感をおぼえた。この曲に限らず、英語の歌のカヴァーでは、原詞に出てくる歌手自身の名前は、カヴァーしている人の名か、それとも無難な一人称（この歌だとme）に置き替えたほうがいいのではないかと思う。

viii

キングはこの改作を独りでやったが、曲のクレジットは、Jules Taub-B. B. Kingと書かれていることが多い。このタウブは、モダン／ケントの経営者だった、ジュールズ、ジョー、サムのビハリ（Bihari）三兄弟のうちの、ジュールズの変名である。ジュールズがタウブ、ジョーがJoe Josea、サムがSam Lingという変名を、キングやジョン・リー・フッカーやその他のアーティストの作品のクレジットに挿入して、著作権料の一部を吸い上げていたのだ。ビハリ兄弟だけでなく、デューク／ピーコックのドン・ロビーも、サヴォイのフレッド・メンデルゾーンも同じようなことをしていたし、チェス／チェッカー／アーゴのチェス兄弟も、ここまでむき出しなやり方ではないが、音楽出版社（Arc Music）をトンネルに使って似たようなことをしていたようだ（ウィリー・ディクスン談）。つまり、黒人向けのレコードを出すインディ・

レーベルではごくふつうだった手口のキングは犠牲者だったわけで、ちなみに、そうした悪習を採らなかったアトランティックとモータウンは、当時としてはきわめて紳士的なインディだったといえる。

ix　Jerry Richardson and Rob Bowman, "Conversation with B. B. King," in Richard Kostelanetz(ed.), *The B. B. King Reader*, Hal Leonard Corporation, 1997.

x　チタリン・サーキット（黒人聴衆向けの巡業経路）を回っていた時代には、年に三〇〇回以上のギグをこなし、のちに白人聴衆にブレークしてからは、世界を股にかけて演奏。日本にも、一九七一年に初めて来て聴衆に熱く迎えられて（充実したライヴ・アルバムを残して）以来、繰り返し訪れている。

第二二章

PLEASE SEND ME SOMEONE TO LOVE

(Written by Percy Mayfield)

どうかわたしに愛する人をください　――パーシー・メイフィールド

Heaven please send to all mankind
Understanding and peace in mind
But, if it's not asking too much
Please send me someone to love
Someone to love

Show the world how to get along
Peace will enter when hate is gone
But, if it's not asking too much
Please send me someone to love

神さま、どうか人類のひとりひとりに
思いやりと心の安らぎとを与えてください
そして、それが欲ばりなお願いでないなら
どうかわたしに、だれか愛する人をください
だれか愛する人をください

世界の人に、仲良くやっていくすべを教えてください
憎しみが去れば、平和が訪れるはず
そして、それが欲ばりなお願いでないなら
どうかわたしに、だれか愛する人をください

Please send me someone to love

I lay awake nights and ponder world troubles
And my answer is always the same
That unless men put an end to this
　damnable sin
Hate will put the world in a flame
What a shame

Just because I'm in misery
I don't beg for no sympathy
But if it's not asking too much
Please send me someone to love
Please send me someone to love

Just because I'm in misery

どうかわたしに、だれか愛する人をください

来る夜《よ》も来る夜も、眠れずにベッドに横たわり
世界が抱える困ったことについて考えてみる
たどりつく答はいつも同じ
人がこの嘆かわしい罪に終止符を打たないかぎり
憎しみが世界を炎に投げこむだろう
なんて悲しいことだ

自分がみじめな日々を送っているからといって
神さまに同情を乞うことはできない
でも、それが欲ばりなお願いでないなら
どうかわたしに、だれか愛する人をください
どうかわたしに、だれか愛する人をください

自分がみじめな日々を送っているからといって

I don't beg for no sympathy
But if it's not asking too much
Please send me someone to love
Please send me someone to love

神さまに同情を乞うことはできない
だけど、それが欲ばりなお願いでないなら
どうかわたしに、だれか愛する人をください
どうかわたしに、だれか愛する人をください

パーシー・メイフィールドは、「ブルースの詩人」と呼ばれる。その代表作の多くは、形式上は、一二小節ブルースではなくブルージー・バラードなのだが、しかし、どれもが生きることのつらさや切なさ、苦さを、巧みで大胆な日用語で歌ったものだという点で（たとえば、いったいほかのだれが〈人生は自殺だ（Life Is Suicide）〉なんて歌のタイトルを考えつくだろう）、ブルースの精神を体現している。なので、その多くが、ブルースとジャズの両分野でスタンダード化している。達人ほどパーシーの曲を歌いたがるようで、最盛期のアリサ・フランクリンによる彼の〈川の招待《リヴァーズ・インヴィテーション》〉は鳥肌ものだし、ジョニー・アダムズやエイモス・ギャレットは彼の曲だけのアルバムを作ってい

る。[i] とはいえ、彼の曲のなかで一般の聴衆にもっともよく知られているのは、レイ・チャールズに提供して大ヒットになった〈旅立てジャック（Hit The Road Jack）〉と、彼が世に出るきっかけになったこの一九五〇年のヒット、〈どうかわたしに愛する人をください〉の二曲だろう。

ルイジアナ州北西部の町で育った（一九二〇年生）パーシーは、[ii] 子どものころから詩を書く才能があったという。二十歳前後にテキサスで歌手として活動を始め、そのあとチャールズ・ブラウンらテキサス出身者がブームを築いた西海岸リズム&ブルースのメッカ、ロサンジェルスに移ったが、芽が出なかった。ジミー・ウィザースプーンに歌ってもらおうと、同地の小レーベル、スウィング・タイムに持って行った曲〈トゥー・イヤーズ・オヴ・トーチャー〉を、レーベル・オウナーに勧められ自分で吹きこんだのが初録音。そのレコードの地元での売れ行きが悪くないのを見たスペシャルティ・レコードのアート・ループが、パーシーを自レーベルに誘い、契約を交わして間もなく生まれた大ヒットがこれなのだ。

この歌の歌詞の仕掛けは、一種の離れわざともいえる。「ヘヴン」というのは、天におられる神さまのこと。その神への祈りがこの歌の基調だ。その祈りの中で、「神さま、どうかこの世界に平和をお与えください」という人類的な規模のお願いに、「ひとりぼっちで淋しくしている私に恋人をお与えください」と個人的な願いを、木に竹を接ぐようにくっつける。歌の主人公は、とても真剣に、世界が危機的な状況にあることを憂いている。とはいえ、世界も大切だが、自分の身の上のことだだってやはり大切だ。でもそれを、世界と自分自身と両方について祈るのがお願いのしすぎでなければ（if it's not asking too much）と、遠慮がちに後者を付け加えるのが微笑ましい。もう少し後の世代の、社会学用語を使うなら大衆消費社会の私生活至上主義《ミーイズム》（「自分が幸せならそれでいい」とか「二人のために世界はあるの」みたいな）とは一味違う、旧世代の生真面目さとつつましさを感じてしまうのだ。

さて、歌の主人公は、三番で、「来る夜も来る夜も、眠れずにベッドに横たわり／世界が抱える困ったことについて考えてみる」とか、「憎しみが世界を炎に投げこむだろう」などと、お祈りの合間に独白するが、それはただ単に、歌の主人公が生真面目なうえに、むやみな心配性だからではない。そういう時代だったのだ。ここで主人公が何を憂えているのかを理解するには、歌が書かれた一九四〇年代末から五〇年にかけての歴史を振り返る必要がある。第二次世界大戦が終わって、やっと平和が訪れるのかと思ったら、ソ連ブロックと米国ブロックの東西両陣営の対立、いわゆる冷戦がはじまった。宇宙開発競争（三五章のウルフの歌のインスピレーションにもなった）も、この冷戦の副産物だ。一九四八年にベルリンに壁が築かれ、翌四九年にはソ連が核兵器の開発に成功して、米国の「核の優位」が崩れる。米国人の間に、人類を滅亡させる核戦争が起こるのではないかという恐怖が急速に広がった。五〇年六月に朝鮮戦争が勃発、八月にこの曲が吹きこまれて、レコードが発売されるやいなやヒットした。曲のメロディの美しさや、「愛する人がほしい」という切ないメッセージがこの歌の魅力の源ではあるが、そんな時代の不安を歌いこんだことが、ヒットの一因だったことは間違いないだろう（三番の「この嘆かわしい罪 this damnable sin」を核兵器、「炎」を核戦争ととってもたぶんそんなに見当外れではない）。

この一曲で突如スターダムに躍り出たパーシーは、スペシャルティからR＆Bのトップテン・ヒットを放ち続けるが、一九五二年にラスヴェガスからロスへ運転手付きの車で移動する途中、交通事故に見舞われ瀕死の大けがをした。二年がかりの療養ののち回復はしたが、顔がゆがんで額に大きな傷あとが残った。そのためパーシーはステージを去り、ソングライティングに専念するようになった。レイ・チャールズが、自身のタンジェリン・レコードに、パーシーをソングライターとして雇ったのは、こういう経緯があったからだ。

パーシーはレイに、〈旅立てジャック〉以外に、〈デインジャー・ゾーン〉や、〈ハイド・ノア・ヘアー〉、〈アット・ザ・クラブ〉など多くの曲を提供し、レイはそのうち一〇数曲を録音した。そのいっぽうで、レイのプロデュースで録音された、スペシャルティ時代の作品〈リヴァーズ・インヴィテーション〉のリメイクが、一九六三年に小ヒットした。去って行った恋人を探している男が川岸に行くと、川が話しかけてくる。あんた、とっても淋しそうだね、もしどうしても彼女が見つからないのなら、ここにおいで、一緒に暮らそうよ、と……。ファッツ・ドミノの〈ゴーイング・

トゥ・ザ・リヴァー〉（「川へ行って、飛びこんでしまおう」）などと同じ発想だが、ずっと洗練された歌詞とサウンドで、これも今ではモダン・ブルースの定番曲になっている。

アルコール依存症に苦しめられ、酒をテーマにした歌をいくつも書いたパーシーだが（たとえば、のちにオーティス・ラッシュがカヴァーした〈おれの酒壜とおれ《マイ・ジャグ・アンド・アイ》〉）、いっぽうで、時事に強いという特徴も健在だった。一九七四年にアトランティックに吹きこんで小ヒットした〈アイ・ドント・ウォント・トゥ・ビー・ザ・プレシデント〉では、ウォーターゲイト事件で辞任したニクソン大統領を遠回しにネタにした。「大統領になってあんな目にあうのはごめんだね、地元の市《まち》の市長にならなってもいいけどさ」とうそぶくこの曲は、切れのいいファンク・リズムにのった語りもので、何年かあとに登場するラップを予感させる。この録音自体は今では簡単には耳にできないかもしれないが、それをプロデュースしたジョニー・ギター・ワトスンが五年後に、ギター・ソロまでそのままの形でカヴァーしているので、機会があれば聴いてみてほしい。亡くなる前の八〇年代前半は、サンフランシスコ湾岸地域のオークランド近辺に住み、乞われて地元のブルース・シーンと関わった（ちなみに八四年八月に心臓麻痺で没）。その結果生まれた、一九八二年のフィリップ・ウォーカーのバンドとの共演盤は音楽的にとても充実している。[iii]

最後に話を、もう一度〈どうかわたしに愛する人をください〉に戻そう。この曲は、当初の時代背景から切り離されて、長年にわたって多くのアーティストに歌われてきた。一九五七年にはムーングロウズが再ヒットさせたし、ルース・ブラウン、フレディ・キング、B・B・キング、エスター・フィリップス、マリア・マルダー、ゲイトマウス・ブラウン、アーマ・トーマス、シャーデー、フィオナ・アップル、ジョニー・ディーゼルとインジェクターズなど、カヴァーしたアーティストは枚挙のいとまもない。また、旋律がいいので、ジミー・スミスやフィニアス・ニューボーン・ジュニア、ラムゼイ・ルイス、ハンク・クロフォード等多くのジャズ・ミュージシャンが素材としてとりあげている。これ一曲しか作らなかったとしても、パーシーの名は充分後世に残っただろう。ただし、先に時代背景と切り離されてと書いたが、それは少々軽率な言い方だったかもしれない。この曲が世に出てから六〇年をはるかに超えるが、その間に「世界が抱える厄介ごと」がなくなったことがあっただろうか。東西両陣営の対立はなくなったけど、別の種類の対立や憎しみが、手を変え品を変え、地球上に蔓延している。そして、この文章を書いているいまも、核のボタンを持っている偉い人たちの手を介して、「憎しみが世界を炎に投げこむ」危険性はなくなっていない。……ホワット・ア・シェイム、なんて悲しいことだ。

i Johnny Adams, *Walking On A Tightrope: The Songs Of Percy Mayfield* (Rounder, 1989)、および、Amos Garrett, *Get Way Back: Tribute to Percy Mayfield* (Stoney Plain, 2008)。

ii ロバート・スタンテリという人が書いた『*The Big Book of Blues*』というハンディなブルース人名事典がある。老舗の出版社ペンギンから出ていて、便利なので、日本の黒人音楽方面のライターにも重宝されているようだが、じつは不正確な記述もある。その代表例が、このパーシー・メイフィールドの項の、あの有名なソウル・アーティスト、カーティス・メイフィールドが、このパーシーの息子だという記述だ。ルイジアナ出身で、西海岸で生涯を終えたパーシーと、シカゴ育ちのカーティスの間に、そんな関係があるわけもない。これって何かのプラクティカル・ジョーク（いたずら）なの、と思ってしまった。この記述は、第二版（二〇〇一年刊）になっても訂正されていない。だから、それ以外のところについても、眉に唾をつけて読んだほうがよさそうだ。

iii Percy Mayfield with the Phillip Walker Blues Band, *Hit the Road Again* (Timeless, 1983).

PART V

土曜の夜と日曜の朝と

Saturday Night's Fun And
Sunday Morning Prayer

第二三章

"MA" RAINEY'S BLACK BOTTOM

(Witten by Gertrude "Ma" Rainey)

マ・レイニーのブラック・ボトム　——マ・レイニー

[male MC] Now, you heard the rest
Ah, boys, I'm gonna show you the best
Ma Rainey's gonna show you her black
　bottom

Way down south in Alabamy
I got a friend, they call dancin' Sammy
Who's crazy about all the latest dancin'
Black Bottom Stomp and the new baby
　prancin'

［男性MC］さて、いろいろお聴かせしたけれど
さあ、いよいよ真打の登場だ
マ・レイニーが、その黒いおしり《ブラック・ボトム》をお見せするよ

アラバマのずんと南のほうに
友だちがいるんだ、ダンシン・サミーってあだ名の
最新流行の踊りに夢中になるやつさ
いまだとブラック・ボトム・ストンプ、
　生まれたての赤ちゃんさえも跳ね踊らせる

The other night at a swell affair
Soon as the boys found out that I was there
They said, "Come on, Ma, let's go to the
cabaret"
When I got there, you oughta hear me say

Want to see the dance you call the black
bottom
I wanna learn that dance
Want to see the dance you call your big
black bottom
That puts you in a trance

All the boys in the neighborhood
They say your black bottom is really good

このまえの晩、あるおしゃれな催しで
わたしがその場にいるのを見つけた男どもが
声をかけてきた、「ねえ、マ、いっしょにキャバレー
へ行こう」って
で、その店に着いたときに、わたしが何といったか
というとね

あんたたちがブラック・ボトムと呼んでる
ダンスを見せて
あの踊りを覚えたいんだよ
あんたたちが大きなブラック・ボトムと呼んでる
ダンスを見せて
人をトランス状態にさせるあの踊り

近所の若い子たちが口をそろえて
あんたのブラック・ボトムはとてもすごいっていうよ

Come on and show me your black bottom
I wanna learn that dance

I want to see the dance you call the black
bottom
I wanna learn that dance
Come on and show the dance you call your
big black bottom
It puts you in a trance

Early last morning 'bout the break of day
Grandpa told my grandmother, heard him
say
"Get over here and you show the old man
your black bottom
I want to learn that dance"

ほら、出て来て、あんたのブラック・ボトムを
踊ってみせて
あの踊りを覚えたいんだよ

あんたたちがブラック・ボトムと呼んでるダンスを
見せて
あの踊りを習いたいんだ
あんたたちが大きなブラック・ボトムと呼んでる
ダンスを見せて
人をトランス状態にさせるあの踊り

昨日の朝早く、夜が明けるころに
爺ちゃんが婆ちゃんにこういうのが聞こえたよ
「こっちに来て、この年寄りにあんたの黒いおしり《ブラック・ボトム》
を見せとくれ
あのダンスを覚えたいんだよ」

Now I'm gonna show y'all my black bottom
They pay to see that dance
Wait until you see me do my big black bottom

It puts you in a trance

[male MC] Ah, do it Ma, do it, honey
Look out now Ma, you gettin' kinda rough there
You better be yourself now, careful now
Not too strong, not too strong, Ma

I done showed y'all my black bottom
You ought to learn that dance

Public Domain

さて、あんたたちにわたしのブラック・ボトムを見せてあげよう
みんな、あの踊りを見るためにお金を払う
わたしの大きなブラック・ボトムを見せるから、乞うご期待

人をトランス状態にさせるあの踊り

［男性ＭＣ］ああ、マ、踊ってやりなよ、ハニー
気をつけて、マ、そこんとこ雑になってるよ
自分のやり方で踊ればいいんだから、ほら、ていねいにね
激しくしすぎちゃだめ、激しくしすぎちゃだめだよ、マ

わたしのブラック・ボトム、見せたげたからね
あんたたちもあのダンスを覚えなよ

ブラック・ボトムとは、狂騒の一九二〇年代《ローリング・トゥエンティーズ》の後半に、チャールストンの後続として大いに流行ったダンスの名前だ。最新のダンスをテーマにした（だから二七章で取り上げるジェイムス・ブラウンの曲の大先輩にあたる）この半ば忘れられた曲に、ふたたび生命力を吹きこんだのは、現代米国の代表的劇作家のひとりオーガスト・ウィルスンが書いて一九八二年に初演された舞台劇と、そしてジョージ・ウルフ監督によるその映画化である。

　この、マの曲をそのままタイトルにした戯曲／映画は、一九二七年の末にシカゴで行われたこの曲の録音セッションの現場での人間模様を濃密に描くことを通じて、当時の黒人たちが抱えこまされていた葛藤や苦渋を浮き彫りにする。もちろんお芝居だから、大まかには史実を踏まえつつ、マを除く登場人物のほとんどは虚構のキャラだ。たとえば、当時の人種関係をわかりやすく示すために、レコード会社の人間は白人しか登場しない。しかし、実際にセッションを手がけたのは、じつは、史上初のアフリカン・アメリカンのプロデューサーとしてパラマウント・レコードに雇われ、マやパパ・チャーリー・ジャクスン、ブラインド・レモン・ジェファースン、ブラインド・ブレイク、タンパ・レッド、アイダ・コックス、キング・オリヴァー、ジェリー・ロール・モートンといった初期のブルースとジャズの錚々たる面々のレコードを作ったJ・メイヨー“インク”ウィリアムズだった。[i]

　マが最新流行のダンスをキャバレー（舞台があってエンターテインメントを提供するナイトクラ

ブやレストラン、フランス風のこの呼び名にはいまと違って高級感があった）で知り合いのダンサーから習って、それをステージで披露するというのが、この曲のあらすじだ。MCの口上から始まるこの歌は、そっくりそのまま、主に南部を回った彼女の一座のスパンコールきらびやかな衣装のショーの一景になり、歌の後ろのほうの「さて、あんたたちにわたしのブラック・ボトムを見せてあげよう」のくだりでは、コーラスガールたちをしたがえたマが、MCにあおられながら、彼女流のブラック・ボトムダンスを踊ってみせたはずだ。

じつは、タイトルでブラック・ボトムと謳《うた》ってはいるが、この曲のテンポは、当時流行ったこのダンスのための曲（チャールストンと同じ速さ）よりずっと遅い。[ii] これはあくまでマ・レイニーのブラック・ボトム、つまり、「ブルースの母」のマがあの踊りをやるとこうなるという一種のパロディネタで、そして、歌のブラック・ボトムは、同時に彼女の黒いおしり《ボトム》を指しているというのが、筆者の推測だ。そんなふうに思うのは、『マ・レイニーのブラック・ボトム』と同時代を描いた、別の映画のある場面のせいだ。『ベッシー』という、クィーン・ラティファがベッシー・スミスを演じて歌い、コメディアンのモニークがマ・レイニー役を務めた二〇一五年の映画がある。そのお終い近くに、ベッシーが引退したマの家を訪れるエピソードがある。大恐慌のおかげで仕事が激減したベッシーは、マとの再会に心を憩わせ、マが仕舞っていた昔の衣装の一部を身につけて、冗談半分に二人で〈マ・レイニーのブラック・ボトム〉を踊る。おしりを誇示するように揺すり、ゆるやかな手振り身振りで。筆者が好きなシーンだ。この映画は必ずしも史実に忠実ではないが、この場面での踊りの振り付けのようなものには、たぶん何か典拠があるだろうと思うのだ。

少しだけ歌詞を見ておこう。MCの口上に続く一番の歌詞の、Alabamyは、Sammyという人名と韻を踏むための訛った発音だが、それはマが勝手にでっちあげたものではない（ちなみにこの曲はマの作）。二〇年代の半ばに流行ったヴォードヴィル・ソング、〈アラバマに行くよ（Alabamy Bound）〉で広く知られるようになった訛り方の踏襲なのだ。同じ一番の四行目の「the new baby prancin'」は、戯曲や映画では「two babies prancin'（二人のちびちゃんが跳ね踊る）」と歌われる。黒人の男の子が二人並んでぬかるみから足を抜く仕草をしているシーンを、ブラック・ボトムダンスのステップの起源として紹介する当時の短編映画もあるから、この歌詞のほうが筋が通っている気もする。しかし、どう聴いても筆者には対訳に掲げたように聴こえるし、女性ブルース歌手の本を書いたアンジェラ・デイヴィスの聴き取りも同じだ。[iii] でもまあ、カヴァーしたい人は、どちらを歌ってもいいいと思う。

さて、六番の「昨日の朝早く、夜が明けるころに／爺ちゃんが婆ちゃんにこういうのが聞こえたよ……」は、黒音楽の滑稽ソングによくあるお爺さんとお婆さんネタ。ダンスと性的なことと、二重の意味がかけられていて、お爺さん老いてなおお盛んですねと聴き手の明るい艶笑を誘う（映画『ベッシー』のマとベッシーも笑いながらこのくだりを歌っていた）。あと、MCについても、一言触れておこう。出だしと途中に出てくる司会進行役の男性は、ジェイムズ・ブラウン・ショーでいえば〝マントを着せかけて四十数年〟のダニー・レイに当たるが、名前はわからない。戯曲／映画では、マが吃音があるおいをスタジオに入れてMCをさせたという設定になっていて、どもってNGを繰り返したあとやっとうまくしゃべるというくだりがちょっとしたクライマックスなのだが、それはまったくのウィルスンの創作。マには、パ・レイニーと夫婦だったころにダニーという養子がいて、のちに両親の一座に入ったとのことなので、その人がこのMCをしているのではなどと、ウィルスンに張りあって空想の翼を広げてみたりする。

マ・レイニーは、ブルースの歴史上、とても重要な存在だ。「ブルースの父」W・C・ハンディの功績が、一九世紀の後半から終わり近くにたぶん南部で生まれたこの音楽形式を取り上げ、白人聴衆に受け入れられる楽譜のある音楽として売り出して流行らせたことだとしたら、「ブルースの母」マ・レイニーの功績は、最新流行のダンス音楽としてヴォードヴィルの世界で流行ったブルースに、南部風のディープな歌唱と新鮮なサウンドを盛りこんで生まれ変わらせたことだ。[iv]
ショービズに憧れて、十代半ばに、地元ジョージアのタレントコンテスト経由で旅興行の世界に入ったガートルード・プリジェットは、コメディアンのウィリアム〝パ〟レイニーと結婚して〝マ〟レイニーになった。初期のこのコンビの芸は、歌あり踊りありお笑いありの、後年のバタービーンズとスージーみたいなものだったのだろうと推測する。パラマウントでレコーディングを開始するかなり前に、マはパと別れ、自分で一座を率いるようになった。そうした旅興行を共にするなかで親しくなったベッシー・スミス（一時恋人関係にあったのではという説もある）の唱法は、明らかにマの影響を受けているし、そのショーと興行のやり方も、マが切り開いた道を踏襲したものだっただろう。全国区のスターになった後輩ベッシーと違って、マのレコードは南部の外では、シカゴのような限られた都市でしか売れなかった。しかし、南部では、マこそが観客の心を鷲づかみにし、泣かせ笑わせる至高の〝貴婦人《マダム》〟レイニーだった（マは、自分の〝マ〟は〝ママ〟ではなく、〝マダム〟をつづめたものだと主張した）。

「マ・レイニーはすごい人だったよ。一言も歌詞を歌わなくてもいいんだ。呻《モーン》きをしてみせる。すると、観客もいっしょに呻《モーン》きをする。それで、みんなを掌《たなごころ》のうちにおさめてしまうんだ。ベッシー・スミスも聴いたことがある。でも、私にとっては、マ・レイニーこそが至上の女王だった。ブルース歌手としてはベッシーのほうが上だけど、でも、マは人びとのことを本当に知っていた。マは、人びとの中のひとりだったんだ。飾り気なしに、単刀直入に語り歌った。」

ジャグ・バンド、ジャズ・バンド（ドン・レッドマン、フレッチャー・ヘンダースン、ルイ・アームストロング、コールマン・ホーキンズといった錚々たるメンバーを使った）、南部のブルース・ミュージシャン（ババ・チャーリー・ジャクスン、タンパ・レッドとジョージア・トムことトーマス・ドーシー）と多様な伴奏に、しかし、その直球の情の厚い歌唱は不動で不変だった。吹きこんだ曲の三分の一は自作というソングライターとしての才能もあり、そしてショーのプロデューサーおよび一座の運営者としても敏腕だった。学校にあまり行けず、読み書きができなかったマは、自分だけにわかる象形文字で歌詞を書いたメモを持って、スタジオに入ったという。そんなふうでありながら、しかし、ビジネス上の交渉では、大卒のメイヨー・ウィリアムズと互角に渡りあった。一座の座員には親切で、ミュージシャンに楽器を買ってくれるので、彼女のバンドのメンバーは羨ましがられたという。また、二九章にも書いたように、一座の音楽監督をしていた同郷のトーマス・ドーシーが結婚したとき、新妻がドーシーと一緒にいられるようにと、彼女を衣装係に雇ったという。ただし、ひとたび怒らせると暴虎のようにもなった。

筆者がマのよさと偉大さが分かるようになったのは、じつは比較的最近だ。いまでは、タンパ・レッドのスライド・ギターが光る曲（たとえば名演〈スリープ・トーキング・ブルース〉）だけでなく、ヴォードヴィル調の曲や、広く歌われていた当時のスタンダード曲（〈シー・シー・ライダー・ブルース〉や〈スタック・オ・リーブルース〉など）、ロックンロールのルーツといいたくなる〈シェイヴ・エム・ドライ〉やアイヴォリー・ジョー・ハンターを思わせる〈スクリーチ・アウル・ブルース〉まで、その数多い引き出しを丸ごと楽しめるようになった。しかし、こうした音楽の内容以外のところでも、マは評価されている。黒人作家のラングストン・ヒューズが早くにマに触れた詩を書いているし、アリス・ウォーカーの『カラーパープル』に出てきて主人公セリーの心の傷を癒やすシャグ・アヴェリも、多分にマを下敷きにしているといわれる（映画では、マとはだいぶ違う美形の女優が演じていたが）。何よりも、いまの米国のフェミニスト／レズビアンの運動の中では、マは大先達として高く評価されている。それはかなりの程度、彼女が〈プルーヴ・イット・オン・ミー・ブルース〉という自作曲を吹きこんだことによる。

マは、この曲が吹きこまれる三年前の一九二五年に、シカゴ警察に、一座のコーラスガールの一人と裸でベッドに入っていたところを踏みこまれ、不品行のかどで逮捕された（ベッシー・スミスは、そのとき自分がマの保釈金を払ったといっている）。そうして収監されたときのことを歌ったといわれているのが、このprove it on me（私の有罪を法廷で証明してみなよ）という題の歌だ。そこでは、「ああ、私は女たちと外出したよ、男は好きじゃないからね」と、レズビアンだと公言する歌詞が歌われている。そしてこの曲のSP盤発売時のパラマウントの広告には、男の帽子をかぶり背広を着てタイをした、男役《ブッチ》姿のマが若い女性二人に声をかけ、それを後ろから刑事らしい人影が見ているという挿絵が入っている。歌だけでなく広告も「権力」に挑戦的なのだ。ただし、マは若い男性も好きで（だからバイセクシャルだったとされる）、そして男性の同性愛を扱った、これはトーマス・ドーシー作の〈おかま《シシー》のブルース〉を歌ってもいる。自分の彼氏をシシーさんに寝取られたと嘆くこの歌は、ベギー・スコット＝アダムズの一九九〇年代の南部でのソウルヒット

〈ビル〉（ジミー・ルイス作）の題材を、半世紀以上も前に先取りしたものだった。
マは、大恐慌下の一九三五年に旅興行の世界から引退し、故郷のジョージア州コロンバスで三つの劇場を経営。四年後の三九年末に心臓麻痺で、五三歳で（一説では五七歳だともいう）[vi]亡くなった。自分ひとりの喉と手腕と才覚で新しい道を切り開き、ブルースという音楽形式の幹を太くするのに貢献した偉大な女性だった。

i

ウィリアムズは当時の黒人のあいだでは数少なかった大学出で、歌手になったポール・ロブスンと同じくプロのフットボール選手として、創設されたばかりのNFLで活躍した。パラマウントのあと三〇年代にはデッカに移り、ルーズヴェルト・サイクスやスリーピー・ジョン・エステス、ピーティー・ホウィットストロー、ココモ・アーノルド、ロゼッタ・サープ、アルバータ・ハンター、ルイ・ジョーダンといったビッグネームを手がけた。タレントスカウトとしての才能も含めて、その黒人大衆音楽への貢献が大きかったことは疑えないが、しかし、彼が白人のプロデューサーとは違って、同胞の黒人アーティストたちを見下したり「搾取」したりしなかったかというと、そうはいいにくいところがある。ウィリアムズはミュージシャンたちと接するとき、白人と同じような気取った（dicty）話し方をし、自分を「向こう側」の一員と思っているように見えたという証言がある。さらに、録音アーティストが受け取るべき印税を、著作権の仕組みがよくわかっていないかれらにちゃんと支払ってはいなかった。パラマウント・レコードの売れっ子のひとりとして、一九二三年からの五年間に九〇曲以上も吹きこんだマも、おそらく録音時の一時金的な報酬以外何も受け取っていなかったと思われる。

ii ブラック・ボトムは、ニューオーリンズで生まれて、南部の黒人の間で広まったといわれ、それがニューヨークに到達して白人たちに受け入れられ、「チャールストンの次のダンス」としてヨーロッパにも伝播した。その曲と踊りのテンポの速さは、たとえばジェリー・ロール・モートンの「ブラックボトム・ストンプ」（この歌でも言及されている）を聴けばわかる。そのステップは、ぬかるみ（black bottom）に足をとられた牛が抜け出そうとする仕草とか、二人の黒人の子どもがぬかるみから足を抜こうとしているところとかいわれるように、両脚を派手にせわしなく上下する動きが基本のようだ（もちろんその結果、お尻 bottom もぴょこぴょこ動くことになるが）。なお、ウィルスンの戯曲では、この曲のアレンジをめぐって、トランペット奏者の斬新なアレンジをマが退けて「古くさい」サウンドをとったということになっているが、ショーの一景のための曲だとしたらそれは当然のことだし、それに、ピアノのフレッチャー・ヘンダースンがキイパースンになったリアルのこの曲のアレンジは、テンポが遅いだけで、当時としては十分おしゃれなものだった。

iii Angela Y. Davis, *Blues Legacies and Black Feminism*, Vintage Books, 1998, p.231。なお、本書には、マ・レイニーの録音全曲の歌詞が紹介されている。

iv 「ブルースの母」というのは、「マ」という通称にひっかけてレコード会社がつけた称号だが、マ自身がハンディに対して、ブルースを普及させたことでは自分のほうが本家だという対抗意識を持っていた気がする。一九〇三年に、ミシシッピ州タトワイラーの駅で、年老いた黒人がギターを膝の上に乗せ、弦の上にナイフを滑らせながら歌うのを聞いたというのが、ブルースとの出会いについてのハンディの有名な回顧談だ。いっぽうマは、一九〇二年に、ミズーリの小さな町で若い女性がギターを弾きながら失恋の歌を歌うのを聞き、それを憶えて舞台にかけたら聴衆に大受け、そこで演し物に加え、そのタイプの歌「ブルース」と名付けたと語っている。それが事実かどうかはさておき（しっかりした裏づけは見つかっていない）、その「出会い」の年がハンディの回顧談より一年前だというのが、彼女の話のツボなのだと思う。マが早くからブルース曲を舞台にかけていたのは事実で、まだパ・レイニーとコンビを組んでいた一九一〇年代前半には、「レイニーとレイニー、ブルースの刺客たち（Rainey and Rainey, Assassinators of the Blues）」と名乗ったりさえしていた。

v　こう語るのは、ラングストン・ヒューズと並ぶ黒人詩人のスターリング・ブラウンだ（Derrick Stewart-Baxter, *Ma Rainey And The Classic Blues Singers*, Stein And Day, 1970, p.42）。ブラウンは学生時代に、のちに音楽家／民俗音楽研究者として知られるようになるジョン・ワークといっしょにマのステージを観に行った。そのあと感動してマに会いに行ったら、ちょうど若い彼氏とトラブっていたマは、ステージの話になど興味を示さず、二人のうちどちらを新しい彼氏にしようかと思案しはじめた（もちろんかれらが選ぶのではなく、女王のマがどちらかを選ぶのである）。マの人となりは、事それほどに単刀直入だった。

vi　従来は一八八六年コロンバス生まれというのが定説だったが、近年になって、一九八二年アラバマ州ラッセル・カウンティ生まれという新たな調査結果が報告されている。幼いころに両親がアラバマからジョージアに移り住んだということなので、いずれにせよジョージア育ちに変わりはないが。

第二四章

BOOGIE CHILLEN

(Written by John Lee Hooker and Bernard Besman)

ブギしなよ、みんな　――ジョン・リー・フッカー

Well, my mama she didn't 'low me
Just to stay out all night long, oh, Lord
Well, my mama didn't 'low me,
Just to stay out all night long
I didn't care what she didn't 'low
I would boogie-woogie anyhow

When I first came to town, people,
　I was walkin' down Hastings Street
I heard everybody was talkin' about the
　Henry's Swing Club

さて、母ちゃんはおれが
一晩じゅう外へ出歩くのを許してくれなかった、やれやれ
さて、母ちゃんはおれが
一晩じゅう外へ出歩くのを許してくれなかった
許してくれなくたって平気だったよ
そんなの気にせずにブギウギしてたから

はじめて盛り場にやって来たとき、なあ、あんたたち、
　おれはヘイスティングス通りを歩いてたんだけどさ
みんながヘンリーのスウィング・クラブのうわさを
　してるのを聞いた

I decided I drop in there that night
When I got there, I say, “Yes, people”
They was really havin’ a ball
Yes, I know
Boogie chillen

One night I was layin’ down
I heard Mama ’n Papa talkin’
I heard Papa tell Mama, “Let that boy
boogie-woogie
‘Cause it’s in him and it got to come out”
Well, I felt so good
And I went on boogie-woogie just the same

で、その晩はそこに行ってみることにした
店に入って、おれはいったね、「そう来なくっちゃ」
みんな大いに盛り上がって、楽しんでたんだ
そうさ、そうだとわかったよ
ブギしなよ、みんな

ある晩、おれが寝てたら
母ちゃんと父ちゃんが話すのが聞こえた
父ちゃんが母ちゃんにいってたよ、
「あの子にブギウギをさせてやりな」って
「それはあの子の中にあって、外に出て来なけりゃい
けないんだよ」
うん、とてもいい気分だったよ
そこで、相変わらずブギウギをし続けてるってわけさ

土曜の夜のパーティは、ダンス音楽なしには始まらない。そして、ブラック・ミュージックの歴史の中で、ダンス音楽の代名詞はブギだ。一九二〇年代のシカゴの家賃集め《レント・》パーティで達人ピアニストたちが弾き出した音楽も、軍需景気に沸く四〇年代の西海岸のクラブでコンボが奏でた音楽も、そして一九七〇年前後にファンク・バンドが演奏したビートのきいた音楽も、サウンドこそ違えブギと呼ばれた。そして、第二次大戦後の一時期、ジョン・リー・フッカーは、ブギの王者だった。もちろんスローなブルースでの、あの深く土臭い節回しや胸の奥を直撃する呻き《モーン》もまた、この人の強力な武器ではある。しかし、足踏みをしながらギターで弾き出すあの独特のブギのリズムの訴求力は、余人の追随を許さない。

　一九四八年の秋に、デトロイトのインディの音楽プロデューサー、バーニー・ベスマンが、この街へ流れついて五年になるジョン・リーを、自分のスタジオに連れて行ったのが、話の始まりだった。ベスマンは、クラブなどでは小バンドで演奏していたジョン・リーに、自身のギターの伴奏と、椅子に座って足で拍子をとるための踏み板だけで（その板にもマイクをセットし足踏みの音を拾った）、数曲を吹きこませた。ロスのモダーン・レーベルに送られたその録音のうちから、この曲、〈ブギ・チレン〉がリリースされ、たちまちR&Bチャートの頂点に駆けのぼった。四八年から四九年にかけての半年かそこらの間に、ライトニン、マディ、そしてジョン・リーの電気増幅《アンプリファイド・》された田舎《ダウンホーム》のブルースが大ヒットした。こうしたサウンドの流行は、マディの章でも書いたように、それが南部の黒人だけでなく、田舎から都会に移住したいわゆるニューカマー黒人たちにアピールしたからだと思われる。

ただ、ジョン・リーのギター・ブギは、ミシシッピなりテキサスなりの先行のミュージシャンとのつながりがたどれるマディやライトニンの演奏スタイルに比べて、謎めいている。名前は同じブギでも、戦前に台頭して流行ったピアノのブギウギと直接の音楽的つながりはない。また、彼以前に、似たギターを弾いたブルース・ミュージシャンも知られていない。ジョン・リー自身は、継父のウィルからああいう演奏の仕方を受け継いだといったり、またこの〈ブギしなよ、みんな（ブギ・チレン）〉の中の父親（たぶん継父）のことばと同じように「自分の中にあったものが外に出て来ただけ」だと述べ、だから気がついたら自然にああいうスタイルで演奏していたといったりした。ミシシッピ州のタトワイラーに物納小作人兼バプティストの説教師の息子として生まれ（生年についても一九一二年から二三年の間で諸説がある）、学校には行かず家で教育を受け、教会で霊歌を歌った。父と離別した母の再婚相手のルイジアナ州シュリヴポート出身だったというウィル・ムーアからワン・コードのブルース・ギターの手ほどきをうけたというが、この人がどんなブルース・ミュージシャンだったかはまったくわからない。一四歳のとき家出して、その後家族と会うことはなかったという。あちこち移り住んだようだが（たぶん〈流れ者《ホーボー》ブルース〉で「おれが最初に渡り《ホーボー》をしようと思い立ったとき、貨物列車が友だちだったよ」と歌っているような旅をしたこともあっただろう)、一九三〇年代半ばにはメンフィスに住み、全盛のビール・ストリートで演奏したりもしたという。四三年に軍需景気に沸くデトロイトに来て、日中は自動車会社や鉄鋼会社の雑役夫として働きながら、夜は、この歌に出てくるヘイスティングス通りの周辺のクラブで歌った。そのうちだんだん評判が高まり、仲介者を経て、バーニー・ベスマンの目(耳?)にとまったというわけだ。

この曲の歌詞は、自分のブギ奏者としての由来を解説するもので、一番はまだ歌っぽいが、二番、三番はほとんど語り《ナレーション》だ。最初の行の「my mama she didn't 'low me」の「'low」は「allow(許す、許可する)」がつづまったもの。同様に、タイトルにもなっている「chillen」は「children」の発音がつづまったもので、ここでは、「子どもたち」ではなく、「y'all (you all)」や「folks」などと同じ、不特定多数の観客や聴衆への呼びかけのことばとして使われている。ヘイスティングス通りは、当時のデトロイト随一の盛り場で、堅物のビジネス一家中の唯一の遊び人だった若き日のベリー・ゴーディ・ジュニア(モータウンの創始者)も、よく通っていた。都会派でジャズ好きだったゴーディと田舎から出てきたジョン・リーの、この通りでの邂逅、もしくはすれ違いについて、想像をたくましくしてみるのも楽しい。[ii]

なお、ヘンリーのスウィング・クラブは実在の店で、そこやクリスタル・バー、カリヴィアン・クラブ、アペックス・バーといった小さなバーで、ジョン・リーやボボ・ジェンキンズ、ピアノ・

レッド（ルーファス・ペリーマン）といったローカル・ミュージシャンたちが演奏した（また、ベースのジェイムズ・ジェマースンのような後のモータウンの〝ファンク・ブラザーズ〟たちも、そういった場所で腕をみがいた）。[iii] つまり、二番のこのくだりでジョン・リーはぬけぬけと、自分が出ている酒場の宣伝をしていたのだった。

歌詞の出だしの「母ちゃんはおれが／一晩じゅう外へ出歩くのを許してくれなかった」は、直接には、アーサー・ビッグ・ボーイ・クルーダップの〈マイ・ママ・ドント・アロウ・ミー〉（1942）のような先行の曲を意識したものだろう。また、「母親がブギを許さない」という歌というか語りの基本的なモチーフも、じつは、ニューオーリンズ・ジャズの時代以来の古い伝統に根差したものだ。[iv] しかし、ジョン・リーのギター・ブギの演奏のほうは、新しい。それをブルースの原形質のようなプリミティヴなものと評する人もいるが、じつはそのリズム面の仕組みは複雑だ。メトロノーム代わりの足踏みの前後で、細かく伸縮してシンコペーションを生み出しつづける彼のギター演奏のリズムを、ある音楽学者は、ピアノ・ブギとビッグバンド・スウィングという、二つの違ったタイプのリズムののりを組み合わせたものだと分析する。[v] 伴奏を付けず、つまり和音を配慮しなくていいソロ演奏によって、そういうリズム上の複雑さが可能になったというのだ。[vi] ジョン・リーは数多くのブギ・ナンバーを録音したが、出世作のこの〈ブギ・チレン〉も繰り返し吹きこんでいる。そうしたセルフ・カヴァーの中では、キャンド・ヒートと組んだ一九七〇年の〈ブギ・チレン

No.2〉がもっとも有名だ。

ジョン・リーは、四〇年代末にこの〈ブギ・チレン〉や〈ホーボー・ブルース〉、〈クロウリン・キングスネイク〉などを西海岸のモダーンからヒットさせたあと、さまざまな変名で多くのレーベルに録音し（専属契約などという発想はなかった）、できるだけ多く稼ごうとした。そのあとフォーク音楽のブームにのったかと思えば、〈ブーム・ブーム〉（1962）のようなR＆Bヒットを出し、ロックの時代にはキャンド・ヒートと共演し、後年はブルースの伝統の担い手として敬愛され、人間国宝扱いされた。器用な歌手ではないはずなのに何でも歌い（ビリー・ホリデイで知られる〈アイ・カヴァー・ザ・ウォーターフロント〉まで歌っている）、達者な演奏家ではないのに、錚々たる手練れ（たとえばミルト・ヒントン、ウェイン・ベネット、エディ・テイラー、ルイス・マイヤーズ、フィル・アップチャーチ、バーナード・パーディ、メル・ブラウン、ローウェル・フルスン）をバックに吹きこんで平気だった。こうしたある意味融通無碍な音楽生活を通じて、ライトニン・ホプキンズと肩を並べる数多くの録音を残した。

筆者は二度、ジョン・リーを観ている。最初は、一九七五年にシカゴで。ニアノース（ダウンタウンの北西）にあったワイズ・フールズ・パブで、西海岸の白人ブルース・ギタリスト、ロン・トンプスンが率いるバンドがバックだった。充実したステージだったが、最後の足踏みをして歌う例のブギが大受けで、当然アンコールが入る。再度出てきて、また同じブギをやって、また大受け。

これを繰り返すといつまでたっても帰れない。でも、しんみりさせるスロウの曲をやって終わりやすくするという常套手段を使わず（というか使えず?）、ブギばかりのこの人は、ほんとうにハウス・レント・パーティ男なのだなあと思った。

二度目は、一九八四年の夏、新進のロバート・クレイが入ったバンドで来日したときのことだ。筆者は富山の、たしか地元ＦＭ局のホールで観た。端正なクレイのセットが終わり、真打のジョン・リーが、ステージのセンターに椅子を置いて演奏を始めた。ギターを弾いて歌いながら、彼は、客席の最前列下手寄りにいた若い女性に目をとめた。それは主催のパン屋チェーンの従業員で、先刻ジョン・リー一行の楽屋に差し入れの飲食物を運んだ人だった。ジョン・リーは、そちらのほうを向いて歌いはじめ、ついには椅子を彼女の前のほうの舞台ぎわに引っぱっていって、彼女相手に歌った。曲は、〈マイ・ファーザー（ダディ）・ワズ・ア・ジョッキー〉、「おれの父ちゃんは騎手だった、父ちゃんゆずりでおれも、馬を乗りこなすのがうまいぜ」という歌詞のブギ。歌いかけられた女性には何が何だかわからなかっただろうけど、ジョン・リーは要するに、歌を通じて、「ええシゴトしまっせ」と彼女にアピールしていたのだ。単なるサービスだったのか、マジで口説いていたのかは知るよしもないが、御年が少なくとも還暦をこえるブルースの伝説の、下半身に力の入ったこのパフォーマンスに、筆者は感じ入るしかなかった。

そう、ジョン・リー・フッカーはやはりブギなのだ。

i

ただし、フッカーが以前から、クラブではなく、小さなバーや、ハウス・レント・パーティ（急なお金の入用——たとえば家賃を払わないと追い出されるとか——を満たすために、個人の家や部屋でよく行われたパーティ）、あるいは街頭などで演奏するときには、こうした足踏みスタイルのソロで演奏していた可能性は高い。彼のブギ自体が、そういう演奏を前提にして編み出されたもののように思われるからだ。とすれば、作曲のクレジットに名前を連ねているベスマンの貢献は、足踏み用の板の音を拾うためにマイクをセットしたという一点だけなのかもしれない。

ii

ただし、じつは「楽しい」の一語ではすませられない因縁が、ジョン・リーとゴーディの間にはある。ゴーディがソウルの大帝国モータウンを築く最初の一歩になり、ビートルズがカヴァーしたことによってロックンロールのスタンダードにもなった、バレット・ストロングの一九六〇年の大ヒット、〈マネー（ザッツ・ホワット・アイ・ウォント）〉（録音は一九五九年の夏）は、作曲者のクレジットからストロングが外されて、長年法的にもめたいわくつきの曲だ。ジョン・リーは、これを一九六〇年の二月に自作曲として吹きこんでいる。アルバムやシングル盤として発売されたあと、モータウンの抗議を受けてクレジットの訂正を余儀なくされたが（Strong/Bradford/Gordyが現在の公式のクレジット）、その後も、あれは自分が昔から（ミシシッピ時代から）歌っていた歌だと主張しつづけていた。歌のヴァース（「人生でいちばん大切なものは自由だっていわれてるけどさ／自由なんか鳥や蜂にくれてやりな／おれはお金がほしい」等々）は南部からデトロイトへ持ちこまれて、広く歌われていた（たぶんゴーディもヘイスティングス通り界隈で耳にしていた）。ストロングもジョン・リーもそれを吹きこんだにすぎないと、ジョン・リーの肩をもつ論者もいる。筆者は、著作権なんて発想はみじんもない（昔のブルースマンにとってはそれがふつう）ジョン・リーが、一九五九年に出てデトロイトエリアにしか配給されなかったバレットの〈マネー〉のタムラ盤を耳にして、いちはやくそれを自分流に録音したのだろうと思うが、もちろん証明はできない。余談だが、ソウル・デュオ、サム＆デイヴの一方のサム・ムーアも、〈マネー〉はマイアミで活動していたころに自分が作った曲で、それをヘンリー・ストーン（ルーレットやTKといったレーベルの経営者）が勝手にベリー・ゴーディに売り渡してしまったのだと主張している。

iii　Suzanne E. Smith, *Dancing in the Street: Motown and the Cultural Politics of Detroit*, Harvard University Press, 2001, p.47.

iv　「母ちゃんは家で音楽を演奏するのを許してくれない」と苦情を述べる“Mama Don't Allow”という曲が、黒人・白人の枠を越えて広く歌われ、その「音楽」のところに、ブギやスウィング（インク・スポッツ）、ロックンロール（フランキー・ライモン）、ツイスト（ボー・ディドリー）といった流行りの音楽を入れてその寿命をのばしてきた。また、ブギウギ・ピアニストのカウカウ・ダヴェンポートはその“Boogie No.3”(1943)で、「I don't care what Grandma don't allow, play my music anyhow, Grandma's don't 'llow no music playin' in here」と歌ったが、この歌の一番の歌詞は、「祖母《ばあ》ちゃん」が「母ちゃん」に置き換わったその末裔だという可能性もある。

v　Fernando Benadon and Ted Gioia, “How Hooker Found his Boogie: A Rhythmic Analysis Of A Classic Groove,” *Popular Music, Vol.26, no.1*, Cambridge University Press, 2009, pp.19-32.

vi　そのため、ジョン・リーのブギは、それがヒットした当時はビッグ・ジョー・ウィリアムズをはじめ真似をしたミュージシャンもいはしたが、それほどコピーされなかった。これは、ピアノ・ブギのグルーヴをギターに置き換えて人気を博したジミー・リードと対照的である。ちなみに、モダンなバンド・ブルースの時代になり、ジョン・リーのブギが時代遅れに聞こえるようになっていくなかで、それを継承して進化させたのが、マジック・サムだったのではないかというのが筆者の仮説だ。

第二五章

MOTHER FUYER

(Written by Nelson Wilborn / B.B. King)

なんてこん畜生だ　——ダーティ・レッド

Squeeze me tight, don't you let me fall
Put my mule kickin' in your stall
Kickin' mother fuyer, don't you know?
Kickin' mother fuyer, don't you know?
Kickin' mother fuyer, I ain't gonna tell you
　no lie

She's a hot dog baby, no, it's never cold
She's just right for the pitch of your roll
Tight mother fuyer, don't you know?

おれをしっかり抱きとめて、落っことさないで
おれのラバを、おまえの家畜小屋のなかで
　蹴とばさせとくれ
蹴とばすこん畜生だよ、そうだろ
蹴とばすこん畜生だよ、そうだろ
蹴とばすこん畜生さ、うそじゃないよ

あいつはホットドッグみたいな恋人、
　冷めたりしない
あんたが揺さぶるのにお誂《あつら》え向き

Fittin' mother fuyer, don't you know?
Yeah, I'm a rotten mother fuyer,
　I ain't gonna tell you no lie

きつきつのこん畜生だよ、そうだろ
ぴったりのこん畜生だよ、そうだろ
そうさ、おれはダーティなこん畜生さ、
　うそはつかない

I love my woman, no, I tell you the truth
I ain't gonna put up with the way she do
My gal doin' somethin' ain't gonna work
Me and her one just might get hurt
Evil mother fuyer, don't you know?
Fast mother fuyer, don't you know?
I'm a rotten mother fuyer, I ain't gonna tell
　you no lie

おれはおれの女を愛してる、いや、ほんとに
でも、あいつのやり方には我慢できない
おれのあの娘は、無理なことをしようとするんだ
そんなことしたら、おれのも、あいつのも
　痛めてしまう
いけないこん畜生だ、そうだろ
道楽者のこん畜生だ、そうだろ
そうさ、おれはダーティなこん畜生さ、
　うそはつかない

Say, the monkey and the baboon were
　playing Seven-Up
The monkey win the money and get to pick

サルとヒヒとが、セヴンアップの勝負をした

it up
The monkey stumbled, mama, the baboon fell
The monkey grabbed the money and he ran
like hell
Trackin' mother fuyer, don't you know?
He's a rotten mother fuyer, don't you know?
He's a mother fuyer, no, I ain't gonna tell
you know lie

I don't love my woman, tell you the reason
why
Fill my pants full of Red Devil Lye
What a warm mother fuyer, don't you know?
Burnin' mother fuyer, don't you know?
Smokin' mother fuyer, I ain't gonna tell you
no lie

サルが勝って、賭け金を取ろうとした
サルはまごついた、ヒヒがひっくり返った
サルは金をつかんで、脱兎のように走った
逃げていくこん畜生だよ、そうだろ
やつはダーティなこん畜生だ、そうだろ
やつはこん畜生さ、うそじゃないよ

おれはおれの女がきらいさ、なぜかというと
おれのズボンをパイプマンでびしょびしょにするから
なんてあったかいこん畜生だ、そうだろ
火傷しそうなこん畜生だ、そうだろ
煙を吹いてるこん畜生だ、うそじゃないよ

おれのじいさんが去年、ばあさんにいった
あんたのギアをシフトさせるには、
わしは、もう年を取り過ぎた

My grandpa told grandma last year
Got too old for the shift of your gear
Stiff mother fuyer, don’t you know?
You’re old mother fuyer, don’t you know?
You, a rotten mother fuyer, I ain’t gonna tell
　ya no lie

動かなくなったこん畜生だよ、そうだろ
あんたは老いぼれたこん畜生だよ、そうだろ
あんたは、ダーティなこん畜生さ、うそじゃないよ

MOTHER FUYER Words & Music by B.B. KING

ダンスとパーティは、ブルース・ピープルの週末に欠かせない景物だが、そうしたパーティを盛り上げるスパイスのひとつが、下ネタ系のパーティ・ソング、別名ボーディ・ブルースだ。このジャンルで、その内容のわいせつさ《ダーティ》という点でもっとも有名なのは、スペックルド・レッドのレコードがヒットしてそのあと多くのフォロワーを産んだ〈ザ・ダーティ・ダズン〉（1929）だが、この〈なんてこん畜生だ（マザー・フォイヤー）〉も、歌の中身のきわどさではひけをとらない。こう

したタイプの曲は、録音されるようになるずっと前から、堤防工事や木材切り出しの飯場や売春宿、酒場やパーティなどで、レコードよりさらに露骨な歌詞で歌われ、「可笑しい歌」として人びとの笑いを誘っていたと考えられる。

筆者のこの歌との出会いは、ここで取り上げたダーティ・レッドのではなく、R&B歌手チャック・ウィリスのいとことして知られる才人ブルースマン、チック・ウィリス（1934,9,24-2013,12,7）のレコードによってだった。チックは、一九七二年に〈ストゥープ・ダウン・ベイビー〉というこれも艶笑系のパーティ・ソングをジュークボックス経由でヒットさせたが、そのシングル盤のB面が、切れのいいファンキー・ブルースにアレンジされたこの曲だった。

これ、黒人ゲットー臭満点でかっこいいけど、いったい何を歌っているのだろう。曲の出だしにチックの、歌のココロについてのこんな語りがあった。「アフリカの奥地には、フォイヤーという小さな、悪名高い動物がいる。その名の綴りは、F-U-Y-E-R。この歌では、母《マザー》フォイヤーのことを語るんだけど、この母フォイヤーっていうのがまた、たいしたやつで。だから、おれが歌うことを誤解しないでほしい。」ばか正直な筆者は、その昔、移動遊園地《カーニヴァル》の小屋掛けの出しものの呼びこみ口上で鍛えたというチックの、まことしやかな語りを真に受けて、フォイヤーってどんな動物なんだろうと百科事典を調べたりした。

もちろん、そんな動物はいない。“mother fuyer”とは、“mother for you（あるいはmother

for ya）”の綴りを変えて偽装したもの、つまりは、“mother fucker”という米国における最悪のスラングの穏健な（？）言い換えなのだ。[ii] この語は絶対の放送禁止用語で、出版物でもたいてい伏字になり、そして、相手と使い方によっては血を見ることさえありうる。にもかかわらず、黒人であれ白人であれ、それほどお上品ではない米国人の日常会話にじつはふつうに出てきたりもする。ここでは「こん畜生」と訳したが、「クソ野郎」とか「箆棒《べらぼう》」もありかもしれない。つまり、落語の登場人物によくいる一昔前の下町の口の悪い職人などの悪態、つまりは罵りのことばに相通じるところがあるのだ。ただし、そうしたブルースにおける悪態には、黒人ならではの側面もあることを、知っておいてもいいと思う。それは、ダズンズという伝統的なことば遊びとのつながりだ。

ダズンズは黒人のあいだで昔から行われてきた、通常一対一で相手や相手の身内の悪口をいって、表現力と侮辱に耐える力を競い合うゲームで、口承の物語のトーストと並んで、ヒップホップのラップの文化的な基盤になったともいわれる。[iii] このダズンズで、いちばんよく悪口の対象になるのが、ゲームの対戦相手の母親だ。日本にも、「おまえのかあちゃん出べソ」という子どもの悪口があるが、ダズンズの侮辱表現はそんな温和なものではない。黒人のコミュニティには昔から「母系制」などと形容されるほど母子家庭が多く、[iv] それも手伝って「母」は子どもにとって、おそらく私たちの社会でそうであるよりさらに大切な存在になっている。ゴスペルのプログラムでは、ピルグリム・トラベラーズやファイヴ・ブランド・ボーイズ・オヴ・アラバマが売り物にした「母もの」が、聴く者を感涙にむせばせる。そして、「母」がそうした重要な存在であるからこそ、ダズンでは、「おまえのかあちゃんはな、××だ」という涜聖の表現が、必殺の罵りとして使われてきたのである。

さて、チック・ウィリスの〈マザー・フォイヤー〉が、じつは歌詞の面では、ダーティ・レッドというブルースマンの同じ題のアラディン録音（一九四七年）の、ほとんどそのままのカヴァーだ[v]と知ったのは、ある下半身ネタブルースのコンピレーションCD[vi]を通じてだった。このオリジナル・ヴァージョン、ノリのいいピアノ・ブギの伴奏に、粘っこい高めのヴォーカルが乗っかっている。ダーティ・レッドという名前やバックのサウンドからして、スペックルド・レッドやピアノ・レッドなどと同輩のピアニストかと思ったら、違った。本名〝レッド〟ネルスン・ウィルボーンという、楽器演奏をしない歌手だという（ちなみに、このレコードでの伴奏はブラインド・デイヴィスのピアノにロニー・ジョンスンのギターという超安定の布陣）。ミシシッピ生まれで、シカゴに来て、一九三〇年代に本名およびレッド・ネルスン名義でそこそこの数の吹込みを残し、その中には名手クラレンス・ロフトンがピアノ伴奏した〈クライング・マザー・ブルース〉や〈ストリームライン・トレイン〉のような秀作もある。戦後のこの〈なんてこん畜生だ〉が彼の最後の録音で、黒人街の酒場のジュークボックスでけっこう評判になったという。

歌詞をざっとみておくと、一番は、昔からある南部の田舎風のラバと家畜小屋の比喩で、男性が上になったその行いの最中を描写する。二番は、あつあつでタイトな彼女自身の頌歌、三番では軽業みたいな体位での作戦遂行を求める彼女への苦情が歌われる。五番に出てくるRed Devil Lyeは苛性ソーダ系の排水管クリーナーの商品名で、日本ではなじみがないので「パイプマン」と意訳した。それでズボンをびしょびしょにされるというのは、何の比喩なのかは、読者はたぶん大人だろうから、自分で考えてみてほしい。六番は、お年寄りの愛のいとなみがトピックで、自動車のギア・チェンジの喩えを使いながら、お爺さんの走行リタイア宣言が歌われる。

この歌の中で、四番だけがいわゆる性的な内容ではない。これは古くからあるおちょくり猿《シグニファイイング・モンキー》についての語り（ダズンズ）や歌の一つのヴァリエーションで、サルがヒヒをうまく出し抜くというのが基本パタンだ（サルはヒヒ以外にも、ライオンだの象だのゴリラだのを出し抜く）。この歌の四番では、サイコロ賭博に勝ったサルは、どさくさまぎれに勝ち金を握ってその場から逃げ出す。勝ったのに逃げるのはなぜ、という疑問がわくが、ヒヒは大きくて強いのだ。いっぽうサルは、小さくて腕力がない。だから、ヒヒがサルを草の上にノックアウトしてしまったと歌う歌もある。[vii] ノックアウトされたくないなら、別の歌にあるように勝っても掛け金をとらずにがまんするか、それともこの歌のように、すきを見てお金をつかんで逃げ出すか、どちらかということになる。もちろん、ヒヒは白人、サルは黒人。この歌では、両者の力関係の動物を使った暗喩《たとえ》が歌われているのだ。

ブルースの伝統を後に残すことに熱心だったB・B・キングは、そのクリーンなイメージにもかかわらず、この〈なんてこん畜生だ〉を吹きこんでいる。二番、五番、六番、四番の順に歌っていて、でも、B・B・がこういう歌を歌うのを聴いていると、人間国宝になった故桂米朝師が、やはり後世に残すためにバレ噺（艶笑噺）を演じたのを聴いているのと同じような気分になる。楽しいけれど、たとえばチック・ウィリスのような猥雑さに欠けるのだ。いっぽう、その方面での古強者《つわもの》のルーズヴェルト・サイクス（一一章参照）の六〇年代の録音は、レッドが使わなかった歌詞も入っていて、その昔の安酒場《バレルハウス》でこの曲がどんなふうに息づいていたかをしのばせてくれる。

さて、ダーティ・レッドことネルスン・ウィルボーンについて、もう少しだけ触れておこう。この人はかなりの酒飲みだったようで、[viii]「とても友好的なアル中」だったという人物評もある。さらに、有名なジャズ・クラブ、スミッティズ・コーナーの名物ウェイターだったということ、そして、一九五〇年前後だろうか、マディ・ウォーターズのバンドで歌ったことがあるという未確認情報もある。それは、マディがこのクラブに出演していたことと関係あるのだろうか（ちなみに、ジェイムズ・コットンはこのクラブにマディ・バンドの一員として出演して初めて、観客の中に白い顔があるのを見たと回顧している）。六〇年代にはやはりシカゴのトロカデロ・ラウンジ・クラブでウェイターをしていたとのことで（一九七〇年に六二歳で没）、あるいは彼にとって歌は余技だったのかもしれない。ブルースを歌うウェイターがいるジャズ・クラブ。それはそれで、一種の桃源郷のような気もする。

i　ほかに〈イッツ・タイト・ライク・ザット〉や、〈ダックズ・ヤス・ヤス・ヤス〉、〈シェイヴ・エム・ドライ〉といったあたりが即座に思い浮かぶ。

ii　字義通りにとると近親姦を意味してしまうこの罵りことばは、「mother（mutha）」の一語に切り詰められることもある。最盛期のジョージ・クリントン軍団＝Pファンクのステージでは、「We want the funk! Turn this mutha out!」と合唱する場面が一つのクライマックスになっていたが、ここでのmuthaも、ただ単にマザーシップ（宇宙船の母船＝霊歌の軽馬車《チャリオット》の現代版）を指すというだけでなく、じつはmutha fukka的な語法なのではないかと、以前から思っている（ただし、この場合にはけなすニュアンスはなく「どてらいやつ」程度の意味だろうけど）。ちなみに、ジョニー・ギター・ワトスンも、この語を偽装した“Real Mother For You（ほんとに糞ったれだぜ）”という題のファンク・ブルースをヒットさせていて（一九七七年）、その偽装の完成度を高めるために、アルバム・ジャケットに実の母親を登場させるという洒落のきいたことをしていた（「ほら、ほんとの母親だよ」ってわけね）。

iii　このダズンズの歴史やそれが黒人文化の中で担ってきた多面的な意味は、ウォルドの次の本の中で丹念に解明されている。Elijah Wald, *Talking 'Bout Your Mama: The Dozens, Snaps, and the Deep Roots of Rap*, Oxford University Press, 2012.

iv 黒人コミュニティに母子家庭が多いことについて、私がシカゴで受講したその昔の家族社会学の授業では、①奴隷制によってアフリカ系アメリカ人の家族の仕組みが徹底的に破壊された結果、②いや、アフリカ社会の母系制が起源なのだ、という二つの立場が論争してきたと習った記憶がある。文化的な背景があるのか、米国での過酷な社会的ポジションの中で生き残るための適応なのか、そのいずれにせよ、米国の黒人コミュニティでは家族・親族がより融通のきくネットワークとして機能し、そしてそこで、「母ちゃん」や「祖母《ばあ》ちゃん」（ビル・ウィザーズの“Grandma's Hand”！）が一家の采配を振るうこともある重要な存在として、コミュニティを支えてきたのは歴史的な事実だ。

v 正確には、チックは、ダーティ・レッドの曲の歌詞の五番と六番の順序を入れ替えている。当然のように曲の作者は自身（R. Willis = Robert Lee “Chick” Willis）だとクレジットされていて、不当だともいえるけど、サウンドやメロディは彼のものだから、ブルースの伝統の中では、チックが「これはおれの作品だ」というのはありなのかもしれない（そもそもダーティ・レッドことレッド・ネルスンも、歌詞を一からぜんぶ作ったのではなく、既存のものを自分流にアレンジして流用しているのだから）。

vi 複数のコンピレに入っているけど、たとえば『*Eat To The Beat*』（Bear Family, 2006）。

vii たとえばバーベキュー・ボブの“Monkey and the Baboon”。このテーマについてのより詳しい考察に興味がある方には、Paul Oliver, *Songsters and Saints: Vocal Traditions on Race Records*, Cambridge University Press, 1984の三章の参照を薦めたい。

viii レッド・ネルスン名義の“Sweetest Thing Born”（一九三六年）で、「素面になることに何の意味があるの、どうせまたすぐ酔っぱらうのに」と歌っているのが、いかにもという感じだ。

第二六章

CALDONIA
(Written by Fleecie Moore)

カルドニア　——ルイ・ジョーダン

Walkin' with my baby, she got great big feet
She long, lean and lanky,
　ain't had nothing to eat
But she's my baby
And I love her just the same
Crazy 'bout that woman
　'cause Caldonia is her name

Caldonia, Caldonia
What make your big head so hard? (Mouth)

ぼくの彼女と散歩する、とっても足が大きな彼女と
背が高くて、痩せて、ひょろりとしてる、
　食事もろくにしやしない
でも、ぼくの彼女なんだ
彼女がどんなふうだって愛してる
あの娘《こ》にぞっこん参ってる、
　だって名前がカルドニアだから

カルドニア、カルドニア
何がきみのうぬぼれ頭をそんなに頑固にするの（口

I love you, love you just the same
I'll always love you, baby,
'cause Caldonia is your name

[Spoken] You know, my mama told me to
leave Caldonia alone
That's what she told me, no kidding
That's what she said, she said
"Son, keep away from that woman, she ain't
no good
Don't bother with her"
But mama didn't know what Caldonia was
putting down
So, I'm going down to Caldonia's house
And ask her just one more time

だよね)
愛してる、きみがどんなふうだって愛してる
いつだって愛してる、ねえ、
だって名前がカルドニアだから

［語り］あのさ、かあさんはぼくにカルドニアとは
付きあわないようにっていった
そういいつけた、ほんとに
そういったんだ、こんなふうにさ
「あんた、あの女に近づくんじゃないよ、
あれはろくでもない女だ
相手にするんじゃないよ」
でもかあさんは、カルドニアが何をしてくれるのか
を知らなかったのさ
だから、ぼくはカルドニアの家に行って
もう一度尋ねてみるんだ

Caldonia, Caldonia
What make your big head so hard? (Mouth)

カルドニア、カルドニア
何がきみのうぬぼれ頭をそんなに頑固にするの（口だよね）

ジャズに傾倒して英国から米国に移住し、ミュージシャン／ソングライター／音楽評論家として活躍したレナード・フェザーのことばを借りるなら、ルイ・ジョーダンは「一九四〇年代のビートルズ」だった。一九四二年から五一年の間に五七曲をR&Bのヒット・チャートに入れ、そのうち五四曲がトップテン入り（一八曲が一位）。ポップ・チャートにも一四曲入り、そのうち九曲がトップテン・ヒットになっている。映画にもひんぱんに出演し、白人にも広く愛された。サウンド面でいえば、一九二〇年代のブギウギ・ピアノから三〇〜四〇年代のスウィングの時代のブギ・ブームへという展開と、戦後のR&Bやロックンロールとのつなぎ目になった人といういい方もできる。彼のティンパニー・ファイヴの活躍ぶりは、ダンス音楽の担い手の主軸が、スウィングのビッグ・バンドから小規模のコンボに移っていく動きの先がけでもあった。

さて、ここで取り上げる〈カルドニア〉は、一九四五年の同一セッションで録音されたブルース曲〈バズ・ミー（電話をかけて）〉とともに、「ジュークボックスの王者」ルイの人気の絶頂期の作品だ。短編映画『カルドニア』の映画館上映との今風にいえばメディアミックスで、このかなりめずらしい女性の名前（たぶんカレドニアCaledoniaがつづまったもの、ローマ帝国時代のスコットランド地方の古名だったらしいがもちろん死語）がすっかり有名になり、自分の子にその名をつける人が増えたともいう。

シャッフル化したブギのリズムに乗った印象的なホーン合奏のフレイズに始まり、途中にルイのクールなサックスソロ（映像では吹きながら持病のヘルニアを感じさせないステップやハイキックを見せる）が入るこの曲。その歌の世界の中で、主人公は、この風変わりな名前の、しかもルックスもなかなかユニークな女性に、母親が交際に反対しても、どうしようもなくぞっこんな自分の気持ちを語る。歌のパンチラインは、「何がきみのうぬぼれ頭をそんなに頑固にするの（What make your big head so hard?）」。このフレイズと、カルドニアという名前にほかの部分をくっつけて、できた歌だといっていい。パンチラインのあとの「口だよね（mouth）」は、彼女の口が達者で、ああこうまくしたててては、自分が決めたことはぜったい曲げないという難儀な頑固さを、揶揄しているのだろう。ただし、この一語は、すぐに消えた。映画の演奏では初めのヴァースに一度だけ、一九四六年のフィルムにはもう登場しない。

歌の途中にはさみこまれる語りの部分はたぶん即興性が高くて、ルイの数あるこの歌の録音や映像ごとに中身が違う。とはいえ、母親の声色を使って、主人公がどういわれたかを聞かせるという大筋は同じで、そのコメディアンとしての技[i]の片鱗を垣間見せる。「But mama didn't know what Caldonia was putting down」の「put down」は、とりあえず「してくれる」と訳したが、じつはかなり意味がとりにくい。しかし、「put down on 人称代名詞」という性的な行いを指すスラングがあったりもするから、遠回しにそうした方面の事柄を指していたとしても意外ではない。[ii]

この〈カルドニア〉は、オリジナルよりまえにカヴァーが発売されてヒットするという変わった経緯をたどっている。ウディ・ハーマン（コロンビア）と〈アフター・アワーズ〉で有名なアースキン・ホウキンズ（RCA）がレコードを出したあと、それが売れているのを見たデッカがあわててルイの録音を発売したのだ。ルイ（とそのマネージャーで映画を仕切ったバート・アダムズ）は、作者の印税が入るわけだし、映画『カルドニア』のプロジェクトを進めていてその宣伝にもなるわけだから、カヴァー・ヴァージョンのヒットは大歓迎だった。ルイによれば、この〈カルドニア〉には、実在のモデルがあったという。「Caldonia, Caldonia, what make your head so hard?」というフレイズが昔からあり、ルイは、テキサス出身のトランペッター／バンドリーダー、ホット・

リップス・ペイジからそのいわれを聞いた。[iii] メンフィスのギャンブル場に出入りしていたカルドニアという若い女性が、まわりの人のいうことをまったく耳に入れなかったので、「あんたはほんとに頑固だね」と呆れられたのが、その言い回しの起源だというのだ。

一九〇八年生まれのルイの出身地は、アーカンソー州のブリンクリーという小さな町だ（ちなみにこの町と、やはりロックンロールの祖といわれる七つ年下のシスター・ロゼッタ・サープが生まれたコットン・プラントは一〇マイルしか離れていない）。その田舎町でルイは、W・C・ハンディの教え子だったこともある旅興行の音楽家の父にクラリネットを含めたいくつもの楽器を習い、地元のブラスバンドで活動したり、お金を貯めてサックスを買ったり、町一番のチャールストンの踊り手という評判をとったりした。十代半ばにはメディスン・ショウやミンストレルズで旅回りを始め、マ・レイニーやベッシー・スミスが在籍したりもした有名なラビットフット・ミンストレルズにも（時期によっては父と一緒に）参加、腕をみがいた。チャーリー・パットンの〈スプーンフル・ブルース〉にも出てくるアーカンソーの保養地、ホット・スプリングスのバンドで演奏したあと、フィラデルフィアへ移り、さらには当時全盛のサヴォイ・ボールルームに出演しレギュラーのラジオ番組を持つチック・ウェブの楽団に抜擢されてニューヨークへ。そしてついには自分のコンボでアポロ劇場の大看板になる、というふうに、三〇代の半ばまでをかけて、ルイはある意味着実に、一歩一歩スター・エンターテイナー双六を上がりに向かって進んだ。ニューヨークのコモドア・レコード店の店主で、ビリー・ホリデイに〈奇妙な果実〉を吹きこませたことでも知られるミルトン・ギャブラーが、デッカのプロデューサーとして、メイヨー・ウィリアムズからバトンを受け継いだ一九四〇年代に、ルイはついに、冒頭で引いたレナード・フェザーのことばのようなスーパースターの座についた。[iv]

ブルースやバラードもアップテンポも歌え、マルチ管楽器奏者でもあり、コメディ・ルーティーンもこなせる多才さ。酒もタバコもやらないリハーサルの鬼で（歌入りのリハーサルをしすぎて喉を傷めたことさえあったという）、そしてソングライティングや編曲、ショーの演出に精力をそそいだ。というふうに書けば仕事一筋の堅物のようだが、しかし、異性関係方面はお盛んだった。チック・ウェブ楽団在籍時（二度目の妻との結婚中）の、新進気鋭のバンド付き歌手、エラ・フィッツジェラルドとのロマンスは、彼女を他のバンド・メンバーと一緒に引き抜いて、自分が作ろうと思っているコンボの目玉にしようとしていたのだから、ある意味仕事熱心さの現れといえるかもしれない（結局チックにばれて楽団をクビになったが）。しかし、三度目の妻との結婚中の浮気癖の発覚は、ルイにいろんな意味で手痛い代価を払わせることになった。

ここに取り上げた〈カルドニア〉は、フリーシー・ムーア作になっている。それは、ルイの三度目の妻の結婚前の名前だ。ほかにも、〈レット・ザ・グッド・タイムズ・ロール〉〈ビーンズ・アンド・コーン・ブレッド〉〈バズ・ミー〉〈エイント・ザット・ジャスト・ライク・ア・ウーマン〉〈ビアウェア・ビアウェア・ビアウェア〉……といった有名曲の作者もしくは共作者として、フリーシーの名が出てくる。しかし、彼女は、ルイのマネージャーみたいな仕事はしたが、ソングライターではなかった。ルイが、自作曲や、自分が吹きこむ代わりに権利の一部を自分のものにした曲を、無断で妻名義で著作権登録していたのだ。そうすれば、自分が契約している音楽出版社を通さず、映画その他の企画に手早く曲を使うことができ、そしてたぶんスーパースターになったルイにとっては所得隠しにもなったからだ。

フリーシーは、アーカンソーのルイの出身地のすぐそばの町の出身で、十代前半の時期のガールフレンドだった。十何年ぶりにシカゴで再会して一緒になったのだが、ダンサー出身だった前妻と違って、いわゆる堅気の女性だった。ルイがツアーのダンサー（のちの四番目の妻）と恋仲なことを突き止めて激しく怒った。ベッドでの口喧嘩が過熱して、フリーシーは毛剃り用の鋭いナイフでルイの顔の右側に切りつけ、胸と腹を何度も刺した。身をかばおうとしたルイの指にも切り傷がつき、もう少し深手なら管楽器演奏ができなくなるところだった。さいわい、病院に運びこまれたルイの命に別状はなかったが、有名人だったので大きなニュースになった。フリーシーはもちろん逮捕されたが、ルイが離婚を交換条件に傷害の告発を取り下げたため釈放された。しかし、フリーシーは離婚にあたって弁護士をたて、多額の示談金を手にしただけでなく、彼女名義になっていたルイのヒット曲のいちばん「おいしい」部分の著作権を持って行った。ルイの晩年は必ずしも豊かなものではなかったが（一九七五年没）、いっぽう別れたフリーシーは、リイシューやカヴァー録音から途切れずに入る印税で、悠々自適の老後を送った。

〈カルドニア〉に話を戻すと、筆者は、この歌のルーツのメンフィスの賭場のカルドニア嬢とは別に、やはり変わった名前のこのフリーシーが隠れたモデルだったのではないかと想像している。レストランの経営者の娘のフリーシーは、のっぽではなかったが個性的なルックスで、しかものちに刃傷沙汰を起こすほど強い性格の持ち主。歌の語りの部分での母親が反対する仲という設定も、いかにもティーンエイジラヴっぽい（ただし実際には、フリーシーの母のほうがミュージシャンなどろくでもないからつきあうなと仲を裂いたらしいが）。勘繰りすぎかもしれないが、この歌の一九五六年のマーキュリー録音での語りの部分は、「かあさんはこういった。『おまえ、あの女に近づくんじゃないよ。おまえのお金をぜんぶ取ってしまうよ。』［……］何もわかっていなかったぼくは、鼻で笑ったさ」となっていて、これはフリーシーとの離婚の顛末を指している気がする。少なくとも、こうやって自分のヒット曲を再録音しても、作者印税は彼女のふところに入るんだと思ったときの、自嘲めいた気分がそのくだりに盛りこまれているのではないか。

さて、一九五一年の〈ウィーク・マインデッド・ブルース〉を最後に、デッカを離れたジョーダンはヒット・チャートから姿を消す。「ロックンロール」への道を舗装したルイは（ただし彼の音楽には単にそれだけにとどまらない幅と豊かさがあったが）、その舗装路を走る後進たちにすっかりお株を奪われてしまったかたちだ。ルイほどの才能がある人なら適切なバックアップさえあれば、その後も、流行りのサウンドに適応して売れたはずだという論者もいるが、[vi]「スター」の楽器がホーンからエレクトリック・ギターに変わり、[vii]ティーンエイジャーがポップ・マーケットの主流になってアーティストに若さとそれに見合うヘアスタイルやファッションが求められた五〇年代に、それは無理だっただろう（ロックンロール元年が一九五五年だとすれば、その年にプレスリーは二十歳、リトル・リチャードとカール・パーキンズは二三歳、チャック・ベリーは二九歳、対してルイは四七歳、親の世代のスターだったのだから）。

とはいえ、時がたつにつれ、再評価の機運が生まれた。英国のピアニスト／歌手のジョージィ・フェイムは一九六〇年代にルイの曲を好んで取り上げていたし、八〇年代には、ジャンプやジャイヴの再評価の機運が高まる中で、ジョー・ジャクスンのような新しいフォロワーが登場した。九〇年代初頭にクラーク・ピーターズのシナリオによるルイの有名曲をまとめて盛りこんだミュージカル、『ファイヴ・ガイズ・ネイムド・モー』が英国で上演されて大当たりし、米国へ凱旋して、ルイの音楽がふたたび脚光を浴びることになった。ルイを看取った最後（五番目）の妻マーサは、このミュージカルが英国で受けたローレンス・オリヴィエ賞の授賞式に呼ばれてロンドンに行き、ルイの音楽が、その死の四半世紀後にふたたび大入り満員の劇場の観客を楽しませているのを見て大喜びしたという。

もっとも、そうした世評の上がり下がりとは別に、黒人音楽の歴史にルイが消すことができない大きな足跡を残したことはいうまでもない。Ｂ・Ｂ・キングはルイを尊敬し彼の〈ハウ・ブルー・キャン・ユー・ゲット〉を自分の持ち歌にしたし（さらに九九年にはルイへのトリビュート・アルバム『レット・ザ・グッド・タイムズ・ロール』を吹きこんだ）、チャック・ベリーやリトル・リチャードはもちろんのこと、〝ファンクのゴッドファーザー〟ジェイムズ・ブラウンも、ルイの音楽とステージングから多くを学んだ後進のひとりだ（この〈カルドニア〉をカヴァーしてもいる）。英国のテレビ番組で、ルイ・ジョーダンから影響を受けたかと尋ねられて、ＪＢは即座にこう答えた。「あの人がすべてだったんだよ！（He was everything!）」[viii]

i　ルイのショーマンシップについて、アポロ劇場の支配人だったジャック・シフマンはこう語る。「ルイ・ジョーダンは、ステージから、目をはじけんばかりに見開いて観客を見下ろす。彼は、怒りや恐怖や、ほかのどんな感情であれそれを感じているふりをして、観客にそれが本物だと思わせる。ルイはみんなを笑わせたがり、そしてみんな笑わせられてしまう。だけど、あいつのサックス演奏はおふざけじゃない、本物だ。」（Jack Schiffman, Harlem Heyday, Prometheus Book, 1984）。こうした「お笑い」の才は、子どものころにミンストレルズやヴォードヴィルで活躍したマンタン・モレランド（Mantan Moreland）（のちにハリウッドへ行き、探偵活劇チャーリー・チャン・シリーズでの運転手役で知られる）やバート・ウィリアムズ（Bert Williams）といった人気コメディアンに夢中になったことに始まり、十代からのミンストレルズでの旅興行の中で鍛えられた。とりわけ、彼の派手な表情の芸は、かなりマンタンを継承しているのではないかと思われる。いっぽう、シリアスな器楽演奏家としてのルイ（一時はアルトではベン・ウェブスターに傾倒し、また後年ジャズのフルバンアルバムを作ったりもした）は、ミュージシャンの息子として幼いころから父に仕込まれたというのが原点だが、ミンストレルズ時代のたぶん一五歳のころに、レスター・ヤングとのサックス合戦で負けてから、必死で腕を磨いたと伝えられている。ミンストレルズのミュージシャンは興行先の土地で、地元のダンスパーティの伴奏に出るというバイトをよくやったものだが、そのときのひとつのハイライトが器楽バトルだった。ルイは、レスターが入っていた一座と旅先で行き会い、ダンス会場でレスターとサックスのソロを競い合って完敗した。しかもルイにとって屈辱なのはレスターが一つ年下だったということで、そこで一念発起して猛練習をしたというのだ（John Chilton, *Let the Good Times Roll: The Story of Louis Jordan and His Music*, The University of Michigan Press, 1992）。

ii　こう解釈すると、最後の行のaskは、「何がきみのうぬぼれ頭をそんなに頑固にするの」と尋ねてみるのではなく、もう一度してとお願いしてという意味にもとれるので、訳を確定させるにあたって少し迷った。

iii　「〈カルドニア〉の話は、私がニューヨークに来るずっとまえにさかのぼる。テネシー州のメンフィスに、のっぽでやせっぽちのひょろりとした女の子がいて、ジム・キャノンがやっている賭博場に出入りしていた。そこでは、お客は賭け事ができるだけのお金を持っていなかったので、綿花を詰めた梱《こり》をその代わりにしてギャンブルをした。そこに出入りしていた、こののっぽでやせっぽちのひょろりとした女の子は、他の人にしなさいといわれたことを絶対にしなかった。だからまわりの人は、「おまえの頭はこちこちに固い（おまえはとても頑固だ）」といった。そして、（どうか故人に神の祝福を）ホット・リップス・ペイジがとても若いときに、私に会ってこういった。『この話を使って曲を書いたらいいよ、昔ながらのブルース曲をさ』」（一九七一年のルイのラジオ番組でのインタビュー、Chilton 前掲書 p.112）このカルドニアさんの逸話はよく知られていたようで、テキサスの女性ブルース歌手、シッピー・ウォレスも、一九二〇年代前半に、母親のいいつけに従わなかった行いの悪い娘カルドニアの歌（〈Caldonia Blues〉）を吹きこんでいる。シッピーは、ルイの曲が大ヒットになったあと、自分の歌を盗作されたといって法的手段に訴えようとしたらしいが、「カルドニア」という人名以外に似たところはないので、その主張は無理筋だろう。

iv　ビル・ヘイリーとコメッツの〈ロック・アラウンド・ザ・クロック〉の大ヒット（一九五五年）がロックンロールの時代の幕を開けたとよくいわれるが、この曲をプロデュースし、ルイのヒット曲作りを通じてつちかったノウハウをヘイリーに伝授したのは、ほかならぬこのミルトン・ギャブラーだった（ちなみに、ヘイリーは、上の曲のヒットのまえに〈カルドニア〉をカヴァーしている）。

v　Chilton 前掲書 pp.133-134

vi　たとえば、スティーヴン・コッチ（Stephen Koch, *Louis Jordan: Son Of Arkansas, Father Of R&B*, The History Press, 2014）。

vii　チャック・ベリーは、ルイのバンドのギタリスト、カール・ホーガンに大きな影響を受け、そのソロのフレイズを取り入れているが、それはまた別の話である。

viii　ブラウンが、ロンドン・ウィークエンド・テレヴィジョンの「サウス・バンク・ショウ」に一九九二年一月一二日に出演したときの発言（Chilton の前掲書による）。

第二七章

PAPA'S GOT A BRAND NEW BAG

(Written by James Brown)

パパが最新のスタイルで踊ってる　——ジェイムズ・ブラウン

Come here, sister, papa's in the swing
He ain't too hip 'bout the new beat thing
He ain't no drag, papa's got a brand new bag

シスター、こっちへおいで、パパがスウィングしてる
新しいビートのことはあまり知らないんだけど
でも、パパはのろまじゃない、最新のスタイルで踊ってる

Come here, brother, and dig this crazy scene
He's not too fancy, but his line is pretty
　clean
He ain't no drag, papa's got a brand new bag

ブラザー、こっちへおいで、このいけてる場面を
　楽しもう
すごく華麗とはいえないけど、
　でも彼の動きはとてもすっきりしてる
パパはのろまじゃない、最新のスタイルで踊ってる

Doin' the Jerk, he's doing the Fly
Don't play him cheap 'cause you know he

パパがジャークを踊ってる、フライを踊ってる

ain't shy
He's doin' the Monkey, the Mashed Potatoes
Jump Back, Jack, see you later, alligator

Come here, sister, papa's in the swing
He ain't too hip now, but I can dig the new
beat thing
He ain't no drag, he's got a brand new bag

Well, papa, he's doin' the jerk, papa, he's
doin' the jerk
He's doin' the twist just like this
He's doing the fly every day and every night
The thing, like the boomerang, hey

Come on, hey hey, come on, hey hey

パパをあなどっちゃダメ、あの人、引っこみ思案には
ほど遠いんだから
モンキーを踊ってる、お次はマッシュポテト
ジャンプバックを踊りなよ、ワニさんまたね

シスター、こっちへおいで、パパがスウィングしてる
新しいビートのことはあまり知らないんだけど
でも、パパはのろまじゃない、最新のスタイルで踊ってる

ほら、パパがジャークを踊ってる、ジャークを踊ってる
ツイストを踊ってる、こんなふうにさ
フライを踊ってる、毎日、毎晩
今度はブーメランみたいだぜ、ヘイ

こっちへおいで、ヘイヘイ、こっちへおいで、ヘイヘイ
パパはキマってる、かっこいいよ

Said he's uptight, outa sight
Come on, see what you know
Come on, see what you know —

こっちへおいで、あんたがよく知ってるあれを見に
おいで
こっちへおいで、あんたがよく知ってるあれを見に
おいで――

ブルースやブギが最新のダンス・リズムだった一九二〇年代〜三〇年代から、スウィングの時代、ジャンプR&Bの時代、ソウルやファンクの時代、ディスコのブーム、そしてマイケル・ジャクスンが活躍した時代まで、黒人音楽のリズムとサウンドは進化し、多面的な展開をとげた。しかし、そうした音楽に合わせて踊る、金曜や土曜の夜のパーティでのダンスのステップや仕草は、いろいろ流行りすたりがあるとはいえ、じつは音楽のほうほど大きくは変わっていないようだ。

週末のダンスはコミュニティ黒人の暮らしの定番だが、間歇的に「新しいダンス（のステップや振り付け）」のブームが起こる。一九六〇年代の始めにも、ハンク・バラードとミッドナイターズ

のヒットをチャビー・チェッカーが増幅して世界的に流行らせたツイストを皮切りに（細かいことをいえば五〇年代後半のストロールがこのブームの出発点だともいえるんだけど）、R&Bの世界でダンス・ソングの流行《クレイズ》が起き、白人のティーンまでがその渦に飛びこんできた。マッシュポテト、モンキー、ポニー、ドッグ、ロコモーション、ジャーク、ワッシ、ブーガルー……と、六〇年代ダンスの名前は枚挙のいとまがない。[ii] そうした〝ニューダンス〟のブームを足がかりに、軽業といいたくなる鮮やかなダンスの身ごなしを見せつけ、そして、六〇年代後半にファンクと呼ばれるようになるビートとサウンドの革新を押し進めて、黒い大衆音楽の天下を取ったのがジェイムズ・ブラウン。そして、そのサウンド革新へ向かう大きな転換点になったのが、この一九六五年の斬新なダンス曲、〈パパが最新のスタイルで踊ってる（パパのニュー・バッグ）〉だった。

ＪＢことジェイムズ・ブラウン（James Joseph Brown; 1933,5,3-2006,12,25）は、世界的な有名人だ。北米先住民（いわゆるインディアン）の血を受け、極貧から少年刑務所を経てグループやバンドのリーダーになり、ヒット曲を連発してゴッドファーザー・オヴ・ソウルと呼ばれるに至った。そうした彼の業績や人生の大筋は、広く知られている。自伝『俺がＪＢだ！』も邦訳されているし、伝記映画『ジェームス・ブラウン――最高の魂を持つ男』も公開されたので、[iii] ここではあらためて詳しい紹介はしない。[iv]

ジェイムズは、ジョージア州オーガスタの売春宿で育った少年時代に、娼婦の一人と付き合っていたブルースマンのタンパ・レッドにスライド・ギターの手ほどきを受けたというが、しかし彼が打ちこんだ楽器はむしろピアノで、そしてその初期の音楽の基盤になったのは、ルイ・ジョーダンを始めとするジャンプR&Bと、ゴスペル・カルテットやドゥーワップのグループ歌唱だった。小柄だが運動神経に恵まれ、いっぽうで歌手としては超一流とまではいえない（つまりクライド・マクファッターやジャッキー・ウィルスン、リトル・ウィリー・ジョン級の天才ではない）彼の、ステージでの最大の武器は踊りとショウマンシップだった。自伝によればそもそも、彼が最初にお金を稼いだ芸事はダンスだったという。七つのときには、近隣の錬兵場に来る兵士にステップを踏んで見せて、五セントや一〇セントの投げ銭を集めていた。売春宿をやっていたおばさんに渡して、生活費の足しにしてもらうためだ。通りがかる兵隊の足を止めさせ、なんとか感心させてクォーター（二五セント貨幣）を投げさせようと、必死で踊った。フェイマス・フレイムズというヴォーカル・グループを率いて興行するようになってからも、美麗なハーモニーよりダンスを前面に出し、高速のスピンやピアノの上から飛び降りてスプリット（床にぴったり脚をつけた前後開脚）を披露する等々、体操選手のようなステージを観せた。地方巡業で共演したリトル・リチャードを圧倒するために、マイクを持って劇場の天井の垂木に上り歩きながら歌い、最後に片手で垂木からぶら下がって「♪プリーズ、プリーズ、プリーズ〜」と観客に歌で懇願する、といった離れ業までやってのけたという。

そうした往時のジェイムズのすごさをうかがわせるステージを、筆者は目にしている。一九七三年の初の来日公演のとき、彼は四〇歳、後年と比べて身体の切れはまだ全盛だった。一六ビートに乗った小刻みなステップの最中に、突然スプリットをして、次の瞬間に跳ね上がって元の姿勢に戻る。両肩を前後に震わせながら片足で立ち、靴の爪先、かかと、爪先……と小刻みに重心を移して進む、本人がいうところの「片足のシミー」でステージを横切ってみせる。ブレイクダンスなどという軽業が世に出る以前のことで、それまでそんな踊りを見たことがなかった筆者は、あっけにとられた。観客のほとんどがそうだっただろう。

さて、この〈パパが最新のスタイルで踊ってる〉は、そうしたＪＢのステージ・パフォーマンスの積み重ねから、いわば湧いて出た曲だ。その成り立ちについては、先に挙げた自伝に詳しく書かれている。当時の彼のツアー・バンドは、メイシオ・パーカーとセントクレア・ピンクニーをかなめにしたホーン陣、ジミー・ノーレンのギター、メイシオの兄弟メルヴィン・パーカーのドラム、ナット・ジョーンズのオルガンを配する、最先端の音を紡ぎ出す手練れの集まりだった。レコードの製作過程や評価をめぐるジェイムズとキング・レコードの社長シド・ネイサンとの十年来の対立が、ジェイムズ側が録音費用を負担する代わりにセルフプロデュースの権限を持つという取り決めで決着し、ジェイムズはやっと思い通りのレコード作りができるようになったところだった。

「この曲はステージの最中、即興でやったのが始まりだった。インストゥルメンタルの軽いリフがあって、俺が『パパは自分のカバンを手に入れた！』と叫んだ。俺はこれを歌に拡大することにし、ネイサン氏を助けるため、かなり手早く吹き込んだ。レコーディングの間中歌詞カードを握っていたぐらいだ。俺たちはまだ『スタジオ内でライヴの音を出す』というのを狙っていたから、気分を盛りあげて最初のテイクに入った。／俺の狙いを説明するのは難しい。この歌にはゴスペルのフィーリングがあったが、ジャズのリックでまとめてあった。それに、これまでと異なるサウンドがあった。ベースやギターの切れのいいパシッていう感じの音だ。当時の俺のギター・プレイヤーだったジミー・ノーレンが、スクラッチ・ギターを弾きはじめたんだ。ギターの弦をフレットにきつく素早く押しつけると、固くて速くてサスティーンのない音がするだろう。あの音だ。ジミーのことを俺たちはチャンカーと呼んでいた。ギターの弦全部を使ってコードを引く代わりに、彼はたった三本の弦でコードを叩き出した。[vi]」ジェイムズ自身が踊りながら歌ったこのスタジオ・ライヴといっていい録音は、ワンテイクで収録され、パート1とパート2に分けてシングル盤の両面に収録され、ビルボードのポップ・チャートのトップテンに入る大ヒットになった。[vii] 冒頭に掲げた対訳はじつは、七分近くの録音のうちのパート1の部分だ（B面のパート2は、メイシオの長いソロを含む器楽演奏が主で、歌はパート1のサビの繰りかえしなので省略した）。

さて、歌詞である。このほとんどダンスの名前を並べただけといっていいアドリブ起源の歌は、語感が命だ。「bag」という当時の流行語が鍵なのだが、これがとてもつかみにくい。翻訳を引用させてもらっておいて言いづらいけど、「カバン」や「バッグ」は端的な誤訳で、「何か、もしくは、何らかのライフスタイルのやり方」のことを指す。ミュージシャンの世界から出てきた語で、「次のこの曲はソウルのbagで演ろうぜ」などといったりしたのだという。[viii] ここでは、ダンスの歌なので、「パパが最新のスタイルで踊ってる」とちょっとだけ意訳した。

歌でジェイムズが呼びかけるシスターやブラザーは、公民権運動によって米国黒人の意識が高揚したソウルの時代に使われるようになった黒人同士の呼称なのだが（そうした流れに乗ってＪＢは「ソウル・ブラザー・ナンバー・ワン」を自称した）、それでは、歌の主人公の「パパ」とはいったいだれなのか。それをＪＢ自身とみることも、ダンスフロアに出てきて巧みに踊る「とっつあん」みたいな感じの年配の男性とみることもできる（急な録音でよく憶えていなかったから「レコーディングの間中歌詞カードを握ってい」て、それでも「歌詞をごちゃまぜにした感がある」と自伝で語るジェイムズには、どうというはっきりした認識がなかった可能性もある）。冒頭の対訳では、より楽しく無理のない後ろのほうの解釈をとった。あれあれ、どこか〈ザ・ドッグ〉を流行らせたルーファス・トーマス似のおやじさんが（ここ、ちょっと創ってます）、ダンスフロアで、最新のビートに乗って流行のダンスを踊っている。なかなか、やるじゃない。若い者にはかなわないかもしれないけど、なかなかキマってて、かっこいいよ。

一番ほかの「He ain't no drag」の「drag」は、退屈なやつというような意味だけど、ダンス関連だから「のろま」とした。そのあと、三番では、ジャークやフライ、モンキー、マッシュポテト、ジャンプバックと、踊りの名が並ぶ。ステージでは、歌いながらそのステップや動きを実演したのだろう。なかでも、それでヒット曲を出しているマッシュポテトなどはお得意だったはず（〈マッシュポテトUSA〉1962）。三番の最後の「see you later, alligator」は、ビル・ヘイリーとコメッツが流行らせた語呂合わせ（later とalligator の）の歌の引用で、日本語でいえば「さよなら三角」みたいなものだ。韻の語呂合わせは訳しようがないから、泣く泣く「ワニさんまたね」と直訳した。

さて、先に「パパ」と歌の語り手のジェイムズとを別人と見る解釈で訳詞をしたと書いたが、でもやっぱり、このパパはジェイムズでもある。なぜなら、「Papa's got a brand new dance」、つまりこの歌で（そしてステージで）、あのジェイムズ・ブラウンが新しいビートでダンスをやっているぞ、というのが、この歌の基本的なメッセージなのだから。ジェイムズが、ステージで発したアドリブのその一言からこの曲が生まれたという意味では、曲のライターのクレジットが彼一人になっているのも、わからなくはない。今の基準でいえば、ユニークなリフを弾き出したギタリストのノーレンを始め、バックの演奏者の何人かも共作者として認められてもいい貢献をしていると思うのだが、モータウンのファンク・ブラザーズの場合を見てもわかるように、六〇年代はまだそういう時代ではなかった。

この曲のあと、ジェイムズは、〈コールド・スウェット（パート1）〉（1967）、〈ゼア・ワズ・ア・タイム〉（1968）、〈リッキング・スティック－リッキング・スティック（パート1）〉（1968）とダンス系のヒット曲のステップを踏んで演奏を進化させ、一九七〇年の〈(ゲット・アップ・アイ・フィール・ライク・ビーイング・ア・) セックス・マシン〉で、ファンクのビートとサウンドの金字塔を打ち建てた。ジェイムズのバンド、JBズ、スライ・アンド・ザ・ファミリー・ストーン、そしてモータウンのノーマン・ホィットフィールドなどが主導したファンク化（一六ビート化）の動きは、人びとの踊り方だけでなくリズム感覚も変えた。そして、それに影響されてモダン・ブルースもまた、一九六〇年代末から七〇年代にかけて、新しいリズムとサウンドをその様式に取り入れていくことになるのだった。[ix]

i　たとえば、身体の他の部分は動かさず、肘を曲げ目にして両肩を前後ろに動かす踊り、シミー（Shimmy）は、踊られているという記録が二〇世紀の初めにはすでにあり、西アフリカから西インド諸島経由で北米に来たとされる（ナイジェリアのShikaダンスがルーツだという説があり、ハイチのブードゥーの踊りにも同じ動きがある）。また、マイケル・ジャクスンのトレードマークのようになったムーンウォークのステップも、ヴォードヴィル系のタップダンサーたちが古くから踊っていたようで、ヴィンセント・ミネリ監督によるオール黒人キャストの映画『キャヴィン・イン・ザ・スカイ』（一九四三年）で、ビル・ベイリー（パール・ベイリーの兄のダンサー）がそれを披露した映像が残っている。

ii

「［そうしたニューダンスのうちの］最上のものは、そうとは認識されていなかったが、昔のダンスのリヴァイヴァルだった。マッシュポテトやチャーリー・バップという名で登場したものは、チャールストンにとても似ていた。フライには、イーグル・ロックの要素が含まれていた。リンディ［・ホップ］の意図的なパロディが、チキンだった。キャメル・ウォークの踊り方の一つが、ストロールの中に残っていた。ジグ・ウォークはスロップと名を変えて（ブルックリンに）戻ってきた。スロウ・ドラッグの要素の一部が、フィッシュにみられる。（クロウルは、ハリウッド製の踊りだ。）でも、若者はだれも、もとになった踊りを目にしたことがなかった。［中略］［ツイストの後に出てきた］モンキーやバグ、ポニー、フラグ、ヒッチハイク、ワッシ、ハリー・ガリー、ジャーク、ブーガルー等々のうちあるものは、昔ながらの踊りにさかのぼることができる。フラグはシミーを思い起こさせるし、バグやモンキーは、昔のヒービー・ジービーズから動きを借りている。ポニーには、スロウ・ドラッグが少し入っている。そうして以前のダンスの要素を取り入れることによって、それぞれのダンスは、他から区別できるものになっている。／しかし、何かが欠けはじめていた。踊りの数が増えるにつれて、質が低下した。スイムやウッドペッカー、ヒッチハイクやモンキーといった「ダンス」は単なるジェスチャー、腕と手だけの身振りで、身体や足の動きを伴わないものだった。」（Marshall and Jean Sterns, *Jazz Dance: The Story of American Vernacular Dance*, Schirmer Books, 1979, pp.4-5）

iii

『俺がＪＢだ！――ジェームズ・ブラウン自叙伝』（山形浩生・渡辺佐智恵・クイックリー裕子訳）文藝春秋、二〇〇三年（原著＝James Brown and Bruce Tucker, *James Brown: The Godfather of Soul*, Da Capo Press (Reprint) 1993）、および、『ジェームス・ブラウン――最高の魂（ソウル）を持つ男』（原題＝*Get On Up*, directed by Tate Taylor, 2014）。ただし、伝記はＪＢの語りをそのまま書いているという点で（ＪＢは彼なりに「正直」に話してはいるけど、話が自分に都合よくなっている部分がなくはない）読み方に気を付ける必要があるし、そして、映画のほうは、史実から外れた部分が多々あるので要注意だ。

iv　ところが、この原稿を書き終えたあとで、丹念な黒人コミュニティサイドの取材を通じて、これまで語られなかったこと、本人も語らなかったことを掘り起こし、JB像を塗り替える画期的な評伝、『お客を昇天させて、おさらばするんだ――本当のジェイムズ・ブラウンを探して』(James McBride, *Kill 'Em and Leave: Searching for the Real James Brown*, Weidenfeld & Nicolson, 2017) が出ていることを知った。その内容を読みこなして、この章に盛りこむ余裕はとてもないが、日本ではほとんど知られていない事実がいくつも明らかにされているので、機会を探して何らかの形で紹介したい。

v　そこには、筆者はそんなことはぜんぜん知らなかったが、ジェイムズが編み出して自分の名をつけた、シャッフルの変形の the James Brown のステップも含まれていたはずだ。

vi　前掲訳書『俺がJBだ!』二八〇～二八一頁。

vii　この曲で、ジェイムズは初のグラミー賞(R&B部門)を受け、オーティス・レディングやジョージィ・フェイム、ジミー・スミス、ヴェンチャーズ、ウィリー・ミッチェル、クィンシー・ジョーンズ、トム・ウェイツ、ロジャー、ギター・ショーティ等々、歌入りおよび歌なしの数多くのカヴァー・ヴァージョンが登場した。

viii　モンゴ・サンタマリアに、文字通りの『*Soul Bag*』というアルバムがある。

ix　いわゆるファンク・ブルースについて、この注の限られたスペースで網羅的な紹介はできないが、スタックスでのアルバート・キングやリトル・ミルトンの仕事や、リズムものが不得意なB・B・キングが新しいフォーミュラを編み出した"Why I Sing The Blues"(1969)、ジェイムズ・コットンとマット・マーフィーのファンク・ブギ、そして、ジョニー"ギター"ワトスンの七〇年代のヒット曲の数々は、ファンク・ブルースを語るときに外すことはできないだろう。また、せっかくジェイムズ・ブラウンについて語っているのだから、六〇年代の一時期、シカゴのJBを(あれだけ華麗なステップは踏めないにもかかわらず、それをアクの強さで補って)もって任じたハーピスト、ジュニア・ウェルズの名前も挙げておいてあげたい。

第二八章

STORMY MONDAY

(Written by Aaron T. Walker)

荒れもようの月曜　——ボビー・ブランド

They call it Stormy Monday
　but Tuesday's just as bad
They call it Stormy Monday
　but Tuesday's just as bad
Wednesday's worse, Lord,
　and Thursday's also sad

The eagle flies on Friday
　and Saturday I go out to play
Yes, the eagle flies on Friday

月曜は荒れもようだって人はいうけど、
　火曜も同じくらいひどい
月曜は荒れもようだって人はいうけど、
　火曜も同じくらいひどい
水曜はもっと嫌な気分、木曜だって悲しい

金曜になればワシが羽ばたくから、
　土曜は遊びに出かける
そうさ、金曜になればワシが羽ばたくから、
　土曜は遊びに出かける

and Saturday I go out to play
Sunday, I go to church
and I kneel down and pray

And this is what I say, baby,
"Lord, have mercy, Lord, have mercy on me"
You know, I cried
"Lord, have mercy, Lord, have mercy on me"
You know, I'm tryin', tryin' to find my baby
Won't somebody please send her home to me?
Yeah

Well, I cried,
"Lord, have mercy, Lord have mercy on me"
I said I cried, "Lord, have mercy, Lord, have
mercy on me"

日曜が来たら教会に行き、跪《ひざまず》いて祈るのさ

おれのお祈りはこうさ、おまえ
「神さま、どうかあわれみを、どうかわたくしを
　あわれとお思いください」
なあ、泣きながらこう祈ったさ
「神さま、どうかあわれみを、どうかわたくしを
　あわれとお思いください」
そうさ、彼女の、彼女の居場所を探しているんだ
お願いだからだれか、彼女をうちに連れてきておくれ

ああ、泣きながらこう祈ったさ
「神さま、どうかあわれみを、どうかわたくしを
　あわれとお思いください」
泣きながら祈ったんだよ、「神さま、どうかあわれみ
を、どうかわたくしをあわれとお思いください」

You know, I'm tryin', tryin' to find my baby　そうさ、彼女の、彼女の居場所を探しているんだ
Wohh, send her home to me, oh yeah　ああ、彼女をうちに連れてきておくれ、そうとも

世俗の時間から聖なる時間へ、土曜の夜のパーティやダンスやそのほかのお楽しみから、日曜の朝の教会での神に祈り、聖霊に触れて歓喜する礼拝へ。このパートの章構成はそういう流れになっているのだが、その流れのつなぎ目がこの、「月曜は荒れもようだって人はいうけど」という出だしで知られる大有名曲、〈ストーミー・マンデイ〉だ。この歌では、「金曜になればワシが羽ばたくから、土曜は遊びに出かける／日曜が来たら教会に行き、跪いて祈るのさ」と、コミュニティ黒人（黒人地区に住むアフリカン・アメリカン）の週末のライフスタイルの定番が、playとprayで韻を踏みつつ簡潔にまとめられている。

この曲を書いたのは、一三章で取り上げたブルース・ギターの偉大な革新者、Tボーン・ウォーカーだ。その西海岸風のジャズっぽいサウンドのオリジナルは、一九四八年に“Call It Stormy

Monday (But Tuesday Is Just as Bad)”というえらく長いタイトルで発表されてヒットし、次世代のブルースマンたち（たとえばB・B・キング）に大きな影響を与えた。さまざまなアーティストにカヴァーされたが、一九六二年にボビー・ブランドのこのヴァージョンが世に出てヒットした時点で、ブルースの世界では、この曲はすっかりボビーのものになってしまったといっていいだろう。[i]

　あまり知られていないことだが、ブランドのこの曲はじつは、特段リリースのプランもなく、スタジオの余り時間に埋め草的に録音されたものだった。ブランドは、一九六一年九月末に、ナッシュヴィルのスタジオで、彼の音楽コーチでもバンド・リーダーでもあるジョー・スコットのプロデュースのもと名作〈ターン・オン・ユア・ラヴ・ライト〉を吹きこみ、それで、のちに名盤の折り紙がつくことになるアルバム、『トゥー・ステップス・フロム・ザ・ブルース』のために用意された曲すべての録音を終えた。さあ解散というそのときに、ボビーが、Tボーンの〈ストーミー・マンデイ〉を吹きこみたいといった。ボビーにとって、Tボーン・ウォーカーやルイ・ジョーダンは、十代のころ、ジュークボックスで聴きまくったお気に入りのスターだった。「なあ、あんた《マン》、あの曲がやりたいんだ。やってよ、おれのための吹きこみってことでさ。」セッション・ミュージシャンたち（当時のブランドのツアー・バンド）はOKし、リズム・セクションだけが演奏した。ギターのウェイン・ベネットのアイデアなのか、それともブランドの希望からか、曲の途中から原曲のアレンジを変え、マイナー・キイのコード進行が導入された。その場で急遽やることになった録音は（あるいはステージではよく演っていたのかもしれないが）、わずか二テイクで上がりになり、そして伝説の名演が生まれた。[ii]
これは、歌詞が少ないおかげで多くの人が感情移入できる、別れた妻（または彼女）を想う歌だ。出だしの「stormy Monday」は、英米でよくいう「blue Monday」を拡張した表現だ。土曜が半ドンで、日曜はお休み。ゆっくり羽を伸ばしたりくつろいだりして、でも月曜にはまた、出勤して働かなきゃいけない。月曜日って、憂鬱だよね。そう歌うブルー・マンデイの歌はたくさんあるが、[iii] Tボーンはそれを、憂鬱どころかまるで嵐の荒れもようのような気分だと歌にした。そして、いや月曜だけじゃない、火曜も、水曜も、木曜も同じようにいやな心持ちだと、歌詞は続く。工場やその他の場所での、黒人に限らずいわゆる労働者階級がしなければならない仕事の、肉体的なきつさや無味乾燥さ。それを示した、私たちの社会での賃労働への、不満や苦情の歌としてこの歌を聴くこともできなくはない。でも、歌の主人公が、嫌な気分だったり悲しかったりする理由はそれだけじゃない。
二番で羽ばたく（fly）と歌われるワシは、一二章にも出てきたハクトウワシ、つまりお金（お札）のことだ。英米では（そして日本でも昔は）労働者階級は週給制で、週末の金曜に、キャッシュや小切手で給料が支払われた。となると、ポケットが温かいからお大尽気分になって（ハーピストのフランク・フロストが〈ポケット・フル・オヴ・マネー〉で「おれのポケットはお金でいっぱい、それもぜんぶ一〇ドル札さ」と歌った、あんな感じで）、飲みに行こうとか遊びにいこうとかいうことになる。それで、飲んだり遊んだりして給料を使い果たして、女房子どものところに帰ってきたときには文無し、なんてパタンもあるから（そういえば同じような大工や職人が落語にも出てくる）、ブルースやソウルでは、「おれはおまえを愛しているから、給料日には給料をぜんぶ持って家へ帰るよ」というのが、ラヴソングでのアピール・ポイントにもなったりする。話が少し逸れたけど、この歌の主人公もご多分にもれず、土曜の晩は遊びに出る。そして、日曜には、教会へ。そこで初めて、主人公がなんで週日《ウィークデイ》の毎日、ずっとつらかったり悲しかったりしたかが明らかになる。主人公には、給料を持って帰って来るのを待つ妻（または彼女）がいないのだ。

主人公は、「どうか、出て行った彼女を私のもとに戻してください」と、涙ながらに神に祈る。ナット・キング・コールのようなバラーディアーから学んだ滑らかな唱法と、C・L・フランクリン牧師（アリサの父）やB・B・キングから受け継いだシャウトとを自在に操るブランドの歌唱の強弱のダイナミズムは、ニュアンスと深いフィーリングに富み、うまいの一言につきる。この歌の最後の「そうとも（yeah）」の一言にさえ、ブランドは万感をこめる。ラップなどとは正反対のことば少なの歌詞に、そうやって深い感情表現が盛りこまれるとき、聴き手は、自分のロストラヴの経験をそれに重ね合わせ、感情移入することができる。そんなふうに「ソウルフル」なブランドの声に呼応する、Tボーン・ウォーカーとピー・ウィー・クレイトンに影響を受けた名手ウェイン・ベネットのギターも、味わい深い。この曲の長いソロ自体、よくコピーされ古典の域に入っているが、その最後の部分でベネットが、Tボーンのトレードマークのフレイズを弾いて自分のルーツに敬意を示すのが微笑ましい。

ボビー〝ブルー〟ブランド（本名Robert Calvin Brooks; 1930,1-2013,6）は、テネシー州の寒村に生まれ、家庭が貧しかったため、小学校を三年でやめて綿畑で働いた。ちなみに、ファンキーなブギで活躍したハーピストのジェイムズ・コットンは、本人たちも晩年までそのことを知らなかったが、じつはブランドの異母弟に当たる。[iv] 一七のときに母といっしょにメンフィスにやってきて、初めは地元のゴスペル・カルテット（the Miniaturesほか）で歌ったが、そのうち、メンフィス最大の盛り場通りにちなんでビール・ストリーターズと呼ばれる地元の若手ミュージシャンの互助グループ（もしくは互助ネットワーク）に参加した。これは、B・B・キング、ビリー・ダンカン（サックス）、アール・フォレスト（ドラムス）、ウィリー・ニックス、ジョニー・エイス、そしてのちにはジュニア・パーカーやロスコー・ゴードンも加わるという、一九五〇年代にブルース／R&Bのニューウェイヴになる面々だった。こうした人たちとつながりを持つことを通じて、ブランドはギグや地元でのレコーディング（モダンやチェッカーやデュークでリリースされたがあまり売れなかった）の機会を得、世俗歌手として成長した。

徴兵されて陸軍で軍務についたあと（朝鮮戦争の絡みで極東に配属されたと思しい）、一九五四年に除隊してメンフィスに戻り、テキサスのデューク／ピーコックの傘下のアーティストになり、ビール・ストリーター仲間のジョニー・エイスやジュニア・パーカーなどのレヴューに加わった。[v] 当時人気絶頂だったエイスの、一九五四年のクリスマス当日の不慮の死が、[vi] ブランドの運命を大きく変えたと筆者は思う。レーベル主のドン・ロビーには、エイスの穴を埋めるスターが必要だった。そこでブランドに白羽の矢が立った。楽譜が読めないどころか、文字を読むのもおぼつかない（おかげでロビーにとてもひどい条件の契約書にサインさせられることになった）内気な巨漢のブランドに、トランペッター／アレンジャーのジョー・スコットがコーチとしてつき、B・B・キングのライヴァルとなるスターとして育て上げた。扁桃腺の手術でファルセットが出なくなるというマイナスを、丹念な唱法と繊細でダイナミックな感情表現で補い、六〇年代のソウル・ブルースの世界で、サム・クック調と肩を並べるほどフォロワーを生んだ、ボビー・ブランド調の歌唱のスタイルを作り上げた。[vii]

一九五七年の〈ファーザー・オン・アップ・ザ・ロード〉から八五年の〈メンバーズ・オンリー〉まで、五〇曲を超えるチャート・ヒットは名唱の目白押しだ。ストレートなブルース形式のものは一部だが、バラード曲の多くにもブルースのフィーリングが横溢している。最盛期の六〇年代のブランドの黒人女性へのアピールぶりは、B・B・キングをしのぐものがあったという。大きな身体を伏せぎみに、内気そうな面持ちでステージに立ち、神経質そうにマイクのコードをいじくりながら歌うボビーは、女性ファンにとっては〝とても可愛い男《ひと》〟、〝私のリトル・ボーイ・ブルー〟だったのだ。

筆者は、シカゴにいた七〇年代半ばに、黒人街のオールスター的なブルース&ソウルのショウで、たぶん二度、ブランドのステージを観ている。しかし、そんな筆者にとっても、一九七八年のゲイトマウス・ブラウンとパッケージでの初来日は、印象深いものだった。前半がゲイトマウス、後半がブランドというショウ構成で、東京で三度、大阪と京都で各一度の公演があり、筆者は京都のシルクホールで観た。ホーンと、メル・ブラウンとジョニー・ジョーンズという達者なギタリスト二人を含む九人のバンドを従えて堂々のステージを見せてくれたが、それを詳しく再現する紙幅はない。[viii] ボビーはもちろん〈ストーミー・マンデイ〉も歌ったし、そこでのブランドのヴォーカルとギターの掛け合いは、日本の観客にも大受けだった。

しかし、筆者が驚いたのはその後のアンコールに当たる部分だ。いったん袖に下がったブランドが拍手に応えて、マイク片手にステージの上手から出てきた。「リンゴ〜ノ〜、ハナビラガ〜」と歌いながら。観客の多くは、彼が何を歌っているのか分からなかっただろう。何のリアクションもなかったから。しかし、梅田コマ劇場で美空ひばりの公演を見たことがある筆者には、わかった。そう、〈リンゴ追分〉だ。訥弁な彼なりの、日本の聴衆への心づくしのサービスのつもりなんだな、と思うと、ジンときた。一人で、できるだけ盛大に拍手をした。でも、なぜブランドが〈リンゴ追分〉を歌ったのか。

先に、ブランドは一九五〇年代のはじめ（正確には五二年から五四年）陸軍にいたと書いたが、おそらく彼は朝鮮へ行く途次に、日本に来ていたのだ。ひばりの〈リンゴ追分〉（映画『リンゴ園の少女』の主題歌）が発売されたのは、一九五二年の五月のこと。若くまだ無名の兵隊さんのブランドは、異国で、大ヒットしていたこの名歌手の名唱を繰り返し聴いて、言葉がわからないままに耳で覚えたのだろう。だから三六年後、初の日本公演でその一節を歌った。残念なことに、日本のブルース・ファンの多くにとって、それは関係ない歌だったのだけど。ブルース史上最高のヴォーカリストの心根に触れた気がして、筆者は、それまでにも増して、ブランドが大好きになった。

i　ブランドが所属したデューク・レーベルは、この曲のシングルを当初、“Stormy Monday Blues”というタイトルで発売した。それがTボーンの作品に六年先立つ、ピアニストのアール・ハインズのスウィング・オーケストラのヒット曲（ヴォーカルはビリー・エクスタイン）と同じだったため、作者についてもEckstine-Crowder-Hinesとミスクレジットされたりもした。このハインズたちの曲は、曲調はTボーンのものと似ていなくもないが、歌の中には「ストーミー・マンデイ」という語句は登場しない。なお、Tボーンの原題が長すぎるため、近年では、“Call It Stormy Monday”とか“Stormy Monday”と略されることが多く、それが極東の日本に来ると、「ストマン」とさらなる省略が行われたりしている。この曲のカヴァーはそれこそ星の数ほどあるが、ブランド以降では、ロック方面ではオールマン・ブラザーズ・バンド、ブラック・ミュージック方面ではアルバート・キングやリトル・ミルトン、ラティモア、ルー・ロウルズのカヴァーあたりは押さえておきたいところだ。

ii Charles Farley, *Soul of the Man: Bobby Blue Bland*, University Press of Mississippi, 2011, p.112.

iii たとえば、ファッツ・ドミノの〈ブルー・マンデイ〉や、「二日酔いで頭が痛いのに、現場監督がおれを呼ぶ声が聞こえる（ああ憂鬱だ）」と歌う、ジェイムズ・デイヴィスやフェントン・ロビンスンやリトル・ミルトンの〈ブルー・マンデイ〉など。（ちなみに、後者のほうのデイヴィスのオリジナルでは、〝ボビー・ブランドのギタリスト〟の一人、クラレンス・ホリマンがギター・ソロを聴かせる。）

iv 父親のI・J・ブルックスは、ブランドが生まれて間もなく家庭を捨てて出て行ったが、そののちコットンの母と結婚し、そしてまたもや家庭を捨てた。ブランドは、母親の再婚相手のリロイ・ブリッジフォースの通名、リロイ・ブランドにちなんで、ロバート・ブランドと名乗るようになった。

v ブランドは、軍隊に入るまえにデュークと契約したが、そのときは地元メンフィスのレーベルだった。しかし、所属アーティストのジョニー・エイスのレコードの大成功がきっかけになって、デュークは、テキサス州ヒューストンのクラブ・オウナー、ドン・ロビーに買い取られ（というかほとんど乗っ取られ）、帰ってきたブランドは、仲間のエイスと同じくロビーが抱えるアーティストになった。

vi 劇場の楽屋で酔って、ロシアン・ルーレットをして自分を撃ったというのがエイスの死についての通説だが、その場に居合わせたビッグ・ママ・ソーントン（この本の一〇章の主役）は、少し違った説明をしている。エイスは、楽屋に来ていた女友達にピストルを向けて引き金を引き、別の女性に向かっても引き金

vii

を引いたが、弾は出なかった。「ほら、弾は入っていないのさ」という思い入れで、自分に銃口を向けて引き金を引いたら、弾が飛び出したというのだ（James M. Salem, *The Late Great Johnny Ace and the Transition from R&B to Rock 'N' Roll*, University of Illinois Press, 2001）。

viii

ジーター・デイヴィスやジェイムズ・デイヴィス、バディ・エイス、ジョー・メドウィックなど、ブランドのフォロワーといえる歌手は少なくない。七〇年代に一時代を築いたソウル歌手タイロン・デイヴィスは忠実なフォロワーだったが、ブランド本人に自分のスタイルを作るようにと諭され、それがあの独特のタイロン調の歌唱の誕生のもとになったという話も有名だ。また、リトル・ミルトンやバスター・ベントン、アンドリュー・オダム、マイティ・サム・マクレインといった人たちは、フォロワーとはいえないが、ブランド調の唱法を決め技の一つにした。白人のブルース・ファンの間では、楽器を弾かないブランドが評価されたのは遅かったが、しかし、ダン・ペンやボズ・スキャッグス、元ゼムのヴァン・モリスン、元シンプリー・レッドのミック・ハックノールなど、彼をリスペクトする白人歌手は少なくない。『来日ブルースマン全記録 1971-2002』（ブルース・インターアクションズ、二〇〇三年）に、高地明「黒人大衆音楽の神髄を見せてくれたボビーとゲイト」という詳細なレポートがあるので（七二〜七九頁）、興味がある方は、何とか探し出して読んでみてほしい。

第二九章

PRECIOUS LORD, TAKE MY HAND

(Written by Thomas A. Dorsey)

尊き主よ、わたしの手をとって　――トーマス・A・ドーシー

Precious Lord, take my hand
Lead me on, let me stand
Lord, I'm so tired, Master, I'm so weak,
    oooh, I'm worn
Through the storm, through the night
Lead me on to the light
Please take my hand, precious Lord, and
    lead, lead me on home

When my way grows drear

尊《たっと》き主よ、わたしの手を取って
導いてください、立ちあがらせてください
主よ、わたしは疲れきっています、主よ、
　弱っています、あああ、擦りきれそうになって
　います
嵐のなかを、夜の闇のなかを
あの灯りへと導いてください
どうかわたしの手を取って、尊き主よ、
　わが家へと導いて、導いてください

Oooh, precious Lord
Here's what I want you to do for me, to
　linger right near
Wooh, when my life is al-almost gone
Don't you leave me right there, Lord
This is what I want you to do for me
Hear my cry, Lord, hear my call
Uuuh, take my hand, please Sir, please Sir,
　oh, Lordy, don't you let me fall
Uuuh uumm, take my hand, precious Lord,
　uuh, lead me, lead me on home

わたしの道がもの寂しくなったとき
ああ、尊き主よ
お願いです、そばを離れないでください
おお、わたしの命が消え、消え去ろうとするとき
行ってしまわないでください、主よ
どうかお願いです
わたしの叫び声を、主よ、わたしの呼びかけを
　聞いてください
ああ、わたしの手を取って、どうか、どうか、どうか、
　ああ、神さま、落ちないようにつかんでいて
　ください
ああ、うん、わたしの手を取って、尊き主よ、ああ、
　わが家へ、わが家へと導いてください

世俗の音楽と聖なる音楽、ブルースやリズム＆ブルースと霊歌・讃美歌・福音歌《ゴスペル・ソング》は、きびしく対立するもののように語られることがある。たしかに、俗の領域と聖の領域のあいだの仕切りは、アメリカ黒人の暮らしの中で無視できない重要なものなのだが、しかし、その二つをまったく切り離された別世界と考えてはいけない。ゴスペルの中にはじつは、ブルースの要素がある。それどころか、ゴスペル歌唱のある部分は、別のやり方で歌われるブルースといってしまっても間違いではないだろう。そうした事情をもっともよく体現するのが、「ゴスペルの父」として知られるトーマス・A・ドーシー牧師と、彼が書いて広く親しまれてきたこの大有名曲、〈尊き主よ《プレシャス・ロード》〉だ。i

ドーシーは、ジョージア州のヴィラ・リカという町にバプティスト教会の牧師の子として生まれ（六章のブラインド・レモン・ジェファースンより二年遅い一八九九年生）、一〇代の後半に州都アトランタに出て、教会の礼拝とピアノ教師の母から学んだ演奏や編曲の腕を頼みに、ショービジネスの世界に入った。マ・レイニーやベッシー・スミスの一座の音楽監督や作曲者、バンド・リーダーを務めた。ドーシーは当時を、「いい暮らしだったよ。一晩五千ドルの興行でさ、酒は飲み放題、「コーラスラインの」きれいな女の子はより取り見取りだったんだから」と振り返る。そのあと、ジョージア・トムと名乗ってタンパ・レッドとギター／ピアノのデュオを組み、ホーカムと呼ばれた下ネタ系の裏の意味満載のこっけいなダンス・ソングをヒットさせたりもした（そのころの代表曲が一九二八年の〈イッツ・タイト・ライク・ザット〉）。しかし、訪れたスランプを乗り越えようと教会に通うようになり、すでにゴスペル曲を書き始めていたドーシーは、人気レコード歌手の役割を複雑な気持ちで演じていたという。そんな彼が、聖なる音楽の側に身を置く意思を固めたきっかけは、突然の愛妻の死だった。結婚後、マ・レイニーの衣装係として雇ってもらい、オシドリ夫婦として旅をしたりもした妻が、難産のために出産時に亡くなり、生まれた子どももまもなく死んだ。ドーシーは打ちのめされ、生きる意欲をなくした。そんな彼が、自分の心の呻きを神に救いを求めることばにしたのが、この〈尊き主よ、わたしの手をとって《プレシャス・ロード、テイク・マイ・ハンド》〉なのだ。

この曲は、彼がのちに書く〈谷間の静けさ《ピース・イン・ザ・ヴァリー》〉と並んで、ブルースとジャズの要素を教会音楽に持ちこんだドーシーの名曲群（たとえば〈オールド・シップ・オヴ・ザイオン〉や〈オン・ザ・バトルフィールド〉〈ウォーク・オール・オーヴァー・ゴッズ・ヘヴン〉〈サーチ・ミー・ロード〉〈ロード・ウィル・メイク・ア・ウェイ・サムハウ〉等々）の中でも、人種や国籍を超えてとりわけ愛される歌になった。[ii] この曲の成功が、ゴスペル作曲家としてのドーシーの地位を確立したともいえる。数えきれないほど多くの歌手がこの曲を吹きこんでいるが、ここでは、実力はマヘリア・ジャクスンより上という評もある、クララ・ウォード・シンガーズ出身のマリオン・ウィリアムズの素晴らしい歌唱（残念ながらテキストを読んだだけではその素晴らしさはわからないけど）を掲げた。[iii]

マリオンは、この歌にアドリブでことばや間投詞を差し込み伸ばしに伸ばして、そして二番までしか歌っていない。それで、盛りこむべきことはすべて盛りこまれ、彼女の〈尊き主よ〉は完成しているのだ。こうやって途中までで切ることは、礼拝やゴスペルのライヴでよくあるが、参考までにドーシーが書いた残りの歌詞も紹介しておこう。

［三番］When the darkness appears / And the night draws near / And the day is past and gone / At the river I stand / Guide my feet, hold my hand / Take my hand, precious Lord, lead me home（闇が現れ、夜が近づいて、昼の時間は過ぎ去った、あの川のまえにわたしは立つ／わたしの手を取って、尊き主よ、わが家へと導いてください）

［四番］Precious Lord, take my hand / Lead me on, let me stand / I am tired, I am weak, I am worn / Through the storm, through the night / Lead me on to the light / Take my hand, precious Lord, lead me home［一番と同じ］

一三章で、〝霊歌をちょっとひねればブルースになる〟というTボーン・ウォーカーのことばを紹介した。言い換えれば、黒人霊歌は、音楽的要素やフィーリング、歌の中身のいずれにおいても、ゴスペルとブルースの両方の先祖もしくは大先輩に当たるといって、そんなに的はずれではない。そして、ドーシー牧師が「ゴスペル・ソング」というキャッチフレーズを掲げて活躍を始める以前から、白人教会起源の讃美歌[iv]とは異なる、黒人作曲家の手になるブルージーな讃美歌があった。

一九世紀から二〇世紀前半にかけて生きたチャールズ・ティンドレー牧師の〈スタンド・バイ・

ミー〉は、その一例だ。[v] この曲は一二小節という形式面でもブルースと重なり合うが、こうしたプレゴスペルの黒い讃美歌の中には、八小節でも、内容やフィーリングがブルースと通じあうものもある。ゴスペル研究家のアンソニー・ヘイルバットはそうした曲を、〝バプティストのブルース〟と呼んだ。[vi]

アメリカ黒人は、霊歌やゴスペルとブルースを、苦しさや悲しみを乗り越えて生きるための糧《かて》として使ってきた。だから、呻き《モーン》という唱法が両方にある。聖なるブルースであれ、世俗のブルースであれ、自分のつらい気持ちや経験について、呻いたり嘆いたりしながら語ることには、カタルシス（苦痛の浄化）の働きがある。そうした働きは、ある意味で紋切型《ステレオタイプ》な物語のことばで語られるとき、より効果的になる。[vii] このドーシーの〈尊き主よ〉では、人生のつらい経験に揉まれて疲れきり、弱って、いまにも擦りきれてしまいそうだと、歌の主人公は自分の窮状を語る。嵐の夜に、前も後ろも見通しがきかない闇の中を歩いているというのだ。

これは、パートⅢでみたいろんなトラブルのブルースと、つらい立場や気持ちを歌っているという意味では同じだ。しかしもちろん違いもある。それは、神（あるいは救い主イエス）の存在だ。教会音楽である聖なるブルースの前提には、神を信じ、神にすがれば窮状から救われるという大前提がある。神への呼びかけや、つらい境遇にあるときも神様だけは自分の味方だという信念の告白が、苦しみ・悲しみについての語りのあとに「救い」や「癒し」として用意されている。そう、私が人にはわかってもらえない苦しみを抱えていても、ちゃんとなすべきことをして心正しく生きていれば、神様だけは見ていてくださる。人生の最後の瞬間にきっと、「よくやったね」と声をかけてくださる（“He’ll Understand and Say Well Done”）。viii 教会の礼拝では、そうした聖なるブルースの語りと呻きを通じてカタルシスが達成され、「重荷を下ろした」あとには、アップテンポの讃美の曲が演奏され、会衆はしばしば聖霊《ホーリー・ゴースト》に触れて「happy」になる。その場のみんながリズムに乗り、ときには聖なるダンスを踊ったりしながら、自分を救ってくれた神をほめ称え感謝する。

いっぽう、世俗のブルースには神は出てこない。その代わりにそこにあるのは、ラヴロマンスとダンスと酒だ。にもかかわらず、スロウの悲しい歌で、フィーリングをこめてトラブルを語ることを通じてカタルシスを得るという仕組みには、聖俗に相通じあうものがある。しんみりしたり泣いたりしてすっきりしたあと、今度はブギでご陽気に人生を謳歌しよう、という演奏の構成も、似ているといえばいえる。さらにいえば、教会の歌の神にあたるところに、恋人や連れ合いをはめこんで、その愛を「救い」とするという歌の仕掛けだってありうるだろう。しかしながら、前の章でも書いたように、男女の間の愛は、救いにもなるが、ひとつ間違えば新たな悩みや苦しみの種にもなる。だからこそ、そうした愛にいやというほど傷つけられた人たち（とりわけ不実な男に捨てられ子どもを抱えて苦労している女性）は、そんなふうにあてにならない人の愛ではない、永久不変な神の愛を頼みにしようと、足しげく教会へ通うことになるだろう。

聖なるブルースは、個人の人生の苦難を乗り越えるために歌われてきたと書いたが、この〈尊き主よ〉の場合、それにとどまらない。この歌は、一九五〇年代から六〇年代にかけての黒人解放運動の指導者、マーティン・ルーサー・キング牧師のお気に入りの歌だった。この歌は、彼にとって、自分個人の苦難についての歌であるとともに、アメリカの黒人みんなが置かれているひどい境遇を、ガンジー流の非暴力の不服従で乗り越えようとする公民権運動のたたかいを、神が導いてくださるようにというお願いの歌だった。キング牧師は、運動の集会に何度もマヘリア・ジャクスンを招いて、この歌を歌ってもらっている。そして、一九六八年四月四日、投宿していたメンフィスのモーテルで、彼が暗殺される前に最後に口にしたことばは、〈尊き主よ〉を演奏してほしいというリクエストだった。キング牧師は、ジャズ・サキソフォニストのベン・ブランチにこういったという。「ベン、今夜の集会で、〈尊き主よ〉を演奏するのを忘れずにね。ほんとにきれいに吹いてくれよ。」そのあと、一発の凶弾が、キング師の「嵐のなか、夜の闇のなか」の歩みに終止符を打った。そして、その銃弾によって、トーマス・ドーシーのゴスペルや公民権運動の歌から都市暴動とブラックパワーと「自衛のための武装」のスローガンへと、黒人コミュニティの潮目は大きく変わっていくことになった。

i 「ゴスペルの父」としてのドーシー牧師については、アンソニー・ヘイルバット著の『ゴスペル・サウンド（改訂版）』の第二章に詳しい記述がある（中河伸俊・三木草子・山田裕康訳、ブルース・インターアクションズ、二〇〇〇年、原書の最新版は、Anthony Heilbut, *The Gospel Sound: Good News and Bad Times - 25th Anniversary Edition*, Hal Leonard Reference Books, 2004）。また、ドーシーと彼のゴスペル曲を、音楽面および社会背景の面から掘り下げた専門書に、Michael W. Harris, *The Rise of Gospel Blues: The Music of Thomas Andrew Dorsey in the Urban Church*, Oxford University Press, 1992がある。

ii ドーシーは、この曲のメロディを書くにあたって、古くからあった作者不詳の讃美歌〈メイトランド〉（これはまた讃美歌〈マスト・ジーザス・ベア・ザ・クロス・アローン〉の原形でもある）を参考にしたとされるが、それは、彼の作曲の値打ちを下げるものではない。

iii ドーシーの作品群を顕彰するアルバム、『*Precious Lord: Recordings of the Great Gospel Songs of Thomas A. Dorsey*』（Columbia 1973/Sony 1994）の冒頭に収録されている。ちなみに、この歌の数多くの録音のうち、ポップスの世界でもっとも有名なのはエルヴィス・プレスリーのものだろうが、筆者が愛着をもって即座に思い浮かべることができるのは、マヘリア・ジャクスンのもの、シスター・ロゼッタ・サープのもの、デイヴィス・シスターズのもの、キャンディ・ステイトンのもの、ボー・ウィリアムズのもの、そしてアリサ・フランクリンの二つのライヴ・ヴァージョン（一四歳のときに父が主任牧師を務めるニュー・ベセル・バプティスト教会で録音されたものと、一九七二年の彼女のアルバム『アメイジング・グレイス』に収録された〈ユーヴ・ガット・ア・フレンド〉へと続くメドレー）である。ちなみに、マリオン・ウィリアムズ（1927,8,29-1994,7,2）は、フロリダ州マイアミの出身。一九四六年にフィラデルフィアで人気のウォード・シンガーズのメンバーに抜擢され、リード歌手として活躍。五八年に、グループの他のメンバーとともに独立して、The Stars Of Faithを率いて活動、六〇年代半ばにソロ歌手になった。高音域からコントラルトまでの幅を誇る彼女の南部風の歌唱は、晩年に至るまでのどの時期の録音をとってもすばらしい。なお、彼女の人となりは、拙訳の『ゴスペル・サウンド』（アンソニー・ヘイルバット著、ブルース・インターアクションズ刊）の一四章に詳しい。

iv　そのうちでもっともアメリカ黒人に愛されているのが、元奴隷船の船長だったジョン・ニュートンが書いた〈すばらしき恩寵《アメイジング・グレイス》〉だというのは歴史の皮肉だ。

v　その一番の歌詞は、こんなふうだ。When the storms of life are raging, stand by me / When the storms of life are raging, stand by me / When the world is tossing me, like a ship upon the sea / Thou who rulest wind and water, stand by me（人生の嵐が荒れくるうとき、わたしの味方でいてください／人生の嵐が荒れくるうとき、わたしの味方でいてください／海のうえの船のように、世界がわたしを上へ下へと揺さぶるとき／風と水を統べる神さま、わたしの味方でいてください）ちなみに、ベン・E・キングの世界的に有名なラヴソング、〈スタンド・バイ・ミー〉の歌詞は、この曲をヒントにして（神を恋人に置き換えるというゴスペルの世俗化の常套手段を援用して）書かれたものだ。

vi　ヘイルバット、前掲訳書、二三頁。そうした黒人作曲家のうちで、なぜドーシーが「ゴスペルの父」と呼ばれるようになったかというと、「ゴスペル・ソング」というキャッチフレーズを掲げて多く名作を書いたことに加えて、女性歌手／クワイア（聖歌隊）監督のサリー・マーティンと組み、シカゴを本拠に、①初のゴスペル曲の音楽出版社を作ったこと、②サリー・マーティン・シンガーズとともにそうした新しいゴスペル曲を演奏して全国を巡回したこと、③ゴスペル合唱隊の全国イベント、ゴスペルのクワイアとコーラスの全米大会（National Convention of Gospel Choirs and Choruses）を創設したことの三つが、その大きな理由だと思われる。

vii　悲劇のドラマ（物語）がカタルシスをもたらすというのは、古くアリストテレスの時代からいわれていることだ。人がとてもつらいことや悲しいことを経験したとき、重要なのはその自分の経験との適切な距離の取り方だと、感情を研究する社会学者シェフはいう（Thomas J. Scheff, *Catharsis in Healing, Ritual and Drama*, University of California Press, 1979)。距離をとりすぎる、つまり感情を押し殺そうとしたり、無意識に押しこんで忘れ去ろうとしたりしてはいけない。それは、さまざまな心の病のもとになる（たとえばフロイトが治療に携わった神経症）。また、あまりに直接に、生々しくそれを追体験してはいけない（たとえばいわゆるフラッシュバック）。そうした経験を抱える人にカタルシスをもたらし、心を楽にするには、遠すぎでも近すぎでもない頃加減な感情的距離が取れる（シェフはそれを「美的な（aesthetic）」と形容する）追体験が必要である。ブルースやゴスペルの歌の世界に感情移入し、その定型化された歌詞に自分の経験を重ね合わせて、「お話」のレベルで悲しさやつらさに浸り、涙を流したりする。そうしたことが、気持ちの浄化につながる。キリスト教会の礼拝には、テスティモニー（証し、もしくは証言）というセクションがあって、信徒が、自分がどのようにして神に祝福され、救われたかを語る。そこでは、苦難の経験が語られることが少なくないが（ゴスペル歌手のライヴ・アルバムにもときどき入っている）、右のようなカタルシス論の立場からすれば、そうした個人の経験を語るテスティモニーも、できるだけ定型的な紋切型のことばや表現法で語られるほど、カタルシス効果が大きいだろうと推測できる。

viii

ドーシーの先輩にあたる女性作曲家で、教育者・公民権運動家としても活躍したルーシー・E・キャンベルの代表作の一つ。黒人、白人を問わず多くの歌手が吹きこんでいるが、デイヴィス・シスターズやブラザー・ジョー・メイ、ブルックリン・オールスターズ、マリオン・ウィリアムズ率いるスターズ・オヴ・フェイスなどのものが、筆者の個人的なお気に入りだ。

PART VI

そのうちクーンが月に

Blues Singer's Life Story

FIRST TIME I MET THE BLUES

(Written by Eurreal Wilford Montgomery)

初めてブルースに会ったとき　——バディ・ガイ

First time I met the blues
People, you know, I was walkin', I was
　walkin' down through the woods
Yes, the first time, the first time I met the blues
Don't you know, I was walkin',
　I was walkin' down through the woods
Yes, he stopped by my house first
Blues, you know you done me, you done me
　all the harm that you could

初めてブルースってやつに会ったとき
なあ、みんな、おれは森のなかを歩いてた
そうさ、初めて、初めてブルースに会ったとき
なあ、あんた、おれは、おれは森のなかを歩いてた
そうさ、やつはまずおれの家に来た
ブルース、おまえはほんとに、とことんまでおれを
　痛めつけた

Blues got after me
People, you know they ran me from tree to tree
Yes, blues got after me
Blues, you know you ran me, ran me from
　tree to tree
Yes, you should’ve heard me begging, Blues
Ah, Blues, don’t murder me

Yes, good morning, Blues
Blues, I wonder, I wonder what you’re doin’
　here so soon
Yes, good morning, good morning, good
　morning, Mr. Blues
Blues, I wonder, I keep wonderin’ what
　you’re doin’ here so soon
Yes, you know you’ve been with me every

ブルースがおれを追いかけてきた
なあ、みんな、あいつらが木から木へ
　おれを追いまわした
そうさ、ブルースがおれを追いかけてきた
ブルース、おまえは木から木へおれを追いまわした
そうさ、ブルース、おまえには聞こえてるはずさ
ああ、どうか殺さないでと命乞いするおれの声が

うん、おはよう、ブルース
なあ、ブルース、朝のこんなに早くからここで、
　いったい何をしてるんだ
うん、おはよう、おはよう、おはよう、
　ブルースさん
なあ、ブルース、朝のこんなに早くからここで、
　いったいぜんたい何をしてるんだ
そうとも、おまえは毎朝毎晩、そして昼間も、

morning, Blues　　いつもおれのそばにいる
Every night and every noon　　うん、そうともさ
Oh, yeah

この本の最後のパートのキイワードは、ライフストーリーだ。つまり黒人コミュニティで暮らす人たちの人生の諸相を、ブルースがどんなふうに語るのかをみるという狙いで曲を配置した。そんな人生語りのパートの最初の曲の話題は、ブルースとの出会いだ。

ブルースは、音楽のジャンルや形式をさす語であると同時に、憂鬱や気のふさぎ、悲しみといった気持ちや感情を指すことばでもある。そして、そうした気持ちや感情はときに心の外側に投射されて、ときにはまるで事物のように語られ、さらには擬人化されることさえある。ブルースということばの使われ方は、ブルース・ソングの歌詞の中では、「心に悩みを抱えてる、おれはブルーさ(Trouble in mind, I'm blue)」というような感情の状態の表現にとどまらない。ブルースが川のように流れたり、夕立のように降りそそいだり、生き物のように床を這いまわり、人間のように歩

いてきて人に話しかけたりさえするのだ
　ブルースの疑人化の例を挙げてみよう。ビッグ・ビル・ブルンジーは、〈カンヴァーセイション・ウィズ・ザ・ブルース〉という曲で、まるで人間相手みたいに、ブルースにこう語りかける。「なあ、ブルースよ、あんたにちょっといいたいことがある。あんたのおかげで、彼女に逃げられた。あんたがおれに密造酒を飲ませ、ギャンブルや夜遊びをさせた。いいかげんに、可哀想なビルさんを勘弁してやってくれよ。首の骨を折って死んじまうようにと、お尻を押すのはやめて、生きる手助けをしてくれよ。」自分の中のブルーな気分を追っ払うために、飲んだり遊んだりする。もちろん、それはブルースの歌詞の定番だ。しかし、そうした気分のもとは、じつは自分の外側からやって来た何らかの強い力で、そしてその力にはキャラというか、人格みたいなものがそなわっているという語り方も、ブルースの歌詞にはあるというわけだ。
　ブルースが連れてくるのは、不運《バッド・ラック》にトラブルと相場が決まっている。では、人はそんな性悪《しょうわる》なブルースと、いったいいつ出会うのか。メンフィス・スリムみたいに、「おれはブルースと一緒に生まれてきたのさ」とうそぶく歌い手もいる。しかし、生まれながらの付き合いでなければ、ブルースとの「初めての出会い」が歌の題材になりうる。モダン・ブルースの世界では、このバディ・ガイの〈初めてブルースに会ったとき〉の熱演が、そうした歌の代表格といっていいだろう。〈ストーン・クレイジー〉や〈ホウェン・マイ・レフト・アイ・ジャンプス〉などと並ぶガイの一九六〇年代のチェスでのスロウ・ブルースの名品の一つで、エリック・クラプトンやジャック・ブルース、スコット・ホルト、そして日本ではウェストロード・ブルースバンドがカヴァーしている。

この歌の主人公は、一人で森の中を歩いていてブルースに出会う。どうやらブルースは、野生生物か、それとも自然物に宿る精霊みたいに、森の住人であるらしい。主人公は、ブルースに追いかけられて逃げまわる。なんとか家に逃げ帰ったけれど、後をつけられていた。それからというもの、ブルースは主人公に取り付いて悪さをする。朝も昼も晩も、主人公を離れようとはしない。「ブルース」は「ブルー」の複数形だから、二番の「ブルースがおれを追いかけてきた」の原詞を見てもらえばわかるように、ブルースを指す代名詞は「they」と複数形になる。そのため、ブルースがわさわさと群れをなして追っかけてくるというイメージになって、これはなかなかこわい。いっぽう三番では、主人公は「ブルースさん」とブルースを一つの人格のように呼び、「おはよう」のあいさつをする。矛盾しているようだけど、ブルースというものは、そんなふうに変幻自在らしいのだ。歌のお終いまでくると、主人公は、ブルースがいる暮らしにすっかり慣れてしまい、一種のあきらめの境地にあるようにみえる。

この歌はバディの自作ではなく、ブルースとブギとジャズがまだ未分化だった時代を知る南部出身のピアニスト、ユーリアル〝リトル・ブラザー〟モンゴメリーの作だ。この曲が録音されたときのいきさつは、バディの自伝、『おれが家を出たとき』[i]に詳しく語られている。ルイジアナとミシシッピの県境の小さな村、レッツワースで生まれ、電気も水道もない一部屋だけの小屋（マーシー・ディーの名演で知られ後にバディもカヴァーした〈ワン・ルーム・カントリー・シャック〉を思い浮かべてほしい）で育ったバディは、一二のとき、父親が買ってきたレコード・プレイヤー（やっと電気が来た？）から流れる七八回転盤のジョン・リー・フッカーの〈ブギしなよ、みんな（ブギ・チレン）〉（二四章参照）を聴いて、ギターを弾きたいと思うようになった。姉の住むバトン・ルージュでバンド活動を始め、一九五七年にほぼ二十歳であこがれのマディやウルフが住むシカゴへ出てきたバディは、マジック・サムの紹介でウィリー・ディクスンと知り合い、コブラやチェスに録音するようになった。しかし、チェス・レコードのボスのレナード・チェスは、シカゴのブルース・クラブの客を熱狂させたバディの、テレキャスターの派手なサウンドやギター・スリム譲りのワイルドなステージぶりを評価せず（「うるさすぎる！」）、彼を主にスタジオのセッションマンとして使った。そんなバディの、チェスでの初の自己名義のレコードが、この〈初めてブルースに会ったとき〉だった。

　この曲の吹きこみを提案したのは、ウィリー・ディクスンだった。ウィリーは、少年時代にミシシッピ州ヴィックスバーグでリトル・ブラザー・モンゴメリーの演奏を聴いて大いに感銘を受け、シカゴで再会してからも、リトル・ブラザーをリスペクトしてコブラでのセッションに招いたりしていた。バディはひょっとしたら、この曲の、〈ザ・ファースト・タイム・アイ・メット・ユー〉という題がついたリトル・ブラザーのオリジナル（一九三六年のニューオーリンズ録音）を聴いたことがなく、歌詞のメモか口立てでウィリーから曲を教えられただけだったかもしれない（ウィリーはマディやウルフにはいつも口立てで曲を教えた）。バディは、スタジオで、歌の出だしから目を閉じ、ふるさとの森の中を歩いているつもりになって歌ったという。[ii] 原曲からテンポを落とし、教会の説教師のように歌詞を繰り返したり、呼びかけの語を挿入したりして歌を伸ばしたバディは、四番まであった歌詞のうち三番までしか歌わなかった。[iii] 明らかにB・B・キングを意識したこの歌のレコーディングが、珍しくレナード・チェスの気に適った。バディによればレナードは、シングル盤にして出してやるから名前をバディ・キングかキング・バディに変えろと、ウィリーを介して迫ったという。B・B・やフレディのような、売れているキングたちにあやかれといったのだ。バディは抵抗して、なんとか本名でこの曲を世に出すことができ、そしてこれは彼の定番曲のひとつになった。

チェスを離れて、一つ年上のハーモニカ奏者ジュニア・ウェルズ（一九章参照）と組んでから、バディは、シカゴのモダン・ブルース・ギターの名手の一人として、広く白人聴衆にブレイクすることになった。大きなコンサートや海外を含むツアーで、彼の名声は確立された。七〇年代の半ばにシカゴにいたころ、彼が見られたらと、筆者はサウスサイドの彼のクラブ、チェッカーボード・

ラウンジへ何度か足を運んだが、バディはツアーでいないか、いてもビリヤードをしたりして寛いでいて、演奏を聴くことはできなかった（ソウルブラザー風のファッションの彼の弟、フィル・ガイの演奏なら一度観たけど）。バディは、スタジオでセッションマンとして演奏するときの物静かな自分と（たとえば、ココ・テイラーの大ヒット、〈ワン・ダン・ドゥードル〉でギターを弾いたのは彼だ）、ステージで派手な演奏をする自分と、二人の自分がいると自伝で語っている。もともと内気で、バトン・ルージュ時代の最初のバンド活動では、観客に面と向かうことができず、壁のほうを向いてギターを弾いていたという。ところが、ツアーに来たギター・スリムに心酔して、彼の曲弾き（Tボーン・ウォーカーから継承した、両脚の間で弾いたり、背中で弾いたり、ステージから飛び降りたり天井からぶら下がったりしながら弾いたり）を真似るようになって、ステージに上がると何かが憑くようになったとバディはいう。その技を駆使して、オーティス・ラッシュやマジック・サム、アール・フッカーといった名手がしのぎを削るシカゴのブルース・クラブ・シーンで、自分の足場を確保したのだった。

この曲のオリジネイターのリトル・ブラザー・モンゴメリーについては、筆者には悔いが残る。リトル・ブラザーは、一九〇六年にルイジアナ州のケンウッド（バディの生地から何一〇キロか東）に生まれ、独習でピアノを弾くようになり、一一歳のときに家出をして、ピアノで食べながら南部のバレルハウスや木材切り出しの飯場などを回ったという早熟なミュージシャンだ。彼の〈ヴィックスバーグ・ブルース〉は、“44”(Forty-Four)と呼ばれる南部のバレルハウスピアノ・ブルース曲の系譜の記念碑的な演奏だとされる。[iv] 筆者がシカゴにいたとき、そのリトル・ブラザーは、住んでいたところから歩いてでも行けたノースサイドの学生・若者向けのクラブ(たぶんWise Fool's Pubじゃなくて Elsewhere on Lincoln)のウィークデイ・ライヴに毎週のように出ていた。なのに、フェントン・ロビンスンやオーティス・ラッシュの追っかけに夢中だった私は、彼がどれだけ歴史的に重要な存在で、その音楽がどれだけ滋味に富むものなのかを、若気の至りでわかっていなかった。

リトル・ブラザーの短い評伝から、二〇年代後半に、彼と旅をしたバンジョー奏者の回想を紹介しよう。舞台はニューオーリンズのキャバレー。彼(ダニー・バーカー)はまだ若くて、キャバレーに入れないはずだったが、そこのハウスバンドのバンジョー奏者の使い走りをしたり、彼がカード賭博をしているあいだ代演をしたりしていた。「ある晩、私は、早くにアレー[キャバレーの名前]に行った。キャバレーの中からピアノの音が聞こえて来た。それを聴いて、私は興奮した。そんなにテンポがゆっくりで、そんなに悲しくて、そんなに入り組んだブルースの演奏を聴いたことがなかったからだ。自分はどんなテンポでも弾けると思っていたのに、これはいったい何なんだろう。私が聴いたピアノは、正確なテンポで、拍子が完全に合っていて、そして葬送曲よりゆっくりだった。私は、裏口からキャバレーに入り、ピアノのところへ行った。」

「その人は目をつぶって、自分が楽しむためにピアノを弾いていた。ごく小さな声で歌っていた。彼は長いこと演奏したあと、振り向いて、やさしい物腰で私にいった。『こういうブルース、好きかい？』『ええ、とても。何ていう曲なんですか？』『これがあの〈ヴィックスバーグ・ブルース〉さ』彼は弾き続け、私は聴き続けた。演奏が終わったとき、名を尋ねた。『リトル・ブラザーだよ』『この街の人なの？』『いや、ルイジアナ州ケンウッドの生まれ。金曜までこの街にいて、そのあとミシシッピを何週間か旅して、金をいくらか稼ぐ。そのあと、またこの店に帰ってくるよ』」[v] リトル・ブラザーは、ダニー少年がバンジョーを弾くと知ると、楽器を取り出して弾くようにといい、その種のスロウな曲の演奏の仕方をコーチした。そのうちにハウスバンドのメンバーが三々五々にやってきて、そのままジャムになった。そして、ダニー少年は結局、親の許可をとってリトル・ブラザーのバンドに加わり、ミシシッピへの演奏旅行に出かけることになった。

このダニー少年と同じように、リトル・ブラザーが目を閉じて〈ヴィックスバーグ・ブルース〉を弾くのを、至近距離で聴くことができたかもしれなかったのにと思うと（週日のセッションにはそんなにお客はいなかったから）、四〇年以上たったいまさらながら、残念でならない。[vi]

i　Buddy Guy with David Ritz, *When I Left Home*, DaCapo, 2012.

ii　前掲書、p.138。

iii　リトル・ブラザー・モンゴメリーの原曲の四番はこうだ。「The blues came down on my alley, Mama / And stop right at my door / The blues came down on my alley / And stop right at my door / They give me more hard luck and trouble / Than ever havin' before」。これはただの推測にすぎないが、「最初にブルースに会ったとき」という一番の歌詞は、牧師の説教にときおり出てくる「初めて神に会ったとき」という神秘体験（?）の語りをヒントにして書かれたものではないかと思う。アル・グリーンは深夜にホテルの一室で神に会い、聖霊に満たされたそうだが、南部のキリスト教では、「初めて神に会ったとき、私は森のなかを歩いていた」というのは、ほとんど定番の語りのパタンだ。コメディアンのリチャード・プライヤーが、教会のお説教をネタにした漫談でそれをパロって、「初めて神に会ったとき、私は都会の裏通りを歩いていた。路地の奥から、『こちらへ来なさい』と、神の声が聞こえた。でも、私は行かなかった。だってそれはひょっとしたら神の声ではなく、バットやナイフを持った悪いニガーたちの声かもしれなかったから」などとネタにしているくらいのものなのである。

iv　〈フォーティ・フォー〉の原形となる演奏はルイジアナのローカル・ピアニストのあいだで形作られ、それを集大成したのがリトル・ブラザー・モンゴメリーだとされる。リトル・ブラザーはその曲をリー・グリーンに教え、そしてグリーンがルーズヴェルト・サイクス（一一章参照）に教えた。サイクスはその演奏に歌詞をつけ、一九二九年に"44 Blues"として吹きこんだ。二か月後に、グリーンが別の詞をつけて"Number 44 Blues"として吹きこみ（サイクスの四四は銃の口径だが、グリーンの歌では列車の番号だった）、翌年にリトル・ブラザーが四四という数字とは関係ない"Vicksburg Blues"として吹きこんだ。サイクスのもリトル・ブラザーのもよく売れたが、サイクスのほうが、ハウリン・ウルフのカヴァーに代表されるように、ギター・ブルースに移されて今に伝わることになった。

v　Karl Gert zur Heide, *Deep South Piano: The Story of Little Brother Montgomery*, Studio Vista, 1970, pp.35-36.

vi　リトル・ブラザーは、一九七五年の第三回のブルース・フェスティヴァルに、オーティス・ラッシュやビッグ・ジョー・ウィリアムズらとともに来日しているが、残念ながら、そのとき筆者はまだシカゴにいた。

BRIGHT LIGHTS, BIG CITY

(Written by Jimmy Reed)

灯りまぶしい大都会　――ジミー・リード

Bright lights, big city gone to my baby's head
Ooh, bright lights, big city
　gone to my baby's head
I tried to tell the woman
　but she don't believe a word I said

All right, pretty baby,
　(you gonna) need my help someday
Ooh, it's all right, pretty baby,
　you gonna need my help someday
You're gonna wished you had listened to

灯りまぶしい大都会が、あいつをのぼせ上がらせた
ああ、灯りまぶしい大都会が、
　あいつをのぼせ上がらせた
あの女に教えてやろうとしても、
　おれのいうことなんかちっとも信じやしない

まあいいさ、可愛いおまえ、
　そのうちおれの助けが必要になるさ
まあいいさ、可愛いおまえ、
　そのうちおれの助けが必要になるさ
そのとき、おれのいうことを少しは聞いとけば

some of those things I say

Go ahead, pretty baby, honey,
knock yourself out
Ooh, go ahead, pretty baby, honey,
knock yourself out
I still love you, baby, 'cause you don't know
what it's all about

Bright lights, big city went to my baby's head
Ooh, bright lights, big city
went to my baby's head
I tried to tell the woman
but she don't believe a word I said

よかったと思うだろうよ

どうぞおやり、可愛いおまえ、自分で自分の足を
すくってひっくり返ればいいさ
ああ、どうぞおやり、可愛いおまえ、自分で自分の
足をすくってひっくり返ればいいさ
でもやっぱりおまえが愛しい、自分が何をしてるか
まるで分かってないんだから

灯りまぶしい大都会が、あいつをのぼせ上がらせた
ああ、灯りまぶしい大都会が、
あいつをのぼせ上がらせた
あの女に教えてやろうとしても、
おれのいうことなんかちっとも信じやしない

「こういうまぶしい灯りについて、歌を書こうと思うんだ」と、一九六一年のたぶん春か夏に、ジミー・リードはママ・リード（メアリー・リー・リード）にいった。「どういうこと？　あんなそこらの家の灯りを、歌にするっていうの？」ママ・リードは、この人（また）変になってしまったのかしら、と思いながらたずねた。「いや、南部を車で走ってて、大きい街へ車で入るとさ。あんまり灯りがまぶしいもんで、目がくらんで運転しづらくて、速度を落とすことがあるだろう。」ああ、そういう歌ねと、ジミーの比翼連理の妻、ママ・リードはピンときて、「それならタイトルは、〝ブライト・ライツ、ビッグ・シティ〟にするといいわ」と提案した。

昔の田舎の夜の暗さは、いまの都市圏に住む人たちには実感できないだろう。ささやかな人家の灯りを離れると、月が出てなければ真の闇。そのかわり晴天なら、星はほんとに降るようだ。そんな南部の田舎から、ビルが立ち並ぶ都会へ出てきたお上りさんの目には、夜の街の輝く灯火はまぶしくて、目がくらむ思いだっただろう。

とりわけ、シカゴのような大都会ともなれば、夜中も電車が走り、バスが走る。摩天楼を背にしたダウンタウンのショーウィンドウには贅沢品が並び、盛り場は不夜城。買物だって、夜遊びだって、ふところに緑の紙束がありさえすれば、思いのままなのだ。若い者は、ジミーの盟友のエディ・テイラーが〈大都会のプレイボーイ〉（八章）で歌ったように、にわかに（お金もないのに）いっぱしの都会人を気取ったりする。この歌の主人公の恋人もしくは妻も、都会の灯の明るさに目がくらんで、物事がよく見えなくなったのだろう。具体的にどんな事柄なのかは歌われていないが（だから聴く人の多くが勝手に事情を思い浮かべて感情移入できる）、少しは都会暮らしを知っている彼氏の目から見れば、よせばいいのにと思う話に乗ったり、付き合わないほうがいいのにと思う人間と付き合ったり、あるいは無考えな無駄遣いをしたり、とにかく見ていてあぶなっかしくて仕方がない。でも、自分の忠告や助言には聞く耳を持たない彼女が、しかし主人公は好きなのだ。だから肩をすくめて、「そのうちにおれのいっていることがわかるときが来るさ」と独りごとをいう。もちろん、彼女が、心配したとおりの困った事態にぶつかったら、主人公はため息をつきながら救いの手を差し伸べるだろう。ときには、ああもう、そんなにおれのいうことが聞けないのなら、勝手に自分で自分の足を引っぱってひっくり返るがいい、と突き放したくなるときもあるけど（三番）、でもやっぱり主人公は彼女が好きなのだ。だから、その一挙手一投足から目を離すことができないでいる。

ママ・リードの助力を得て書かれたこの歌は、要するに、田舎から都市へ移住した人たちにとっては、「あるある」な経験だった。いつもながらのジミーのゆるゆるのヴォーカルとハープを、レフティ・ベイツとジミー・リード・ジュニアのギター（息子のジュニアはリードの曲でエディ・テイラーの代わりが務まる唯一のギタリストといわれた）、アール・フィリップスのドラム、そして、ママ・リードのバック・コーラスがサポートして録音され、五五年の〈ユー・ドント・ハフ・

トゥ・ゴー〉以来の、〈エイント・ザッド・ラヴィン・ユー・ベイビー〉〈オネスト・アイ・ドゥ〉〈ベイビー・ホワット・ユー・ウォント・ミー・トゥ・ドゥ〉〈ビッグ・ボス・マン〉といった大有名作を含むヴィー・ジェイ（VJ）・レーベルでのジミーのヒットの、一八番目で最後の曲になった。ローリング・ストーンズやアニマルズ、ロッド・スチュワート、ジョニー・ウィンター、ニール・ヤング、カウント・ベイシー、ジェイムズ・ブラッド・ウルマーからカントリー＆ウェスタン畑のチャーリー・リッチやスリーピー・ラビーフまで、幅広いジャンルの人たちにカヴァーされてスタンダード化した。

一九五〇年代後半から六〇年代初めにかけて、ジミー・リードは、押しも押されぬスターだった。黒人の間でも大人気だったし、主流のポップスのマーケットにクロスオーヴァーして、白人のファンもたくさんいた。戦後のダウンホーム・ブルースのブームが終わり、チャック・ベリーやファッツ・ドミノらの〝ロックンロール〟に押されて、マディやウルフが苦戦しはじめた時期にも、ジミーは失速しなかった。子どもの頃からの友人のエディ・テイラーと二人三脚で編み出した、独特の親しみやすいブギのリズムが最大の武器だったのはたしかだが、ジミーのシンプルで共感を呼ぶ歌詞を書く力も大きなヒット要因だった。[ii] さらに重要なのは、その独特の脱力感と紙一重のリラックスしたムードだ。一杯機嫌のブルースマンのジミーは、マディ・ウォーターズやハウリン・

ウルフのような男臭さとは無縁なスタイルでゆるゆると歌い、ラックで首にかけたハーモニカを吹いた。

そもそも、たとえばマディのように、スターになるのだと意気ごんでシカゴへ来たわけではなかった。一九二五年にミシシッピ州ダンレイスで生まれたジミーは、二つ年上の相棒、エディ・テイラーのような名演奏者ではなかった。いろいろあって、二度目にシカゴへやってきたとき、彼は女房子どもを抱えた家庭人で、屠場《ストックヤード》や工場などで働きながら、でも好きが昂じてエレクトリック・ギターとアンプを買って、街頭へ出て演奏をしはじめた。技量が足りないから、他のアーティストのコピーができない。他人の歌を覚えて歌うのも苦手で、だから自分で歌詞を作っては歌う。つまり、ジミーのオリジナルのスタイルとサウンドは、不器用な人間の工夫が生んだ独創性に、名手エディが絶妙の手を加えて成り立ったものだ。とはいえ、あなどることはできない。いわゆるジミー・リード・スタイルは、簡単そうに聴こえるからよくカヴァーされ、各地にフォロワーが出たが（とくにルイジアナからはスリム・ハーポやレイフル・ニールといった単なる模倣者の域を超えたハーピスト／シンガーが登場した）、しかし、あの味わいを再生するのは至難のわざだ。ソングライティングのほうも、あれだけ単純な語彙で、あれだけ含みと味のある歌を書くなんて、並みの者にはできない。その代表例が、スワンプ・ポップ風のメロディラインのラヴソング、〈オネスト・アイ・ドゥ〉。シンプルだが、ちょっと書けない名曲だ。

先に一杯機嫌のブルースマンと書いたが、売れて、キャリアが確立されるにつれて、その飲酒癖は、アルコール依存症のブルースマンの域に入った。ライヴでも、スタジオでも酔っぱらっていた。スタジオではママ・リードが、ツアーではエディやマネージャーのアル・スミスが、なんとかちゃんとしたパフォーマンスができるようにと、気を配った。録音セッションで、自作の歌なのに、酔ったジミーが歌詞を忘れてしまうので、録音中にママ・リードが横から歌詞を耳打ちしたりした。ママのレコーディングでのコーラスは、じつはその耳打ちの延長線上で始まった。

ジミーの酔漢ぶりについては、ちょっと出来すぎの感があるが、バディ・ガイがこんな回想をしている。バディがシカゴにやってきたばかりのころ、夜中にルームメイトに叩き起こされた。「おまえが好きなジミー・リードが、いま、ペッパーズ・ラウンジで演奏してるぞ。」ジミーは、バディのルイジアナ時代からのあこがれのスターで、シカゴに来てからも、流しのミュージシャンみたいにしてリクエストされるジミーの曲を演奏して、食事代を稼いだこともある。あわててとび起きて、四三番街のペッパーズへ走った。どうやら、すごく盛り上がったショウだったらしい。店の前のあちらこちらに、酔っぱらったり踊り疲れたりしたらしく、へたりこんでいる人がいた。入口のドアから入ろうとして、うっかりそのうちの一人を踏んづけてしまった。

「今夜は、ジミー・リードなんですよね。」「そうだったよ。もう演奏は終わった」とバーテンダー。「会いたいんです。リードさんに会いたいんです。」「もう会ってるよ。」「え、どういうことですか?」

「おまえさんが、クラブに入ってくるときに踏んづけた男。あれがそうだよ。」本当だった。ジミーはペッパーズの入口の前で、顔を溝に突っこみ、ぺちゃんこになった赤いフェルトのソフト帽をかぶって、平たくのびていた。おい、バディ、よりによってジミーの頭を踏んづけたんかい、とツッコミを入れたいところだが、それはさておき、そのときのジミーは、単に酔いつぶれていたのではない可能性がある。五〇年代の後半にてんかんを患うようになったのだが、深酒のために、この病気の発見が遅れたのだ。家族の話では、医療を受け、毎日薬を飲むようになったジミーは、発作が起こるのがこわくて酒を飲むという、一種の悪循環のような状態になったという。エディ・テイラーは、そんなジミーを見捨てられず、離れてはそばに戻ってくるというのを繰り返したようだ。

六〇年代には、酒と病気でジミーの演奏は精彩を欠くもの（ときにはよれよれ）になったが、ヒット曲は出せなくても、名声と仕事はあった。七〇年代半ばに再起を決意して、お酒を絶ちリハビリに務めた。じつは筆者はこの時期に、シカゴのノース・サイドのクラブ（ワイズ・フールズ・パブ）で、彼のステージを観ている。たぶん息子のジュニアをリズム・ギターに配したコンボでの演奏で、代表曲のオンパレードが楽しかった。しかし、長年のお酒との付き合いのせいだろう、まだ四〇代なのに、ずっと年を取った人のように見えた。それから一年とたたない一九七六年の八月末に、ジミーは、ツアー先のオークランドのホテルで眠っているうちに強いてんかんの発作を起こし、呼吸困難になって亡くなった。五〇歳になる八日前のことだった。しっかりもののママ・リードは、ジミーの死後、子どもたちとともにチェス兄弟を訴え、生前受け取ることができなかった彼の曲からの巨額の著作権料の、ぜんぶは無理だったようだが一部を取り返した。思えば、ミシシッピでジミーと結婚し、一緒にシカゴにやってきて、スタジオにまで付き添い、彼の最後のツアーでもマネージャー役を務めたママは、〈灯りまぶしい大都会〉に歌われた彼女とは、まったく反対のタイプの女性だったといえるだろう。

i　Will Romano, *Big Boss Man: The Life & Music of Bluesman Jimmy Reed*, Backbeat Books, 2006, pp.125-126.

ii　ジミーも、そしてエディも、学校にあまり行かず読み書きがほとんどできなかったので、正確には、歌詞を作る力といったほうがいいだろう。事実、ジミーは、ヴィー・ジェイの創設者のひとりのヴィヴィアン・カーターに紹介され、「あんた、歌を書くの?」と尋ねられたとき、「いや、書かないよ。作りはするけどさ」と答えたという。文字を使わず、頭の中だけで練って、日常の会話の延長線上に歌詞を作ったおかげで(これはダウンホーム・ブルース以来の伝統なのだが)、彼の歌はわかりやすく、多くの人にアピールするものになった。しかし、二ついいことはない。文字が不得意なために、ジミーは、マディやウルフや、その他のチェスのアーティストと同じく、何を書いているのか読めない契約書にサインさせられて、ヴィヴィアンたちやのちにはチェス兄弟に、アーティストのロイヤルティや曲の著作権料の大半を吸い上げられることになった。

第三三章

CADILLAC ASSEMBLY LINE

(Written by Mack Rice)

キャディラックの組立ライン　——アルバート・キング

Goin' to Detroit, Michigan
Girl, I can't take you
Hey, I'm goin' to Detroit, Michigan
Girl, you got to stay here behind
Goin' to get me a job
On the Cadillac assembly line

ミシガン州のデトロイトへ行くよ
おまえをつれては行けない
ヘイ、ミシガン州のデトロイトへ行くよ
ねえ、ここで待っていておくれ
キャディラックの組立ラインで
仕事を見つけるんだ

I'm tired of whoopin' and hollerin'
Up and down the Mississippi road
Hey, I'm tired of whoopin' and hollerin'

ミシシッピの道を行ったり来たりして
叫んだりわめいたりはもううんざり
ヘイ、あのいまいましい綿を摘む作業をして

Pickin' that nasty cotton
Gonna catch me a bus up north
I won't have to keep sayin' "yes'sir boss"

Goin' to Detroit, Michigan
Girl, I can't take you
Hey, I'm goin' to Detroit, Michigan
Grl, you got to stay here behind
Gonna get me a job
On the Cadillac assembly line

Well, girl, if you'll be alright
And keep your blue jeans zipped up tight
When I make my first check
I'll put you on the Delta jet
Hey, hey, I'm gonna send for you, darlin'

叫んだりわめいたりはもううんざり
北へ向かうバスに乗るよ
「はい、旦那」といってペコペコする暮らしとは
もうおさらばだ

ミシガン州のデトロイトへ行くよ
おまえをつれては行けない
ヘイ、ミシガン州のデトロイトへ行くよ
ねえ、ここで待っていておくれ
キャディラックの組立ラインで
仕事を見つけるんだ

ねえ、おまえ、おまえが身持ちをよくして
ジーンズのジッパーをきちんと締めたままにしてたら
最初にもらった給料の小切手で
デルタ航空のジェット機に乗せてやる

Won't you come on home

ヘイ、ヘイ、切符を送るよ
ふたりの家に来ておくれ

一九七〇年代の半ば。シカゴで学生をしていた私のところに、Sさんという若い旅人《たびにん》が、突然転がりこんできた。「大学進学の代わりに」と親にお金を出させて、米国にブルース旅行に来たというのだ。私の家の住所を知ったのは、いまや伝説の雑誌『ザ・ブルース』の編集部関係のつてで。間もなく、持ち前の行動力と飲酒力と可愛がられ能力とを駆使して、黒人ミュージシャンたちの間に入りこんで行った。ビッグ・ジョン・レンチャーという片腕のブルース・ハープ吹きの車に同乗して、南部の田舎町をツアーして回ったりもした。

私は、一応学業があるから、自在に動くSさんと旅したのは、一度だけだった。行き先は、シカゴから南部へ向けてずんと川を下ったところにあるセントルイス。脂っこくふにゃふにゃした豚の耳のサンドウィッチを缶ビールで嚥《の》み下しながら、二人で深夜の黒人街をうろついた。ドック・

テリーやトミー・バンクヘッドといった、当時はほとんど外では知られていなかったローカル・ブルースマンが出るクラブを探して。

たしか、バンクヘッドが出る酒場でのことだったと思う。ライヴが始まるのを待っていたら、ジュークボックスから、この街と縁が深いアルバート・キングの新曲が流れた。しかも繰り返し。それが、ソウルフルなこの曲、〈キャディラックの組立ライン〉だった。

胸にしみた。あの唯一無二のアルバート王のメロウなギターの音色と、そして、南部からデトロイトへの移住を歌ったこの歌詞。店には初老のおじさんが一人いて、この歌を聞こうと繰り返しコインを投げこんでいた。きっと歌に似た経験があるんだろうなと、勝手に想像した。とにかく、あのころまだブルースは、〃コミュニティ（黒人居住区）〃の少し年をくった黒人たちの胸にしっかり息づいていた。

これまで、八章（エディ・テイラー）や三一章（ジミー・リード）など、南部から中西部や東海岸北部や西海岸の都会への、アフリカン・アメリカンたちの大移住（the Great Migration）が背景になっている歌をいくつか取り上げてきた。この歌ではもっとストレートに、都会への移住そのものが歌われる。もちろん古くから、「二人でシカゴへ行って、楽しい家庭を作ろうよ」と彼女を誘う〈スウィート・ホーム・シカゴ〉や、旅立ちの心を歌う〈キイ・トゥ・ザ・ハイウェイ〉、都会に来てしまってから、ミシシッピにいる彼女に手紙を届けてくれと青い羽根の小鳥に頼む〈ブルーバード・ブルース〉など、移住を歌うブルースの名曲は少なくない。そうしたブルースの一九七〇年代版といっていいこの歌の大きな特徴は、自動車の街《モーター・シティ》デトロイトにあるゼネラルモーターズの工場の、キャディラックの組み立てラインで働くと、主人公の移住後のプランがピンポイントで特定されていることだ。ブルースにはよく車が出て来るが（女性やその身体を車やそのパーツにたとえるというのがよくあるパタン。RCサクセションの〈雨上がりの夜空に〉はその末裔？）、中でもよく登場するのが大衆車のフォードT型モデルだ。いっぽうキャディラックは、ご存じのように、米国社会のとくに庶民にとっては富と成功の象徴だ。その高級車を、乗り回す側にはなれなくても、組み立てる流れ作業のラインで働くというのは、南部の綿畑でラバを追うかトラクターを運転して、〝「はい、旦那」といってペコペコする暮らし〟をしているシェアクロッパーにとっては、いい収入の象徴であり、輝かしい未来への第一歩なのだ。[ii] でも、主人公にはたいした貯えもないし、とりあえずの仕事のあてもない。だから、一人で向こうにいく。うまくいい仕事につくことができて、ちゃんとした部屋を借りたら連絡するよ。飛行機の切符を送る。だから淋しいのは我慢して、〝ジーンズのジッパーをきちんと締めたまま〟、身持ちを固くしていておくれ。

　主人公は、がんばって正規のブルーカラーの仕事につき、酒や女や賭け事に目もくれずお金を貯めて、彼女を呼び寄せたかもしれない。でも、数多い移住者たちの中には、こんなふうに言い残していって出ていったまま、飛行機の切符はおろか、便り一つよこさない男だっていただろう。そしてもちろん、待って、待って、待ちきれずに、ついついジーンズの〝ジッパーを下した〟女だっていただろう。だから、この歌の行間には、惜別があり、信頼があり、不安があり、祈りがある。この歌を聴くたびに筆者は、その先に主人公たちのハッピーエンドあれかしと、つい願ってしまう。

これは、五章の〈小さな青い鳥《リトル・ブルーバード》〉と同じく、ブルース歌手たちの共有財産の色合いが強いダウンホーム・ブルースではなく、専業のソングライターが書いた新作ブルースだ。作者のボニー〝サー・マック〟ライスは、ミシシッピ州クラークスデイル生まれ（一九三三年）で、一七のとき、歌と同じようにデトロイトに（ただし一人ではなく家族と一緒に）移住した。ジョー・スタッブス、ウィルスン・ピケット、エディ・フロイド、ロバート・ウォードらが在籍した伝説のソウルのヴォーカル・グループ、ファルコンズに入ったが、さすがにこの豪華なラインナップの中では目立たなかった。一九六四年に発売されたフォードのベビーブーマー世代向け中型車マスタングの人気にあやかるべく歌を書き、自ら歌った〈マ（ム）スタング・サリー〉(1965) がヒットして（翌年ウィルスン・ピケットがカヴァーしてより大きいヒットになった）、その曲作りの才能が注目されるようになった。六〇年代後半にメンフィスのソウル・レーベル、スタックスのスタッフライターになって以降、ステイプル・シンガーズの〈リスペクト・ユアセルフ〉（ルーサー・イングラムとの共作）や、ジョニー・テイラーの〈チーパー・トゥ・キープ・ハー〉、ルーファス・トーマスの〈ドゥ・ザ・ファンキー・ペンギン〉、アルバート・キングの〈コールド・ウィミン・ウィズ・ウォーム・ハーツ〉等々、リズムと黒さを身上とする佳曲を数多く書いた。

この曲がヒットした一九七六年には、二〇世紀に入って始まった南部黒人の大移住が一段落し、一部では都会から南部へのUターンさえ見られるようになっていた。[iii] いっぽうで、七〇年代になって、教会を基盤にして進められた黒人への差別の撤廃を求める公民権運動と、いわばサポートしあう感じで広がったソウル・ミュージック（言い換えれば世俗音楽のゴスペル化）のムーヴメントも一段落し、いわゆるニュー・ソウルやファンクからディスコに至る都会派のサウンドが、黒人音楽の世界でも優勢になっていた。ブルースどころか、いわゆるサザン・ソウルさえ苦戦するようになったこの時期に、ブルースマンとして、B・B・キングと並んで健闘したのがアルバート・キングであり、この〈キャディラックの組立ライン〉を含む、彼のユートピア・レーベルとトマト・レーベルでの作品群だった。[iv] そうした七〇年代の録音である以上、この歌で歌われる出来事の時代設定はリスナーにとって、リアルタイムのものではなかった。一九五〇年代か遅くとも六〇年代、デトロイトにまだ斜陽の兆しなどなく、世界の自動車産業の中心だった頃。そのころ、田舎から都会へ出た若い自分を、中年や初老になった聴き手が振り返るという構図になる。そうそう、おれが初めて故郷を後にしたときも、こんなふうだったよなあ……。そのあと、なんとかうまく暮らしてこれたのか、それともつらいブルースの連続だったのか。彼女との再会はできたのか、それともあれっきりだったのか。移住後の道のりは人それぞれだ。でも、それがどうであっても、この歌は、聴き手の人生の歩みに応じた深い感慨を呼び覚ます。

　この歌を歌い、演奏したアルバートもまた、南部の綿花畑から北部の都市へと移住し、そして下積みが長かった人だ。同郷のB・B・キングより一つ年上で（B・B・の生地のイタ・ベナのすぐそばのミシシッピ州インディアノラで一九二三年に生まれた）、一三人きょうだいのしかも早くに父が出て行った家族で育ち、アーカンソー州フォレスト・シティや、シカゴに隣接する鉄鋼の町インディアナ州ゲイリー（ジャクスン5の出身地！）、セントルイスなど各地を転々として働きながら[v]バンド活動をした。五〇年代初めには、ジミー・リードのバンドでドラムを叩いていたこともある。[vi]左利きなこと、そして、巨体のため（身長一メートル九五とも二メートルともいう）ピックが彼の手には小さすぎたことなどから、たぶん苦心に苦心を重ねて、独自の演奏スタイルを編み出した。B・B・キングにあやかって、本名のアルバート・ネルスンをアルバート・キングと改め、やっと最初のヒット（一九六一年の〈ドント・スロー・ユア・ラヴ・オン・ミー・ソー・ストロング〉）を出したとき三八歳。スタックスに録音して一連のヒットを放ち（〈ランドロマット・ブルース〉やトミー・マクレナン作の〈クロスカット・ソー〉、そしてクリームにカヴァーされた〈悪い星の下に生まれて《ボーン・アンダー・ア・バッド・サイン》〉）、本格的な人気を得るようになったのは、四〇代も半ばを過ぎてからのことだった。以後、彼の、弦を張り替えずに左右を逆に持つギブスンのフライングV（B・B・のルシールに張り合ってかルーシーと名付けられた）から紡ぎだされた演奏が、エリック・クラプトンやスティーヴィ・レイ・ヴォーンをはじめとする多くのロック・ギタリストに大きな影響を与えたことは、周知のとおりだ。

最後に、アルバートとキャディラックについて、一つだけこぼれ話を。ブルースマンには玄人はだしのギャンブラーがけっこういるが、アルバートは、プールゲーム（ポケット・ビリヤード）の達人だった。ユートピア・レーベルのオウナーとしてアルバートと親しく付き合ったケヴィン・エジャーズは、彼がイースト・セントルイスのみすぼらしいプールバーで、対戦相手から千五百ドルの賭け金を勝ち取ったのを見ている。さながら、映画『ハスラー』の世界だ。ズボンの前側の右のポケットに音楽から得たお金を入れ、左のポケットに賭け事専用のお金を入れ、二つをぜったいに混ぜない、というのがアルバートのポリシーだった。そのあと、ユートピアから出すライヴ・アルバムのジャケット用に、レーベルがカメラマンを雇った。ツアーやライヴでの、アルバートの様子を撮ろうというのだ。アルバートは、そのカメラマンをツアーバスに乗せたら事故保険の掛け金が三五ドル増えるが、自分は本当に儲からないツアーをやっていて、そんな余分のお金はないとエジャーズに苦情をいった。その三五ドルはレーベルが負担することになったが、ツアーがデトロイトに差し掛かったとき、アルバートは、キャディラックの代理店を訪れて、奥さんのために新車を現金で買った。毎日、「金がない」といわれてうんざりしていたカメラマンが、そのことを伝える電話をエジャーズにかけてきた。何が「金がない」ですか、というわけだ。尋ねられて、アルバートは、「ああ、金はないよ。あれは、賭け事のほうのポケットの金で買ったんだ」と答えた。プールゲームで大勝ちしたので、車を買ったというわけだ。彼にとって、二つのポケットは、絶対に無関係なものだったのである。[vii]

〈キャディラックの組立ライン〉を歌ったころのアルバートはもう、即金で（それが賭けごとから得たお金であるにせよ）キャディラックが買える立場になっていた。ヒット・チャートでの成功はこの時期で打ち止めになったが、八〇年代以降も精力的にライヴを続け、九二年一二月にツアー先のメンフィスで、心臓麻痺で亡くなった（六九歳）。亡くなる前にも、B・B・キング、ボビー・ブランドとのヨーロッパ・ツアーの計画を立てていたという。その七二年のヒット曲のとおり、"I'll Play the Blues for You"の人生だった。

i　ヒューストンの第三街区がライトニン・ホプキンズにとっての〝王国〟だったのと同じように、セントルイスからミシシッピ川を渡った対岸に隣接するイリノイ州のイースト・セントルイス（若きチャック・ベリーがこの町の繁華街でクラブ修行をした）が、アルバートにとってのホームグラウンドだった。アルバートが通りを歩いていると、町の人がポーチや戸口からやってきたり、窓から顔を出したりして、「こんちは」と声をかけた。赤信号の前で止まっていると、車に乗っている人が、クラクションを鳴らしたり、「アルバート」と声をかけたりした。彼は、この町に住んではいなかったのに、土地の名士だったのだ。（CD『*Albert King: The Tomato Years*』（Tomato, 1994）のライナーノーツ本文の三頁）

ii　ただしじつは、移住した男にとって、自動車産業ははたして夢の楽園だったのかという問いが、この歌の先にはある。たとえば、ソウルフルな歌手、ジョー・L（ジョー・リー・カーター）は、沈うつにこんなスロウ・ブルースを歌う。「お願いだよ、監督さん、流れ作業のベルトコンベアの速度をおそくしとくれよ／働くのはかまわないけどさ／おれ、死にたくはないんだ（Please Mr. Foreman, slow down the assembly line / No, I don't mind working / But I do mind dying）」（デトロイトのClissacから一九六九年に出た“Please Mr. Foreman”。のちに再録音がHiから出、アンナーバー・ブルース・フェスに出演してのライヴ録音もあるところからして、ちょっとしたローカル・ヒットだったのだろう）。つまり、流れ作業の現場は、会社が生産性を上げようと工程をちょっとスピードアップさせると、たちまちとても過酷なものになるのだ。

iii　こうした大移住の終結が、ソウル／ブルース歌手の南部回帰の動きにつながった。Z・Z・ヒルのマラコ・レーベルからの復活と“Down Home Blues”（ジョージ・ジャクスン作）のヒットは、そうした黒人のUターンの流れを象徴する現象だったといえる。

iv　この曲が収録されたアルバム、『*Truckload of Lovin'*（トラックの荷台いっぱいの愛）』（Utopia/RCA 1976）は、フュージョン系のヒットメイカーでB・B・キングの〈スリル・イズ・ゴーン〉のアレンジャーだったバート・デコトーとトニー・シルヴェストルの製作で、ジョー・サンプルやワー・ワー・ワトスン、チャック・レイニー、ヘンリー・デイヴィス、ジェイムズ・ギャドスンら当時もっとも売れっ子のセッション・ミュージシャンをバックにつけたハリウッド録音だった。マック・ライスは、この曲以外に“Cold Women With Warm Hearts”と“Sensation, Communication Together”の二曲を提供しているが、他の曲も、エディ・フロイドとヘンリー・ホプキンズの“I'm Your Man”やジミー・ルイスのタイトル曲など楽曲の粒も揃っていて、七〇年代の新録ブルース・アルバムとしては、最上級のものだといえる。

v その巨体と滑らかなヴォーカルのコントラストから、アルバートは「ヴェルヴェット（ビロード）のブルドーザー」と呼ばれたが、この二つ名のきっかけは、彼がブルドーザーを運転したり、その整備工をしたりしていたからだという。

vi ジミーとジョン・ブリムの二人がギターを弾くから、ギタリストは要らないという理由で。つまり、当時のアルバートのギターの腕は、その程度だったのだ。

vii 注iで触れたCDのライナーノーツ本文の二〜三頁。

第三三章

DECORATION DAY

(Written by John Lee "Sonny Boy" Williamson)

デコレーション・デイ　——サニー・ボーイ・ウィリアムスンII

Lord, I had a woman
She was nice, lovin' and kind in every way
I had a woman
She was nice, lovin' and kind in every way
But the little girl died and left me
I have blues on every Decoration Day

I was standin' around her bedside
Thinkin' like what my baby had to say
Standin' 'round her bedside

ああ、かみさんがいたんだ
どこをとっても素敵で、情が深い、やさしいやつだった
かみさんがいたんだ
どこをとっても素敵で、情が深い、やさしいやつだった
だけど、あいつは死んでしまった
お墓を飾る日《デコレーション・デイ》が来るたびに、悲しい気分になる

おれはベッドのそばにいた
あいつの最後のことばを思い出すよ
ベッドのそばにいた

These are the last words my baby had to say
“Sonny Boy, please bring me some flowers
On every Decoration Day”

So sorry to leave you
But I done see the good Lord take her away
So sorry to leave you
But I know the good Lord will take her away
But I always will remember
And I won’t forget Decoration Day

あいつの最後のことばは、こうだった
「サニー・ボーイ、デコレーション・デイにはきっと
お墓にお花を持ってきてね」

おまえと別れるのはとてもつらいけど
神さまが連れて行ってしまったんだ
おまえと別れるのはとてもつらいけど
神さまが連れて行ってしまったんだ
でも、あいつのことはぜったい忘れない
デコレーション・デイのことも忘れない

たぶん読者の多くがご存じのように、坊や《サニー・ボーイ》やウィリアムスンを名乗ったハーモニカ吹きは二人いた。[i] ひとりは一九三七年から四八年までテネシー州ジャクスンやシカゴを本拠地に活躍し、一二〇曲余りのレコーディングを残した戦前期の人気アーティスト、ジョン・リー・カーティス・ウィリアムスン。そしてもうひとりは、アーカンソー州ヘレナのラジオ局KFFAで一九四一年に始まったライヴ番組、「キング・ビスケット・タイム」への出演をきっかけに南部一帯で有名になり、ジョン・リーのサニー・ボーイの死後レコーディングを開始、一九五五年から六五年までシカゴのチェス・レーベルで活躍、晩年にはヨーロッパへツアーしたりもしたアレック〝ライス〟ミラーだ。[ii] ライス・ミラーは、自分こそがオリジナルのサニー・ボーイ・ウィリアムスンだと主張し、自分のほうが古いと主張するために年までさばを読んだ（おそらく一九一二年生まれで、ジョン・リーのサニー・ボーイより二つ上なだけなのに、一八九九年生まれを自称して、自分が先輩で向こうのほうが真似をしたのだといったりもした）。同じ名のレコーディング・アーティストが二人はまぎらわしいので、一九七〇年代ごろから、便宜的に、ジョン・リーのサニー・ボーイをⅠ（一世）、ライス・ミラーのサニー・ボーイをⅡ（二世）と呼ぶようになった。

二人とも優れたハープ奏者であり、それぞれが味のある歌唱と演奏を聴かせてくれたが、この章では、後者のサニー・ボーイ・ウィリアムスンⅡのほうのパフォーマンスを取り上げる。ただし、モダン・シカゴ・ブルースの精華といっていいリズム・セクション（バディ・ガイのギター、ラファイエット・リークのピアノ、ジャック・マイヤーズのベース、クリフトン・ジェイムズのドラム〉を従え、最大限にしんみりと聴かせるこの〈デコレーション・デイ〉、じつはサニー・ボーイⅠの著名曲のカヴァーなのである。これについてはあとでもう一度触れるが、サニー・ボーイⅡは、ある意味「なりすまし」だったから当然とはいえ、サニー・ボーイⅠの持ち歌をけっこう歌っている。そして、サニー・ボーイⅠは、とてもすぐれたソングライターだった。ヒットした〈ドント・スタート・ミー・トーキン〉や〈ヘルプ・ミー〉をはじめ、サニー・ボーイⅡもある程度曲を書いてはいるが、サニー・ボーイⅠには、質量ともに及ばない。そこで、名前の継承者としてのⅡのあり方をよく示しているという意味もこめて、録音時の五〇過ぎという年輪に応じた深みのある、この追悼の歌のカヴァーを選んだ。

デコレーション・デイは、米国南部の人が行う、一言でいえばお盆のような行事だ。辞書で引くと、この語はメモリアル・デイと同じ、つまり戦没将兵記念日のことだと書いてある。南北戦争で亡くなった北軍兵士を称える日として始まり、のちに五月の最後の月曜日が、米軍のすべての戦没将兵を追悼するための連邦政府の記念日（休日）になったのだという。しかし、この歌のデコレーション・デイは戦没者限定ではない、南部の田舎にたぶんメモリアル・デイより古くからある催しだ。もともとは三月から九月のあいだの天気がよくて農作業が暇な時期に行なわれたが、政府の休日ができてからはそれに合わせるようになったらしい。近所の墓地を共にする仲間が連れ立ってまず日曜にでかけ、近親者のお墓やそのまわりを掃除して、花を飾る。そして翌日、きれいになったお墓の近くで、ピクニックをしたりするのだ。このイベントに合わせて、村を出て行った近親者のホームカミング、つまり里帰りが行われることもある。時期は違うけど、同じ農閑期ということを含めて、日本のお盆によく似ている。

歌の主人公の妻にあたる女性が病気になって、亡くなった。主人公はそのあとたぶんあちこちを転々とし、いまは独りで、おそらく妻のお墓がある土地にはいない。かりにその土地にいたとしても、親族や近所の人たちと連れだってお墓を掃除して花を飾り、そのあとピクニック、なんて華やいだことはしないだろう。でも、その催しの時期になると、亡くなった妻の在りし日の姿やことばが胸裏によみがえる。「お墓にお花を飾ってね、きっとよ」と、死期をさとったあいつは言ったんだよな。ああ、彼女を失ったときのあの気持ち、ほんとにつらかった。そうさ、あいつのことは一生忘れない。五月のデコレーション・デイが来るたびに、決まって思いだす。

サニー・ボーイⅠは、この曲を二度吹きこんでいる（一九三七年の〈デコレーション・ブルース〉と四〇年の〈デコレーション・デイ・ブルースNo.2〉）。サニー・ボーイⅡが下敷きにしたのは、たぶんドラムとピアノが入った後のほうの録音だが、原曲から余分な歌詞をそぎとり、[iv] サニー・ボーイⅠのとは味わいが違うハープソロを含めて、「歌われない部分」に万感をこめた仕上がりにした。

サニー・ボーイⅡはミシシッピ州タラハチー郡の綿花プランテーションでシェアクロッパーの子どもとして育ち、二〇代（一九三〇年代）にミシシッピとアーカンソーを演奏してまわるようになって、旅先で、ビッグ・ジョー・ウィリアムズ、ロバート・ジョンスン、ロバート・ロックウッド・ジュニア、エルモア・ジェイムズなどと出会った。それより前に、ハウリン・ウルフ（当時はまだただのチェスター・バーネットだったが）の〝義理の姉〟と付き合っていたことがあり、それが縁でほぼ同年輩のウルフにブルース・ハープの手ほどき（曲吹きのテクを含む）をしたり、街角でふたりで演奏をしたりしている。v

先に書いたように、四一年に始まったKFFA局の「キング・ビスケット・タイム」への出演をきっかけにサニー・ボーイを名乗るようになり、四八年にはこの番組で得た知名度を足がかりにアーカンソー州ウェスト・メンフィスのKWEM局に移って万能薬ハダコールがスポンサーの自分の番組を始め、「キング・ビスケット」での仲間（エルモアやヒューストン・スタックハウス、ビッグ・ボーイ・クルーダップ、ロバート・ナイトホーク等々）をメンフィス・エリアに呼び寄せた。この北上の動きは、サニー・ボーイⅠが四八年六月に急死したことと無関係ではないだろう。二人のサニー・ボーイはたがいに面識があり、サニー・ボーイⅠはもちろん、サニー・ボーイⅡが自分の名を名乗ってラジオ番組を持っていることを知っていた。しかし、深南部は自分の縄張りの外で実害がないという判断からだろう、サニー・ボーイと名乗るのをやめるようにと申し入れたり、法的措置をとったりはしなかった。IIがサニー・ボーイの名でレコードを出し始めるのは、Iが亡くなって少したった一九五一年。チェスと契約して（正確には最初のレーベルであるトランペットの倒産のあと債権者の手で彼の契約がチェスに売られて）Iの牙城だったシカゴに乗りこむのは、それより何年かあとのことになる。

とはいえ、サニー・ボーイIIが、ブルース史に大きな足跡を残したことはいうまでもない。マディ・ウォーターズよりまえにすでにエレクトリック・ギターを擁するダウンホーム系のバンドを組み、エルモアやロックウッド、ジョー・ウィリー・ウィルキンスといった当時画期的に新しかったギタリストたちと仕事をした。また、ウルフだけでなく、ジュニア・パーカーやジェイムズ・コットン、キャリー・ベルにもハーモニカを教えた。心臓麻痺での死没（一九六五年五月）のまえに、ヤードバーズを始めとする若い白人ミュージシャンと交流し、いわゆるブルース・ロックの原点が生まれるのに貢献した。彼がどれだけ敬愛されていたかは、マイク・ブルームフィールドとアル・クーパーが没後に〈サニー・ボーイ・ウィリアムスン〉という曲を書き、そのなかで「もっとも偉大な人が亡くなってとても悲しい」と歌っていることをみても明らかだろう。

ただし、そうした貢献は貢献として、ひとつだけ、IとIIとの関係をめぐる黒い話を書きとめておかなければならない。それは、サニー・ボーイIの曲の多くが、サニー・ボーイIIの作品として著作権登録されているという事実だ。音楽学者のイナバが書いたサニー・ボーイIの評伝によれば、Iが書いた曲のうち四〇曲近くが、IIが作った曲として、チェス・レコードの音楽出版部門だったARCミュージック（今はその楽曲の多くがBMIに買いとられている）を通じて登録されているという。そのなかで、サニー・ボーイIIが吹きこんだのはこの〈デコレーション・デイ〉と〈チェック・アップ・オン・マイ・ベイビー〉の二曲だけだ。次章で扱う〈おはよう、ちっちゃなスクールガール（グッド・モーニング、スクール・ガール）〉や〈ブルーバード・ブルース〉（五章参照）、〈エレヴェイター・ウーマン〉〈スラッピー・ドランク・ブルース〉等々のスタンダード化した有名曲がIIの作ということにされており、そして、シカゴに住むジョン・リー・ウィリアムスンの遺族たちは、〈グッド・モーニング～〉一曲からだけでもそれなりの額になるはずの著作権使用料をいっさい受け取っていないという。[vi] これは、「おれこそがあのサニー・ボーイだ」というIIの主張をたてにとったチェス兄弟の悪さでII自身は何も知らなかったのか、それとも彼も〝共犯〟でそれなりの分け前を得ていたのか、いまとなってはわからない。いずれにせよ、サニー・ボーイIIのなりすまし商法が、現在にも影響をおよぼす黒い帰結を生んだという事実は、ひどい不運に襲われた（次章参照）偉才サニー・ボーイIをリスペクトするためにも、頭の片隅にとどめておきたい。

i　正確には、この二人以外に、ルイジアナ州のシェリヴポート界隈で活動し、一九六〇年代にシングル盤を一枚吹きこんだSonny Boy “Jeff” Williamsonというハーピストがいた。また、一人目のサニー・ボーイの人気にあやかるために、Sonny Boy Williamsというまぎらわしい名前を名乗ったミュージシャンも何人かいたようで（二人目のサニー・ボーイのライス・ミラーも、一時期そう自称していたという）、この事実だけからも、一人目の名声の高さがうかがえる。

ii　出生時の名前はアレック（Alexと書いてそう発音する）・フォード。継父の名字にあだ名をくっつけてライス・ミラーと名乗り、また、リトル・ボーイ・ブルーという芸名で活動したこともあった。サニー・ボーイ・ウィリアムスンを名乗るようになったのは、「キング・ビスケット・タイム」のスポンサーでインターステイト・グローサリー社のオウナー、マックス・ムーアが、有名なサニー・ボーイの名を使って番組（およびキング・ビスケット印の小麦粉のCM）に聴取者の耳を集めようと考えたからだとされる。

iii　“Decoration Blues”の伴奏はヤンク・レイチェルのマンドリンだけ、いっぽう“Decoration Day Blues No.2”では、三〇歳で夭折したジョシュア・アルセイマーのピアノと、フレッド・ウィリアムズのドラムがバックについた。

iv　サニー・ボーイⅠの最初の録音では三番、再録音では順序を入れ替えて四番になっていた（そのほうが構成的にはベター）「Ain’t we havin’ a good time now, just like the flowers that comes in May? / Now, but I’ll always remember, I won’t never forget Decoration Day（いまじゃおれたちは、五月になったら咲く花々のような楽しい暮らしをしてるよね／でもおれは、デコレーション・デイのことを忘れないよ）」を、サニー・ボーイⅡはカットした。説明的で、いわずもがなだという判断なのだろう。たしかに、この歌は、語りすぎないほうが余韻が大きくなる。この曲は、サニー・ボーイのⅠとⅡの両方を通じてスタンダード化した。その中でも、ハウリン・ウルフやサニーランド・スリム、ジェイムズ・コットン、スヌーキー・プライヤーらのカヴァーは、サニー・ボーイⅡ経由だといえるだろう。いっぽう、何でも自分の歌にしてしまうジョン・リー・フッカーの"Decoration Day Blues"は、自作の〈ルデーラ〉などとミックスされているが、右のサニー・ボーイⅡがカットした歌詞が入っているから、サニー・ボーイⅠ直系のリメイクだと考えられる。なお、珍品を聴きたいという人には、カナダのフォーク／カントリー・ロック・バンドのCowboy Junkiesがメロディーをすっかり作り変えてポップ・ロック化した"Decoration Day"をお薦めしたい。

v 当時（三〇年代）の二人の付き合いや音楽活動、「ずる賢さの権化、まさに人間の格好をした〝うさぎどん〟［黒人民話に出てくる悪知恵のはたらくトリックスター］」だというライス・ミラーの人となりについては、ハウリン・ウルフの評伝に詳しい（James Segrest and Mark Hoffman, *Moanin' At Midnight: The Life and Times of Howlin' Wolf*, Pantheon Books, 2004＝新井崇嗣訳『ハウリン・ウルフ――ブルースを生きた狼の一生』ブルース・インターアクションズ 二〇〇九年、とりわけ邦訳の四八～五〇頁参照）。怒らせれば危険なウルフにぬけぬけとかご抜け詐欺をしかけるミラーの身ごなしは、のちにサニー・ボーイを名乗りおおせる強心臓を、彼が昔から持ちあわせていたことを示す。

vi Mitsutoshi Inaba, *John Lee "Sonny Boy" Williamson: The Blues Harmonica of Chicago's Bronzeville*, Rowman & Littlefield, 2016, pp.131-136.

第三四章

GOOD MORNING, SCHOOL GIRL

(Written by John Lee "Sonny Boy" Williamson)

おはよう、ちっちゃなスクールガール ——サニー・ボーイ・ウィリアムスンI

Hello, little schoolgirl, good morning,
　little schoolgirl
Can I go home with, can I go home with you?
Now, you can tell your mother and your
　father
That Sonny Boy is a little schoolboy, too

I woke up this mornin', I woke up this mornin'
Lord, I couldn't make me no, Lord, I
　couldn't make me no time

こんちは、ちっちゃなスクールガール、おはよう、
　ちっちゃなスクールガール
きみといっしょに、おうちに行ってもいいかい
お母さんやお父さんには
サニー・ボーイもちっちゃなスクールボーイなんだ
　よっていえばいい

けさ起きて、けさ起きて
ああ、のろのろして、ああ、さっさと動けなかった
いや、気が滅入ってたっていうんじゃないけれど、

Well, that I didn't have no blues, woman
But I was all messed up in mind

Now, you be my baby, come on, be my baby
I buy you a diamond, I buy you a diamond ring
Why, if you don't be my little woman
I won't buy you a doggone thing

I'mo [I'm gonna] buy me an airplane, I'mo
　buy me an airplane
I'mo fly all over this here land, I'mo fly all
　over this here land town
Don't find the one that I'm lovin'
And I ain't goin' to let my airplane down
I do no hollerin', I do no hollerin'

　ねえ、おまえ
頭のなかがぐちゃぐちゃだった

おれの彼女におなりよ、ねえ、おれの彼女におなりよ
ダイヤモンドの指輪を買ってあげるからさ
あれまあ、おれのちっちゃな彼女になってくれないの
だったら、なんにも買ってあげないよ

飛行機を買って、飛行機を買って
このへんの空を、この町のうえの空を飛びまわるんだ
大好きなあいつが見つかるまでは
おれの飛行機は地上に降りないよ

大声を上げたりしない、大声を上げたりしない
ねえ、これからどうなるの、これって、
　これからいったいどうなるの

Baby, what is this gonin' to, baby, what is
　this goin' to be
Well, that I don't never hurt your feelin'
Or either gettin' mad with me

おまえの気持ちを傷つけたりなんか、
　ぜったいにしない
だから、おれのことを怒らないでよ

Public Domain

テネシー州の小さな町ジャクスンの近くの農家に生まれたジョン・リー・カーティス・ウィリアムスン（一九一四年生）に、後年ブルースのハーモニカ吹きの代名詞のようになる坊や《サニー・ボーイ》というあだ名をつけたのは、祖母だったという。[i] 一一歳のクリスマスに、母親がプレゼントとして買ってくれた一〇穴の小さなハーモニカ、ブルースの世界ではおなじみのホーナー社製のマリンバンドが、彼の人生を変えた。学校の行き帰りはもちろん、畑仕事の手伝いをしない空き時間にはいつもハーモニカを吹き、すぐに上達してクラスの人気者になった。それだけ熱中したのは、吃音があったという彼にとって、ハーモニカが口でしゃべるより雄弁な〝第二の声〟だったからかもしれない。教会ではゴスペル・カルテットで歌っていたサニー・ボーイは、自宅で讃美歌や霊歌を吹いて母親に叱られ、ハーモニカを取り上げられたこともある。当時の南部の宗教心が強い家庭では、聖なる歌をマウスハープのような世俗楽器で演奏するのは許されないことだったからだ。

ジャクスンの町で、自転車で配達のバイトをしたりしながら、ギタリストの友だちと一緒に練習を重ねたサニー・ボーイは、ある程度腕に自信ができた一〇代の半ばにはもう、旅を始めた。ブラウンズヴィルという近くの町がホームベースのスリーピー・ジョン・エステスやヤンク・レイチェル、ホームシック・ジェイムズといった年長のミュージシャンと一緒に、テネシー州南西部を演奏して回るようになったのだ。エステスたちブラウンズヴィル系先輩からは、独特のヴォーカルのスタイルと、個人的な経験を歌にするという作曲の手法を学んだ。また、メンフィス近辺からやってくるノア・ルイス、ウィル・シェイド、ジェッド・ダヴェンポート、ハミー・ニクスン、ウォルター・ホートンといったハーピストからハーモニカの奏法を学び、一五、六ですでにローカルのギグで演奏できるようになったが、その後もハミー・ニクスンにベンディングの仕方を指南してもらうなどして、早くに独自のハープのスタイルを作りあげた。[ii] 自信をつけたサニー・ボーイは、南部一帯から腕利きのミュージシャンがやってきた当時のブルースのメッカ、セントルイスへ出てゆき、ウォルター・デイヴィスやビッグ・ジョー・ウィリアムズ、イーライ・オヴァースティンといった人たちと知りあう。このセントルイス時代のことをのちに歌ったのが、有名な〈ブルーバード・ブルース〉だ（五章参照）。正確なところはわからないが、おそらくデイヴィス経由でシカゴの有名なタレントスカウト兼プロデューサー、レスター・メルローズと知りあい、RCA傘下の廉価レーベル、ブルーバードに録音するようになる（ただし、シカゴへ移住するのは亡くなる四年前の一九四二年のことで、当初はジャクスンを本拠にしながら、イリノイ州オーロラという町の高層ビルの最上階でレコーディングしていた）。

この〈おはよう、ちっちゃなスクールガール〉は、サニー・ボーイがブルーバードに最初に録音した六曲のひとつで、サン・ボンズの〈バック・アンド・サイド・ブルース〉のメロディをヒントに独自の歌詞をつけたもの。伴奏はビッグ・ジョー・ウィリアムズとロバート・リー・マッコイ（のちのロバート・ナイトホーク）のギターだけというカントリー・ブルース調の簡素なもので、しかし、独創的な触感とリズム感のハーモニカのリフと印象的な歌詞で人気を博した。[iii] これ一曲でサニー・ボーイの名が広く知られるようになり、また、後年多くの歌い手にカヴァーされてスタンダード曲になった。[iv] 吹きこんだ一九三七年にサニー・ボーイはまだ二三歳。ちなみに、Ⅱではなくこのサニー・ボーイに影響を受けたというリトル・ウォルターの〈ジューク〉が大流行りしたのが二二歳のとき（一九五二年）だから、ハーモニカの天才というものはそんな若さで、その楽器の奏法を変革する歴史的名演を吹きこんでしまうのだなと、いまさらながらの感慨を抱く。

この曲はまぎれもない名曲であり大スタンダードなのだが、しかし筆者には、以前から気になる点があった。この歌の主人公は、「ちっちゃなスクールガール」に話しかけ、家へついていっていいかとたずねたり、彼女になっておくれと頼んだりする。このスクールガールの年齢はいくつくらいなのだろうか。ハイスクールの、つまり日本でいえば中学・高校生徒であるなら、恋早かった昔の南部のことだし、それほど違和感はない。しかしそれが小学生なら（たとえばルイ・ジョーダンの歌〈スクールデイズ〉では小学生時代に歌った童謡を題材にしているからありえない解釈ではない）、それに対して若者だのおじさんだのがこの歌の主人公のように話しかけるのは、いまの私たちの価値観からすれば、かなりまずい。特殊な嗜好を持った人系統の言動と受け取られかねないだろう。筆者が最初に聴いたのはジョニー・ウィンターのヴァージョンだったが、けっこうその種のひっかかりを感じた。

そこで、以前この歌を『ブルース&ソウル・レコーズ』誌上の連載で取り上げたときには、好人物として知られたサニー・ボーイの童心の現れと解釈して、こう書いた。「この吹き込みの当時彼は二二、三歳。シカゴの街で、道を通る小学生の女の子に、ユーモラスな調子で声をかける。『ねえ、おうちへ連れてってよ。だめ？ お兄さんだって、小学生なんだよ。』テネシー州の田舎町出身サニー・ボーイは、世代からいっても（B・B・キングなどと同じように）、小学校にさえそうきちんとは通えていなかっただろう。そんな彼が、学校に行っている子どもに感じた〝まぶしさ〟が、冗談めかした歌詞の背景に透けて見える気がする。」しかし、こう書いた後に読んだイナバによるサニー・ボーイの評伝によれば、この解釈はまったく見当はずれだった。

サニー・ボーイは、ちゃんと学校に通える環境で暮らしていた。そして、この〈おはよう、ちっちゃなスクールガール〉の元歌は、彼が一二、三歳のとき、好きになった女の子のことを歌にしたものだった。つまり、歌を作ったときのサニー・ボーイは、ほんとうにスクールボーイだったのだ。[vi]だから、一〇年後の録音のときには、彼は、歌の世界の中で、そのころの自分に立ち戻って歌ったということになる。そういう意味では、童心という表現はまったくの的外れではないが、しかし、歌の主人公の「童」はすでにいっぱしの小さな求愛者《ラヴァー》だったのだ。

早く亡くなったことと、そしてマディ・ウォーターズたちによる戦後のエレクトリック・シカゴ・サウンドこそが、モダン・ブルースの（そしてロックの一つの流れの）原点だと思われがちであるために、戦前の大スター、サニー・ボーイIは、昨今のブルース・ファンには過小評価されがちだ。しかし、一聴、シンプルに聴こえるけど高度のテクニックを駆使して、人の声のような個性的な音色と並はずれた音量を誇る演奏スタイルを編み出した彼は、まぎれもなく天才だった。ソングライターとしてももちろん偉大だったし、そして彼やビッグ・ジョー・ウィリアムズ、ルーズヴェルト・サイクス、ウォッシュボード・サムを始めとするブルーバード・レーベルのセッション・ミュージシャンたち（後年のスタックスやハイのようなスタジオのセッション・ミュージシャンのはしりだといえるかも）が、一九三〇年代から四〇年代にかけてジャズのリズムの乗りを取り入れ、戦後のシカゴ・ブルースのバンド・サウンドの原型を作ったという事実も忘れてはならない。

多くの人が、サニー・ボーイはとても人柄がよかったと証言している。気前がよく、困っている人に手を差し伸べるのを嫌がらなかった。いっぽう、まだ一〇代前半にブルースを演奏し始めたとき、同時にお酒を飲み始めたと述懐する無類の酒好きで、だからジミー・ロジャーズの〈スラッピー・ドランク〉の元曲、「ウィスキーをもうハーフ・パイント［約一・五合］持ってきて、楽しい歌を歌うから」という〈ブリング・アナザー・ハーフ・パイント〉は、とても彼らしい歌なのである。いっぽうで、身なりにこるお洒落でも知られ、売れっ子で稼ぎがあったのに、スーツなどの服を買いすぎて、ツアー先から故郷ジャクスンへ里帰りするお金がなくなり、母親に汽車賃を送ってもらったこともあった（〈トレイン・フェア・ブルース〉という歌は、そのときの経験がもとになっている）[vii]。

タンパ・レッドなどと並ぶ当時のブルース・シーンの牽引車のひとりだったサニー・ボーイは、一九四八年五月三一日の夜、シカゴのサウス・サイドの自宅から二、三ブロックのところにあった酒場に、たぶん一杯飲みに立ち寄って、居合わせたギタリスト（リトル・ハドスン）と一緒に演奏することになった。そのあと、深夜の二時ごろにその店を出て、歩いて家に帰る途中でおそらく強盗に襲われ、頭を鈍器で強打された。三〇分ほどあとに、酒場から先に帰って家で待っていた愛妻のレイシー・ベル（五章でちょっと触れた〈ブルーバード・ブルース〉にも歌われている）が、表のベルが鳴ったのでドアを開けると、サニー・ボーイが玄関口に倒れこみ、意識不明のまま、病院に搬送される途中に息絶えた。まだ三五歳で、人気盛りだった。強盗は、腕時計と、財布と、彼がいつも持ち歩いていたハーモニカ三本を奪っていった。気前がよかったサニー・ボーイのことだから、別に襲わなくても、「ください」と頼めばそのくらいのものは気安くくれてやっただろうにと、ある評論家は彼の死を惜しむが、筆者も同感だ。

前の章で見た通り、名手の身に起きたこの突然の悲劇が、もう一人の南部のハープ・プレイヤー、ライス・ミラーに、たぶん思ってもみなかっただろう機会の扉を開くことになった。

i　Mitsutoshi Inaba, *John Lee "Sonny Boy" Williamson: The Blues Harmonica of Chicago's Bronzeville*, Rowman & Littlefield, 2016, p.2。以下の記述もおもに同書による。

ii　サニー・ボーイの演奏スタイルの形成過程については、同書のpp.9-13に興味深い考察がある。

iii　それまでのハーピストは、（トレイン・ソングとかの曲吹きのインスト曲でない場合、）ジャズ・バンドのソロイストがやるように、歌詞の切れ目の器楽パートでソロをとった。サニー・ボーイはこの曲で、歌いながらその合いの手としてハープを吹いて、ヴォーカルとハーモニカのリフがコール＆リスポンス形式になる演奏スタイルをとった。前掲書でイナバは、サニー・ボーイがサン・ボンズのヴォーカルとハミー・ニクスンのハープを一人で同時にやろうとしてそういうことになってしまったのではないかと推測するが、

iv いずれにしても、以降のブルース・ハーピストに踏襲される新しいやり方を編み出したには違いない。この曲をカヴァーしたアーティストは、マディ・ウォーターズ、ドクター・ロス、フレッド・マクダウェル、スモーキー・ホッグ、ライトニン・ホプキンズ、チャック・ベリー、ハミー・ニクスン、ジェイムズ・コットン、ジュニア・ウェルズ、ポール・バターフィールド・ブルース・バンド、ヤードバーズ、ジョニー・ウィンター、テン・イヤーズ・アフター、オールマン・ブラザーズ・バンド、ジェフ・マルダー、ヒューイ・ルイスとザ・ニューズ等々……と枚挙のいとまがない。

v そのあたりを気にしてか、スモーキー・ホグは九歳、ジョニー・ウィンターは一二歳の小学生だった時代を追想する歌詞をつけ足している。大人が、子どものときのことを思い出し、自分もそのころに戻ったつもりの冗談を「ちっちゃなスクールガール相手にいう」といった趣向だ。いっぽう、歌詞の多くを自分たちで書いた感じのヤードバーズのヴァージョンでは、呼びかける相手は、明らかにハイスクールの女の子であるように聴こえる。

vi イナバの前掲書、p.8。

vii《ママ［サニー・ボーイの母親］は、サニー・ボーイに手紙を書いて、電話をかけてくれるようにいった。サニー・ボーイは電話した。……［その電話で］ママは、エラ［そのときサニー・ボーイとツアーしていた歌手］に、サニー・ボーイの様子を尋ねた。「エラ、うちの子、どうしてる?」「ちゃんとやってますよ。」「ちゃんとした服持ってる?」エラは答えた、「ええ、そりゃもう、山ほどね。」「あの子をこっちへ帰って来させてよ。」エラは答えた、「それが、むつかしいんです。彼、服を買うのに有り金ぜんぶ使い果たしてしまったもんで。」そこでママは、サニー・ボーイに電信で汽車賃を送った。……ジャクスンに帰ってきたとき、彼は、三つのスーツケースにいっぱいの服を持ってきた……二つのスーツケースにはスーツが、一つのスーツケースにはシャツがぎっしり詰まってた。》［サニー・ボーイの父違いの兄弟のT・W・アトリー談］（前掲書、p.61）。

第三五章　COON ON THE MOON

(Written by Eddie Shaw)

月のクロ助　——ハウリン・ウルフ

When I was grown out a little boy
Stayed way down south
Had to wear second-handed clothes
Live out back of the big house
Things have changed, yes, we're on the moon now
They wouldn't let us play together
Now we can go to most any school now

We used to pick the cotton
Till we got too old
Tell me, who was the first man

もう、小さな子どもではなくなってからも
おれは南部を出なかった
古着しか着られずに
大きなお屋敷の裏手に住んでいた
世の中変わったよ、人類が月のうえに立ったんだ
やつらはおれたちを白い子といっしょに遊ばせなかったけれど
いまじゃ同じ学校に行くことができる

昔の黒人は、年をとって働けなくなるまで
ずっと綿摘みをしていた

To go to the North Pole
Things have changed, yes, we're on the moon now
We used to wear boots every day
Now we're wearin' brand new shoes

We plowed the mule
And lived out back in a hut
Tell me, who was the first man, baby,
Oil out of a peanut
Things have changed, oh, we're on the moon now
They used to wouldn't let us play together
Now we can go to most any school now

You know, they called us "coon"
Said we didn't have no sense
You're gonna wake up one mornin'

いってごらん、北極点に最初に
行った人の名前を
世の中変わったよ、人類が月のうえに立ったんだ
おれたちは年がら年じゅう長靴で歩いてたけれど
いまじゃ新しい靴を履いているさ

ロバを追って畑を耕して
小さな小屋に住んでた
いってごらん、ピーナッツからオイルを
絞った人の名前を
世の中変わったよ、人類が月のうえに立ったんだ
やつらはおれたちを白い子といっしょに遊ばせなかった
けれど
いまじゃ同じ学校に行くことができる

あいつらは、おれたちのことを「クロ助《クーン》」と呼んだ

And the old coon gonna be the president
Things have changed, oh, we're on the moon now
You gonna wake up one mornin'
And it'll be a coon sittin' on the moon

頭がからっぽのバカだといった
ある朝目がさめたら
そのクロ助が大統領になってるだろうさ
世の中変わったよ、人類が月のうえに立ったんだ
ある朝目がさめたら
クロ助が月に座ってるだろうさ

ミシシッピ中部の黒人地帯《ブラック・ベルト》の小さな農村、ホワイト・ステーションで産声をあげたチェスター・アーサー・バーネット（一九一〇年六月生）は、子どものとき、祖父から森林地帯にいる狼の話（「悪いことをしたらその狼が来て、おまえを食べてしまうよ」）を聞かされて育った。長じてブルースを習い覚え、デルタ地域でのチャーリー・パットンの曲とサウンドを受け継いだチェスターは、独自の自己演出を模索した。「ビッグ・フット」という子ども時代のあだ名のもとになった大きな足

と、身長一九〇センチ・体重一三五キロを超える巨体、なみはずれて滑らかな褐色の肌とブルーグレイの目、そして見る人に畏怖の念を覚えさせる狷介孤高の物腰。そうした彼の個性は、子どものときに聞いた狼のイメージと一致した。そこでチェスターは、自ら選んで「月に吠える狼」になった。〈ハウリング・ウルフ・ブルース〉(1930)のレコードが売れたため、〃ハウリン・ウルフ〃を名乗って興行したとされる、シルクハットがトレードマークだったテキサス系のブルースマン、ジョン・T〃ファニー・パパ〃スミスを、初代のハウリン・ウルフとする論者もいる。しかし、二人の間にはおそらく、サニー・ボーイⅠとサニー・ボーイⅡのような直接の〃あやかり〃関係はない。[i] 音楽的なスタイルがかなり違うし、スミスがギャンブルをめぐるケンカで人を殺めて入獄したこともあって、活動時期もそんなに重ならない。早い時期に、ウルフがスミスの曲を(おそらくレコードで聴いて)レパートリーに入れ、自己紹介の歌として使っていたことはたしからしい。[ii] しかし、チェスターはパットンのデルタ・ブルースを下敷きに独特のウルフ声とバンド・サウンドを編み出し、[iii] 大好きだったカントリー歌手ジミー・ロジャーズのブルー・ヨーデルを自分流に作り換えて、あの独特の吠え声《ハウリング》を発明した。私たちが知っている〃ハウリン・ウルフ〃は、ほぼ丸ごとがウルフ自身の発明品なのだ。きわめて個性的な彼のブルースは、一九四〇年代末からのアーカンソー州ウェスト・メンフィスのKWEM局からのラジオ放送(その開始の前にウルフが組んだバンドは、ギタリストのウィリー・ジョンスンとマット・マーフィー、そしてあのジュニア・パーカーを擁する先進的な音を誇った）や、五一年にアイク・ターナーが手がけたメンフィス録音（〈ハウ・メニー・モア・イヤーズ〉と〈モーニン・アット・ミッドナイト〉）がヒットしたことによって、南部エリアを超えて広く知られるようになり、各地にリトル・ウルフやハウリン・ウルフ・ジュニア、テイル・ドラッガー等々を名乗るフォロワーを生んだ。[iv]

　ウルフについては、『ハウリン・ウルフ――ブルースを生きた狼の一生』という行き届いた取材にもとづく伝記が書かれて、邦訳もされている。[v] 逆境といっていい少年時代や、女性に追い回された若いころ、暗い罪の陰、狼を犬のように飼い馴らそうとする軍隊で神経を病んだこと、そして、家族を大切にし、名声より狩りや釣りを楽しんだ後年の暮らし等々、彼の生涯の詳細に興味がある人は、ぜひ同書に当たってほしい。ここでは、南部時代、ウルフがどんなに「深い森」で吠えていたかをうかがわせる、後輩のアルバート・キングが語ったエピソードを紹介するだけにしたい。

　ミシシッピ生まれ、アーカンソー育ちのアルバートも、ウルフと同じく大柄な人だった。一三歳のとき、すでに一八〇センチを超えていたという。まだ、ウルフはレコードも出さず、ラジオ番組も持っていなかったが、すでに当時活動の本拠地だったアーカンソーでは名の知られた存在だった。親友から金曜の晩のダンスイベントでウルフが演奏すると聴いたアルバートは、危ないからとしぶる母にせがんで許してもらい、彼女の小さな拳銃《リボルバー》を内緒で拝借して、勇躍、二人連れてそのイベントへと出かけた。会場は粗末な田舎のダンスホールで、電気も水道もなく、灯りといえば大きなケロシンのランプだけだった。ホールは大入り満員の盛況だったが、アルバートと友だちは、脇にあるトイレ付きの別棟にまず入った。そちらのほうが、面白いことをやっていそうな気がしたからだ。中にはいると、そちらも男女で一杯で、そして部屋の真ん中では男たちがクラップゲーム（サイコロ賭博）をやっていた。サイコロを投げている男は、別の男の上に腰かけていた。「あの下の人、なんでゲームの最中に寝てるんだろう？」とアルバート。「あれ、眠ってるんじゃないよ、死んでるんだよ」と友だち。腰かけられている男は、大きく口を開け、その口の端から血が流れ落ちていた。

二人は、あわててそこを出て、母屋に当たるダンス会場に逃げこんだ。ウルフの声と音楽に合わせて、満員の客が踊っていた。間もなく、さっき別棟で死人に座ってサイコロを投げていた男が、会場の戸口から入ってきた。ベルトに大きな拳銃を差していた。その男は、一言も口にせず、会場を照らすケロシンランプを次々に撃った。雲を突くような大男のダンスホールの用心棒が、その男に歩み寄って、撃つのをやめるようにといった。すると、その男は、銃をかまえて、用心棒の目と目のあいだを撃ちぬいた。たちまちその場は大恐慌になり、みんなわれがちに出口へ殺到した。アルバートと友だちは、四つん這いになって、大人たちの足もとをくぐってホールを抜け出し、靴のかかとが抜けたのも気にせず、夜道を自宅まで走りに走った。恐怖のあまり、あの人殺しが自分を追っかけてきていると思いこんで必死で走ったのだが、家に着いて気がついてみれば、追ってくる足音は友だちのものだった。アルバートは、銃を勝手に持ち出し、危ない場所に首を突っこんだというので母親に大いに叱られ、晩ご飯は抜き、罰としていろんな作業しなければならなくなった。そう、狼が吠える森は、子どもが行ってはいけないところだったのだ。[vi]

さて、ソングライターとしてのウルフは、チャーリー・パットンの衣鉢を継ぐカントリー・ブルース歌手の最後の世代だった。これまで、あちこちの章で述べてきたように、カントリー・ブルースには、一つの独立した曲という発想はない。先人たちから受け継いだ歌詞と節（メロディ）に、自分流の工夫を付け加えて適宜作り変えながら歌う。夕方から早朝に及ぶこともあるダンスやパーティの場での長い演奏時間に、自分の引出しにある蓄えを総ざらいして叩きこむことを求められたりもする。だから、三分や四分といった単位での歌詞の構成もないし、旋律と歌詞とのマッチングも自在だ。〈スモークスタック・ライトニング〉や〈モーニン・アット・ミッドナイト〉といったウルフの代表作には、そうした世代の伝統が刻みこまれている。

それとは対照的に、ウルフの一九七三年の最後のスタジオ・アルバム、『裏口からやって来る《ザ・バック・ドア・》オオカミ《ウルフ》』（これはまぎれもない大名盤だ）[vii]に収録されたこの〈月のクロ助〉は、一番〜四番と歌詞につながりがあり、歌い手の思いを語るモノローグとして、意図的に構成されている。そうした意味では、とてもモダンなブルース曲だ。書いたのは、晩年のウルフのバックバンドの世話役やロードマネージャーを務めた、サキソフォン奏者のエディ・ショウ。このアルバムに、この曲以外に三曲提供している。伝記によれば、[viii] このアルバムの準備段階でのウルフとエディたちの世間話が、この曲の出発点になったようだ。ウルフは、有人宇宙飛行やアポロ計画（一九六九年七月に宇宙飛行士ニール・アームストロングが人類で初めて月面に立った）といった宇宙旅行の話に感嘆していて、それをテーマに曲が書けないかとエディにいった。また、黒人の誇りをテーマにした歌をアルバムに入れたがっていた。その二つのリクエストに器用に応えて、エディが書いたのがこの歌だ。

「もう、小さな子どもではなくなってからも／おれは南部を出なかった」という出だしの二行には、ウルフのライフ・ストーリーが歌いこまれている。マディ・ウォーターズやバディ・ガイのように多くの南部の黒人が若くして「夢」を追って南部を出、シカゴやデトロイト、西海岸へ移り住んだが、ウルフは四〇代になるまで南部を出ず、農夫を続けながら仲間と音楽活動をしていたからだ。抑圧された南部黒人の貧しさ、そして、まともな学校教育や政治参加を始めとするさまざまな生活機会の剥奪。一番と二番の「やつらはおれたちをいっしょに遊ばせなかったけれど」というのは、もちろん、悪名高い南部の人種隔離を指す。ご存じのように、昔の南部では、居住地区も、学校も、乗り物の席も、飲食店も、トイレも（映画『ドリーム』[ix] を観た方なら、宇宙ロケットの開発研究施設でさえ、それが南部にあったためトイレが白人用と黒人用に分かれていたのをご存じだろう）、法律と慣わしによって黒人と白人とが別々にされていた。そして、黒人用の施設はつねに白人用のものより劣っていて、よくない場所にあった。

　タイトルにも入っている「coon」は、もともとはアライグマ（raccoon）の略称だ。それが転じて、南部の黒人をさげすむ呼称として使われた。つまり「nigger」の先輩だ。白人たちは、おれたち黒人をそんなふうに呼んでバカにした。愚かで無能で、白人の使い走りをしているのが一番劣った人間として扱った。しかし、おれたち黒人は、愚かでも無能でもないよ。そんなふうに踏みつけにされてきた黒人の中から、じつは、歴史に名を残す貢献をした人たちがたくさん出ているんだ、というのが、この歌のメッセージだ。その例として、二番で歌われる「北極点に最初に行った人」は、ロバート・ピアリー提督とコンビを組んで、一九〇九年に人類初の北極点踏破をなしとげた探検家マシュー・ヘンスンのことだ。三番の「ピーナッツからオイルを絞った人」は、貧しいシェアクロッパーのために綿花とピーナッツやサツマイモの輪作を発案し、ピーナッツを使った百五種類の食品を開発した天才植物学者、ジョージ・ワシントン・カーヴァーを指す。これはもちろん、多くの過去の黒い偉人のうち、たった二つの例に過ぎない。

　黒人の境遇は、この歌が吹きこまれた一九七〇年代の前半には、ウルフの子どものころに比べて大きく変わった。「世の中変わったたよ、人類が月のうえに立ったんだ。」これから先の差別がなくなった未来、黒人はもっともっと活躍するだろう。黒人が大統領になることだって、そして、月の上に降り立つことだって、ありえないことじゃない。そう語るこの歌の予言のとおりに、二〇〇七年に、バラク・オバマが第四四代の合衆国大統領になった。晩年のウルフが二一世紀にタイムスリップしてきてそれを知ったなら、「ほら、いったとおりだろう」と、大きな顔の満面に笑みを浮かべたことだろう。

この曲を含むアルバムを吹きこんで二年半後に、ウルフは六五歳で亡くなった。六〇年代末から腎臓や心臓を患い、身体が弱って椅子に座ったまま歌うようになっていたウルフは、死のすぐ前まで発見されなかった脳腫瘍が原因で帰らぬ人になった。じつは筆者は、亡くなる前の年に、シカゴのダウンタウンの劇場で、ウルフのステージを観ている。ほかに、ジョン・リトルジョン、ハウンド・ドッグ・テイラーが出て、ひょっとしたらB・B・キングも出たかもしれない。椅子に座ったままのウルフに伴奏を付けたのは、たぶんジョン・リトルジョンのバンドだったような気がする。あの「フウーウー」という、背筋をゾクゾクさせる独特の吠え声《ハウル》は、もちろん健在だった。数曲で終わった彼のセットの終わり近くに、ウルフは椅子から立ち上がり、マイクをスタンドから抜いて股間にあて、あやしげな手つきで動かし誇示してみせた。もちろん、男性自身に見立てた下ネタ芸だ。袖から付き人（エディ・ショウだったのかもしれない）が飛び出てきて、「ダメダメ、ここではそんな芸をしちゃいけない」といった感じで、制止する。「ダメなのか、わかった、わかった」と、いさめられたウルフはマイクを動かす仕草をやめ、椅子に戻る。しかし、隙を見てふたたび立ち上がり、また同じ仕草をやって、また止められた。そう、ブルースやゴスペルのショウにしばしばある（ボビー・ラッシュなんかもやる）、お定まりの道化役と制止役のかけあいのルーティーンだ。当時の筆者は無知だったから、ローリング・ストーンズもリスペクトする伝説のウルフが、なんて泥臭い芸をするんだろうとあきれた。しかし、チャーリー・パットンを継承する南部のエンターテイナーとして「狼」のキャラを作り上げ、ラフでタフな聴衆を楽しませてきた彼が、お上品なダウンタウンの観客の前でこういう道化をしてみせたのは、自分の本来にとても忠実なことだったのだ。[x] それもまた彼にとっては、黒い誇り《ブラック・プライド》の一部だったのかもしれない。

i　さらに、スミスの狼のブルースがヒットする前から、チェスターは「ウルフ」を名乗っていたと証言する人もいる。

ii　参考までに、チェスターが初期にカヴァーしたとされるスミスのものと、後年のウルフのものと、二つの狼の名乗りの歌の冒頭部分を掲げておく。「おれが、みんながどこにいるのかと探している、あのオオカミさ／おれの姿を見たやつはいないけど、みんなおれの吠え声を耳にしているぜ」（"Howling Wolf Blues" 1930）、「おれがあのオオカミさ、ねえ、森のなかにいる／うん、おまえに困りごとができたら、このオオカミさまを森から呼んだらいいぜ」（"I'm The Wolf" 1954）

iii　さらには、曲弾きやクラウニング（コメディアン的な面白おかしい仕草）もパットンから継承して、それを自分流のオオカミのルーティーンに仕立て上げた。映像に残っているハーモニカの曲吹きからも、その芸達者さがわかる。

iv　ウルフの真似（マイクの使い方にコツがある気がする）は、プレソウルの時代の受けネタだったようだ。一緒に活動したことがあるサニー・ボーイⅡが器用に真似をするのは当然だが、ずっと下の世代のトミー・テイトが一〇代のころにダンスのイベントで器用にこなしたという証言があるし、アン・ピーブルズと一緒に来演した夫君のドン・ブライアントも、日本のステージでウルフ芸を披露していた。ただし、バンドやマイクのないアコースティック時代から、パットンを発展させたウルフの個性は完成していたと、十代のころ彼にあこがれて周りをうろうろしていたデルタ・ブルースマン、ジョニー・シャインズが証言している。シャインズは、ウルフのパフォーマンスを見覚えて、そっくりにできるようになり、ジュークジョイントでそれを披露して「リトル・ウルフ」と呼ばれたという。つまり彼こそが、その後輩出したウルフのそっくりさんの第一号なのだ（ただし、シャインズは、ウルフが演奏のとき道化《クラウニング》た所作をするのがいやで、それで熱がさめてフォロワーをやめたといっているが。）

v　James Segrest and Mark Hoffman, *Moanin' at Midnight: The Life and Times of Howlin' Wolf*, Da Capo Press, 2005（新井崇嗣訳『ハウリン・ウルフ――ブルースを生きた狼の一生』ブルース・インターアクションズ、二〇〇九年）。また、この著作のための取材と平行して製作された、ドキュメンタリー映画もある。ドン・マクグリンが監督した『*The Howlin' Wolf Story: The Secret History of Rock & Roll*』(2003）がそれだ。

vi　Albert King『*The Tomato Years*』(Rhino 1994）の、ケヴィン・エジャーズによるライナーノーツより。上記の評伝には、アルバートがデトロイト・ジュニアに語ったという同じ話が右の評伝に紹介されているが（邦訳、四六頁）、ケヴィンがアルバートから聞いたことを書きとめたこのライナーノーツのほうが詳しい。これは、アルバートの少年時代の忘れられない思い出話だったのだろう。

vii　デトロイト・ジュニア（キーボード）、ヒューバート・サムリンとウィルバート・ハリス（ギター）、ジェイムズ・グリーン（ベース）、S・P・レアリー（ドラムス）、エディ・ショウ（テナー・サックス）というタイトな小コンボによるサウンドの力と泥臭さは、ウルフの五〇年代の黄金期録音に遅れをとらない。とくに、スロウの曲での、ウルフの養子に近い存在だったヒューバートのギター・プレイは、今日日の言い回しを使えば、まさに「神っている」といえる。

viii　詳しくは、右のウルフの評伝（邦訳）の二九八〜二九九頁を参照。

ix　『ドリーム』（原題は*Hidden Figures*、二〇一六年公開）は、マーゴット・リー・シェッタリーのノンフィクションが原作の、米国の宇宙計画のスタッフとして活躍しながら肌の色のおかげで表には出られずに、裏方であることを強いられた三人の黒人女性の伝記映画だ（ただし史実とは違うところもあるらしいが）。自分が感嘆した米国の宇宙計画に、じつは黒人女性が貢献していたと知ったら、ウルフは何といっただろう。

x　南部でのグループを率いての興行では、ウルフは両手を前脚のように下ろして這うような形でステージに登場し、盛り上げどころでは、舞台袖のカーテンを上までよじ登るといった派手な動きをした。シカゴのクラブでも、ハープを吹きながら熱演して通りへ飛出し、そこで演奏をして警官にとがめられたということもあったという。狼の物まね芸の片りんは、一九六六年のニューポート・フォーク・フェスティヴァルのときに撮られた『*Devil Got My Woman*』の映像にも垣間見える。マイク芸についても、こんな記述がある。「〈スプーンフル〉のレコードが発売されたあと、ウルフは、巨大な料理用のスプーンを、ステージでの備品に加えた。それを、異教の豊穣［生殖］儀礼で使われる男性のシンボルのように、振り回して見せびらかすのである。ミシシッピ大で開催された同校の同窓会のイベントで演奏したときも、自粛はせず、白人の同窓生の奥方たち相手にそのアクトをやり、年来の語り草になった。」（Ted Gioia, *Delta Blues*, W. W. Norton., 2008, pp.292-293）さらには、コカコーラの瓶を振ってズボンの中から出し、瓶の口から客に向かって飛沫を飛ばす、なんてことまでしたらしい。私が観たウルフの仕草は、まだしもお上品だったといえるかもしれない。

あとがき

本書のもとになったのは、『ブルース&ソウル・レコーズ』誌で今も掲載していただいている、当初は「ブルース・リリックス」というタイトルだった連載（二〇〇〇年の三二号＝四月号に開始）の初めのほうの数年分だ。とはいえ、雑誌連載をそのままとめたというのではない。収録しなかった回もあるし、この本のために新たに書き下ろした章も九つある。雑誌に書いたものについても、大幅に書き足したり修正したりしているし、聴き取りにも訳詞にも例外なく手を入れた。だから、BSR誌の古い読者にも、新規の内容のものとして楽しんでいただけると思う。

筆者は、オーティス・レディングとストーンズからソウルとブルースに入ったという、筆者の世代にはごくありがちな経路の黒音楽愛好家で、どちらかといえばソウル・ファンに属する。BSRでの連載は、ブルースの歌詞って、有名な曲であっても意外と何が歌われているかよく知られていない（というか自分にもしっかりわかってないまま聴いていた面が多分にある）。だから、対訳して解説をつける企画があってもいいのでは、と軽く考えて始めたのだが、取り組んでみるとけっこう大変だった。とくに戦前のブルースの歌詞には、意味の理解はもちろん、その前にまず聴き取りがむつかしいものがある。結局、毎号資料を集め、勉強しながらの連載になった。ただ、私がバイトくんとしてライター《ムーンライター》を始めたころと近年とでは、使え得る資料の質量に雲泥の差がある。ブルースの研究書群も充実しているし、ネット検索で深掘りしている資料やYouTube音源に簡単にアクセスできる。筆者のような中途半端なマニアがなんとか一書をまとめられたのも、そういう時代だからだと思う。

連載のかたわら本書の原稿を書くうちに、古いブルース、とりわけ戦前ブルースの深みとストレートな歌力《うたぢから》に、強く惹かれるようになった。そして、そうしたブルースの伝統は、音楽の様式は変わっても、現在のいわゆるサザン・ソウル＝ブルースにしっかり継承されている。この本の第二九章で述べたように、ブルースを聴くこと・歌うことは、人間である以上避けられないこの世の悩みや苦しみや悲しみを、教会に行き神頼みするのとは別のやり方で和らげ、ブルース＆トラブルと共存しながら生きていく手段になってくれる。だから、ロックが青春の音楽だとすれば、そのルーツになったブルースのほうは一生ものの音楽なのだ。ジョニー・テイラーやB・B・キングやウィリー・クレイトンが「It's Still Called the Blues（時代がどんなに変わっても、それはやっぱりブルースと呼ばれている）」と歌ったように、生活がいくらか豊かになっても、高学歴になっても、肌の色が白い人や黄色い人がそれを聴くようになっても、ブルースという音楽のそういう働きは変わらない。

雑誌連載でお世話になった（いまもなっている）だけでなく、企画立案から歌詞の使用許諾、書籍としての体裁の整備、そして中身についての校閲とアドバイスまで、編集者の濱田廣也さんのサポート抜きにはこの本はできなかった。深く感謝します。また、その昔、シカゴのノースサイドのブルースクラブ、ワイズフールズパブで偶然に出会い、そのあとこうした物書きをするそもそもの機会を与えてくれた日暮泰文さん、『ザ・ブルース』と『ブラック・ミュージック・リヴュー』の二誌での快活な時間を、担当編集者というよりむしろ仲間として共有した髙地明さんに、この機会を借りて改めてお礼を述べたい。

この本が、読者がより深く、より楽しくブルースを聴く一助になればとても嬉しい。そこで最後に一言、不調法ながらシャウトを。本書では取り上げられなかった、しかし偉大なリトル・ミルトンが晩年によく歌ったとおり、「Hey, hey, the blues is alright!」

FIRST TIME I MET THE BLUES
Words & Music by E. MONTGOMERY

BRIGHT LIGHTS, BIG CITY
Words & Music by JIMMY REED

CADILLAC ASSEMBLY LINE
Words & Music by MACK RICE

COON ON THE MOON
Words & Music by EDDIE SHAW

Public Domain

COME ON IN MY KITCHEN / Words & Music by ROBERT JOHNSON
THAT BLACK SNAKE MOAN / Words & Music by BLIND LEMON JEFFERSON
BANTY ROOSTER BLUES / Words & Music by CHARLEY PATTON
NOBODY KNOWS YOU WHEN YOU'RE DOWN AND OUT / Words & Music by JAMES COX
"MA" RAINEY'S BLACK BOTTOM / Words & Music by GERTRUDE "MA" RAINEY
DECORATION DAY / Words & Music by SONNY BOY WILLIAMSON
GOOD MORNING, SCHOOL GIRL / Words & Music by SONNY BOY WILLIAMSON

付録1・黒人英語とライム

ブルースやR&B、ソウルの歌詞の英語は、基本的に話しことばで、私たちが学校で習う「ふつうの英語」の範囲外の語形や発音や言いまわしがたくさん出てくる。たとえば、be動詞の否定形が約《つづ》まった「ain't（エイント)」。有名なブルース・バラード、"'T Ain't Nobody's Business (If I Do)（よけいなお世話だよ)"や、デューク・エリントンの"It Don't Mean a Thing (If It Ain't Got That Swing)（スウィングしなきゃ意味ないね)"のように、このain'tは頻出し、しかも前者のようにしばしば二重否定の形で登場して、学校英語しか知らない日本人を戸惑わせる。

ブルースに出てくる標準的ではない英語表現には、じつは少なくとも三つの種別がある。第一は、多くの米国人（とりわけインテリではない市井の人《マン・イン・ザ・ストリート》）がわりとふつうに使う口語表現やスラング（galやcoolやbad、shoot (=shit)やmother (fucker)やholy cow)、第二は黒人と白人がともに使う米国南部方言（さまざまな"なまった"発音やyou allを縮めたy'allなど)、そして第三がコミュニティ黒人独特の話しことば(AAVE=African American Vernacular English）だ。一言で黒人英語といっても南部から都会へという移住の歴史の中で、ずいぶん変わってきているが（たとえば都会の黒人は第二次世界大戦以前にすでにジャイヴ・トークという"イケている"話し方や語彙の様式を生み出していた)、しかし、その背景には間違いなく、奴隷制の時代以来の独自の英語の伝統がある。しかも、そうした英語が、乳母や従僕といった形で"ご主人様"の子どもたちの身近にいる黒人を通じて、深南部の白人の方言に大きな影響を与えたというのも、いまでは定説になっている。[i]

黒人英語のルーツを少しだけ振り返ると、そもそもの始めの時期、奴隷を売ったり奴隷に買われたりしたアフリカの黒人と、奴隷商人や奴隷船員、奴隷を買った白人は、意思疎通にピジン（リンガ・フランカ）と呼ばれる現地語交じりの交易用英語を使った。[ii] いろんな地域出身のアフリカ人が、奴隷として新大陸に連れてこられた。奴隷同士の会話には、アフリカの言語（とくにウォロフ語）が使われたこともあったとはいえ、白人の

側が反抗や反乱を怖れて同じ言語を使う者を一か所に集めないように努めたこともあり、基本的にはピジン英語が使われたと考えられている。西インド諸島では、そうしたピジンが母体になってクレオールと呼ばれる混血言語が生まれ、それがアフリカ系の人たちの母語（親や周囲の大人から習い覚える言語）になった（たとえばジャマイカのパトワ語）。米国でも、サウスカロライナ州とジョージア州の沿岸のシー・アイランズと呼ばれる群島とその対岸地域に住むガラ（Gullah）と呼ばれるアフリカ系アメリカ人（その人口は二十万人以上だという）は、独特のクレオール言語、ガラ語を話す。[iii] ちなみに、〈サマータイム〉を始めとするガーシュインの名曲群で知られる映画（もとは小説とオペラ）『ポーギーとベス』の舞台はサウスカロライナ州のチャールストンだから、登場する黒人たちが話すことばはこのガラ語が下敷きになっている。[iv]

言語学の分野では、黒人英語をめぐって、①ガラと同じようなクリオール語が南部の奴隷の間で広く使われており、その末裔が現代の黒人英語なのだというクリオール派、②南部の多くの地域では黒人が使う言語はピジンから奴隷所有者の白人が使う英語へと直接移行し、しかしそこにアフリカ言語とピジンの痕跡が色濃く残って独特の黒人英語になったという東アングリア派（イギリス語方言派）、③両方の説の要素を折衷した中間派（相互影響派）の三つが説を戦わせているが、奴隷の言語についての記録が少ないこともあり決着がついていない（西インド諸島や南米の大プランテーションと米国南部の農場《ファーム》の規模、言い換えれば奴隷の密集度を比べると、①の説はやや旗色が悪い気はするが）。というような歴史の話は、ブルースやソウルの歌詞の理解に即役立つわけではないが、とはいえ、黒人英語がピジンやアフリカの言語の痕跡を残した（ジャズやジャイヴ、ジューク、バンジョー、ディグ、ニッティ・グリッティ、“おいしい”という意味のヤム・ヤム、“トートバッグ”のトートなどはアフリカ起源）ものだということを知っておいてもらえるとうれしい。[v]

黒人英語は、発音、語彙、文法のそれぞれについて、“無教養な黒人たちの間違った英語”（白人は、言語学者でさえも二十世紀の前半まではそう考えていた）ではない、独自の規則的な特徴を持っている。とはいえ、先に触れたように南部方言とのクロスオーヴァーもあるし、また、とりわ

け黒人の音楽やダンスが白人の若者にとって魅力的なものになってからは、黒人英語がミュージシャンの文化や若者文化経由で主流の英語にも浸透している。なので、以下に挙げるブルースやソウルの歌詞によくみられる黒人英語の特徴には、南部方言やより一般的な米国の口語表現と厳密には区別できない部分もあるということを踏まえてお読みください。

──ブルースやソウルの黒人英語の特徴

【発音と縮約（その一）】① -ing形の最後のng /ŋ が発音されない。つまり、カタカナで書けば、「イング」が「イン」になる。第一章のロバート・ジョンスンの〈うちの台所へお入り〉の冒頭部分から、「Babe, it's goin' to be rainin' outdoors」と、この形の発音がダブルで登場する。この「in'」は、本書中にも、ブルースやソウルの歌詞一般にも、ほとんど通例といっていいほどひんぱんに登場する。②gonna=going to、wanna=want to、gotta=got to、betcha=bet you（you're welcome、yes、no problemなどを意味する）、wicha=with you、gotcha=got you、kinda=kind of、sorta=sort of、ya=you、tain't=it ain't、cause/coz=because、tell'im/tell'er/tell'em=tell him/tell her/tell them。これは、日本語でいえば、行かなくっちゃ＝行かなくては、そりゃあ＝それは、てやんでえ＝［なにを］いってやがるんだい等と同じような発音上の短縮形で、その多くは黒人以外の人たちも使うような気がする。gonnaは、第2章の〈ちょっといっしょに散歩しよう〉の五番に本書の最初の用例がある（「Come on, baby, now, we gonna walk so slow」）。いっぽう、wannaは、五章の〈小さな青い鳥〉の3番のアドリブの歌詞（「I wanna say again」）が初登場だが、どちらも、ブルースやソウルの歌詞に出てくる頻度がきわめて高い必修の縮約表現だ。

【発音と縮約（その二）】③清音のth（θ）も語の中での位置によって微妙に発音が変わるが、いっぽう、語の始めの濁音のth（ð）はきわめてしばしばdになる⇒dat=that、dese=these、dey=they（歌詞の聴き取りでは作成者がしばしばdをthに脳内変換して表記してしまうが）、④一定の条件

を満たす語の最後の子音が消える⇒han=hand、des=desk、tes=test（pantのtは消えない）、⑤語の最後のr音が消える⇒toe=tore、mo=more、yo=your、motha=mother、brotha=brother（フレディ・キングの名演“I'm Tore Down”のサビの部分が「アイム・トー・ダウン」と歌われるのもたぶんこの法則による）、⑤子音sとそれに続く子音が音位転換され、つまり順番が逆になって発音される⇒aks=ask、graps=grasp（ジョン・リー・フッカーが「マイ・ベイベエ・アクス・ミー」といったふうに歌っていて、発音に難がある人かしらと思ったものだけど、じつは正調のダウンホーム黒人英語なのだった）。これ以外に、主要なものとして、主流の英語との母音の体系だった違いもあるのだけれど、難しい上に表記がすごく煩雑になるので、ここでは省略したい。

【文法（その一）】①初めにも触れたが、一人称・二人称・三人称の代名詞や固有名詞を主語とする否定形のbe動詞が、ほとんど万能みたいな感じでain'tになる⇒I ain't=I'm not、you ain't=you're not、she(he) ain't=she(he)'s not、it ain't=it's not（第8章の〈大都会のプレイボーイ〉の2番の「Everything I said, darlin', you know it <u>ain't</u> right」や、第11章の〈駆動輪のブルース〉の冒頭部の「And I <u>ain't</u> gonna rob and steal」がその例、サム・クックの“Ain't That a Good News”やファッツ・ドミノの“Ain't That a Shame?”、ジミー・リードの“Ain't That Loving You Baby”のように、ain'tで始まる曲名は枚挙のいとまがない）、②さらに、多芸なain'tは、don't/doesn't/didn'tやhave not/has notの意味で使われることもある（I ain't know that=I didn't know that、また、八章の四番の「She got a nerve to tell me, “You ain't a dime”」のain'tはおそらくyou haven't a dime）、③黒人英語の特徴なのかより一般的な口語表現なのか分からないが、所有を示す動詞have/hasがgetの過去形のgotになり、「しなければならない」という意味のhave to/has toがgot to (gotta)になる（オーティス・レディング／忌野清志郎の「ガッタ、ガッタ（しなくちゃ、しなくちゃ）」はこれ、なお、②のain'tと併せた、I ain't got=私は持っていないという言い回しもある）。

【文法（その二）】④否定を示す語が二つ出てくるいわゆる二重否定が、否定の否定だから肯定なのではなく、否定、それも強められた否定を意味するというのが、黒人英語の際立った特徴のひとつ⇒I didn't go nowhere=I didn't go anywhereの強調＝ぜんぜんどこにも行かなかった！、I don't need no doctor=I don't need a doctorの強調＝医者なんかいらないよ！（こうした二重否定形の中でも、ブルースやソウルによく出てくるのはain't絡みのもので、第10章の〈ハウンド・ドッグ〉の有名な出だし、「You ain't nothing but a hound dog」や、第24章〈ぐっとこらえて切り抜ける〉の5番の「Ain't none a yo' business」）もそうなのだが、有名曲のタイトルに目を向けると、ジュニア・パーカーの“Ain't Goin' Be No Cutting Loose”や、クラレンス・ヘンリーの“Ain't Got No Home”、ルイ・ジョーダンの“Ain't Nobody Here But Us Chickens”、ボビー・ブランドの“Ain't Nothing You Can Do”、ビル・ウィザーズの“Ain't No Sunshine”等々、黒音楽では、ain'tが入った二重否定＝強調の公式は花盛りだ。

【文法（その三）】⑤be、bin、doneという動詞の派生形が、時制に関わる独特のアスペクトマーカーとして使われる、ⓐ beが現在進行形動詞（-ing）とのセットで、「いつも……している」の意味で使われる⇒James be running（=James is always runningジェイムズはいつも走っている）、ⓑbeenが約まったbinが、ずっと前から続いている事態を指すのに使われる⇒James bin running（=James has been running for a long timeジェイムズはずっと前から走り続けている）、ⓒdone（正確にはdən）は過去形の動詞とのセットで、「出来事が終わってしまった」ことを示す⇒Look what you done done（=Look what you have doneおまえ、何をしでかしてしまったのか気づけよ）、⑥右の⑤を踏まえてさらに複雑な語法があるし、また、しばしばbe動詞が落ちる（She my sister =She is my sister）、動詞の三単現（三人称単数現在形）のsが落ちる（第25章〈なんてこん畜生だ〉の「The monkey win the money and get to pick it up」）等々、いろんな黒人英語ならではの特徴がある。[vi]

なにぶん素人なもので、以上は不十分なだけでなくおそらく不正確な紹介なのだが、黒人英語の独特さについて大まかなイメージは伝えられたと思う。こうした標準英語との違いを、訳詞にどう反映するかというのが、なかなかの難問なのだ。マーク・トウェインの『ハックルベリー・フィンの冒険』に出てくる“逃亡奴隷”ジムのことばの翻訳以来、文学方面では、黒人英語を東京人にとっての田舎弁（落語などがルーツの疑似東北弁）に訳するのが一つの慣例だった。[vii] そうやって原語のニュアンスを写そうとするのは分からなくもないが、それをやるとどうしても“田舎者をさげすむ”みたいな効果を伴ってしまう。第一、ブルースの歴史を振り返ってもわかるように、黒人英語にはダウンホームな部分だけでなく、都会的な要素だってけっこうあるわけだし。そこで筆者は、それはそれで難点もあるのだが、黒人英語独特の表現を、いわゆる標準語の話しことばと違いをつけずに訳した（本当は、憂歌団みたいに、“情”の点でより黒人英語に近いと自負する関西弁で訳したかったけどそれはガマンした）。

黒人英語の表現と並んで、もう一つ訳者泣かせなのがライミング（脚韻を踏むこと）だ。脚韻を取り入れたJヒップホップが定着してJポップの作詞法にも影響を与えているいま、改めていう必要はないかもしれないが、英語の詩文は、マザーグースからポップスとロックの歌詞や文芸詩まで、黒人サイドでも霊歌やトースト（口承民話）やダズンズ（悪口ごっこ）からブルースやR&B、ラップまで、すべてがライムを踏む。12小節ブルースなら、AAB形式の歌詞のAの最後の単語とBの最後の単語に、お尻の音《おん》が同じになるものが選ばれる。たとえば、「Oah, she's gone, I know she won't come back/I've taken the last nickel out of her nation sack」（1章〈うちの台所へお入り〉）のバックとサックや、「Come on, baby, take a little walk with me/Back to the same old place where we long to be」（2章〈ちょっといっしょに散歩しよう〉）のミーとビーのように。（もちろんAABに付け足されたブリッジ《サビ》の部分にもライムはある。）

ブルースの歌詞の仕組みを分析したタフトがいうように、[viii] 歌詞が脚韻を踏むABの八小節こそがブルースの中核で、ライミングはブルースの鉄則だ（「おれはライムなんか気にしない」と豪語したジョン・リー・フッカーだって、じつは多くの曲でちゃんと脚韻を踏んでいる）。ああ、その

語とその語で韻を踏むのね、なるほど、というのが、ブルースを含むライムがある歌詞の見どころの一つだ。即興性がルーツにあるためか、ブルースには右の“me”と“be”のような簡単なライムが多いが、なかには、「People, I don't have to work, and I ain't gonna rob and steal/My baby gives me everything I need, she is my drivin' wheel」（第11章〈駆動輪のブルース〉）のような、これは技ありですなといいたくなるライムもある。そして、悲しいことに、そうしたライムの面白さは訳せない。

ましてや、韻を踏むためだけに歌われる歌詞（たとえば有名な“Sweet Home Chicago”の「Now, one and one is two, two and two is four/I'm heavy loaded, baby, I'm booked, I gotta go」の前半の足し算のくだり）になると、訳者はお手上げだ。文字通りに訳しても、何をいいたいのか意味不明だから。

もう一つ、黒人英語の発音と文法が独特なために、脚韻の踏み方が標準英語と違ってくるケースが多々あるという点も重要だ。細かく出所は示さないが、上の「four」と「go」もそうだし、「low」と「floor」、「friend」と「again」、「self」と「else」、「gone」と「home」、「mind」と「time」、「down」と「around」、「Ford」と「load」といったぐあいに、標準英語ではNGな語の取りあわせが、黒人英語のルールではライムとしてOKになる。そうしたことも踏まえてライミングに目を向けていただけるなら、歌としてのブルースの楽しみ方のポイントがまたひとつ増えることになるだろう。

i　マクラム他（岩崎春雄他訳）『英語物語』文藝春秋、1989年（Robert McCrum, Robert MacNeil and William Cran, *The Story of English, 3rd. Edition*, Penguin, 2002）の第6章（「ブラックオンホワイト」）に、そうした黒人英語の白人への影響を含めた、黒人英語の歴史の読み物として面白い紹介がある。

ii　たとえば、デュフォーの『ロビンソン・クルーソー』のフライデーはピジンをしゃべらせられている。

iii　ガラ語は、英語を基盤にしながらも、マンディンカ語、ウォロフ語、バンバラ語、フラニ語、メンデ語、ヴァイ語、アカン語、エウェ語、コンゴ語、ムブンドゥ語、キンブンド語といった西アフリカと中部アフリカ各地の言語の

影響を強く受けている。

iv　独自の都市文化で知られるニューオーリンズの白黒混血《クレオール》の住民たちも、もちろんクレオール言語を母語にしたが、あの都市《まち》はルイジアナが1803年に米国に売却されるまでフランス領（一時はスペイン領）だったため、使われていたのは、英語とではなく、フランス語とアフリカの言語が混交したクレオール語だった。

v　黒人英語の俗語を調べるには定番のメイジャーのスラング辞典が（Clarence Major, *Juba to Jive: A Dictionary of African American Slang*, Penguin, 1994）、また、ブルースに出てくる独特の言い回しの理解には、デサルヴォとカルトとの二冊の用語辞典が役に立つ（Debra DeSalvo, *The Language of the Blues: From Alcorub to Zuzu*, Billboard Books, 2006、および、Stephen Calt, *Barrel House Words: A Blues Dialect Dictionary*, University of Illinois, 2009）。

vi　黒人英語について日本語で読める唯一の本は、ディラードの『黒人の英語――その歴史と語法』（小西友七訳、研究社出版、1978年、J. L. Dillard, *Black English: Its History and Usage in the United States*, Random House 1972）だが、英語が苦にならず少し深掘りしたい人には、わかりやすくよりバランスがとれたグリーンの大学学部生向けの教科書（Lisa J. Green, *African American English: A Linguistic Introduction*, Cambridge University Press, 2002）を勧めたい。

vii　たとえば、「助けてくれ――お願えだ！ おらは幽霊にわるさをしたことは一ぺんだってねえだ。いつだって、死んだ人は好きだけん、死んだ人にはできる限り尽くして来ただ。おめえ様はもう一ぺん川さ戻りなされ、あそこがおめえ様のいなさるとこだ。」（野崎孝訳、講談社文庫版） ちなみに、原文についていえば、耳のいいトウェインは、作品の舞台になった19世紀前半の南部黒人の話しことばをきわめて正確に写しとったと評価されている。

viii　Michael Taft, *The Blues Lyric Formula*, Routledge, 2016.

付録2・掲載曲収録CD紹介

各章の曲を収録したCDのリストです。日本語で表記しているものは日本盤で発売されているものですが、すでに廃盤のものもあります。多くは現在Apple MusicやSpotify等のサブスクリプション・サービスでデジタル配信されています。

第1章	ロバート・ジョンソン: コンプリート・レコーディングス - センテニアル・コレクション(ソニー) ※現存する42テイクをすべて収録した生誕100年記念CD2枚組セット	
第2章	Various Artists / RCAブルースの古典 (RCA/BMG) ※ロバート・ロックウッドは“Take A Little Walk With Me” 1曲のみ収録。初期ブルース録音の決定的編集盤	
第3章	リトル・ウォルター: ベスト・オブ・リトル・ウォルター＋3 (ユニバーサル) ※1957年に組まれたLP(チェス原盤)に3曲を追加したCD	
第4章	BOBBY RUSH: Chicken Heads - A 50-Year History Of Bobby Rush (Omnivore) ※キャリアを俯瞰できるCD4枚組アンソロジー	
第5章	JOHNNIE TAYLOR: Little Bluebird (Stax) ※1969年のLP『Rare Stamps』収録曲を中心とした編集盤。シングル版とは異なるロング・ヴァージョンを収録	
第6章	BLIND LEMON JEFFERSON: Blind Lemon Jefferson (Milestone) ※代表曲を収めたベスト選	
第7章	CHARLEY PATTON: Founder Of The Delta Blues (Yazoo) ※代表曲を収めたベスト選	
第8章	エディ・テイラー: ビッグ・タウン・プレイボーイ(Pヴァイン) ※日本独自編集によるヴィー・ジェイ・レコード音源集。ジミー・リードのセッションに参加した曲も聴ける	
第9章	ローウェル・フルスン: トランプ (Pヴァイン) ※1967年に組まれたLP(ケント原盤)を元にしたCD	
第10章	BIG MAMA THORNTON: Hound Dog - The Peacock Recordings (MCA) ※1950年代ピーコック・レコード音源集	
第11章	ルーズヴェルト・サイクス: ザ・ハニー・ドリッパー(Pヴァイン) ※1929〜41年録音から24曲を収録した日本独自編集盤	

第12章　BESSIE SMITH: The Essential Bessie Smith (Columbia/Legacy) ※代表曲を収めた全36曲収録のCD2枚組

第13章　Tボーン・ウォーカー: モダン・ブルース・ギターの父(ユニバーサル) ※キャピトル音源を主とした日本独自編集盤。“Call It Stormy Monday”も収録

第14章　CHARLES BROWN: Driftin’ Blues - The Best Of Charles Brown (Capitol) ※ヒットを多く放ったアラジン・レコード音源を収めたベスト選

第15章　V.A. / スウィート・ホーム・シカゴ (デルマーク／Pヴァイン) ※マジック・サム、ルーサー・アリスン、ルイス・マイヤーズらの1966〜68年録音を収めたアルバム

第16章　オーティス・ラッシュ: ライト・プレイス、ロング・タイム (ハイトーン／Pヴァイン) ※アルバム用セッションとしてはオーティスの最高傑作のひとつに挙げられる1枚

第17章　LIGHTNIN’ HOPKINS: The Gold Star Sessions, Vol.2 (Arhoolie/Smithsonian Folkways) ※ゴールド・スター音源集第2弾

第18章　エルモア・ジェイムズ: ダスト・マイ・ブルーム - ザ・ヴェリー・ベスト(Pヴァイン) ※モダン、チーフ、ファイア等の各レーベルに残した音源から選りすぐったベスト選。日本独自編集盤

第19章　ジュニア・ウェルズ: フードゥー・マン・ブルース(デルマーク／Pヴァイン) ※1966年発表のLPを元にしたCD。“Hoodoo Man Blues”の別テイクを含む、拡大盤もある

第20章　マディ・ウォーターズ: ベスト・オブ・マディ・ウォーターズ+8(ユニバーサル) ※1957年に組まれたLP(チェス原盤)に8曲を追加したCD

第21章　B.B.キング: ロック・ミー・ベイビー - ザ・ヴェリー・ベスト(Pヴァイン) ※モダン／ケント音源から25曲を収録したベスト選。日本独自編集盤

第22章　PERCY MAYFIELD: Specialty Profiles (Specialty/Concord) ※スペシャルティ・レコード音源から14曲を収録したベスト選

第23章　MA RAINEY: Ma Rainey’s Black Bottom (Yazoo) ※全14曲の編集盤。他の編集盤と比べてノイズが少なく、入門編として最適

第24章　ジョン・リー・フッカー: ザ・グレイト・ジョン・リー・フッカー(Pヴァイン) ※ジョン・リーのキャリアの初期にあたるモダン・レコード音源を24曲収録した編集盤

第25章　V.A. / Eat To The Beat - The Dirtiest Of Them Dirty Blues (Bear Family) ※猥雑で“ダーティ”なボーディ・ソングを28曲収録した編集盤

第26章　LOUIS JORDAN: The Best Of Louis Jordan (MCA/Geffen/UMG) ※LP時代から定評のある、全20曲入りベスト選

第27章　JAMES BROWN: 20 All Time Greatest Hits (UMG) ※1991年に組まれた20曲入りベスト選。CD1枚で代表的ヒットを一通り聴ける優れた一枚

第28章　BOBBY BLAND: Greatest Hits, Vol.1: The Duke Recordings (MCA/Geffen/UMG) ※デューク・レコード音源16曲を収めたベスト選

第29章　V.A. / Precious Lord: New Recordings Of The Great Gospel Songs Of Thomas A. Dorsey (Columbia) ※ドーシー作品の新録を収めた1973年制作LPが原盤

第30章　バディ・ガイ／アイ・ウォズ・ウォーキン・スルー・ザ・ウッズ+2（ユニバーサル）※1960年代のチェス・レコード音源からなる1970年のLPに2曲を追加したCD

第31章　JIMMY REED: Mr. Luck - The Complete Vee Jay Singles (Craft/Concord) ※ヴィー・ジェイ・レコードから発表したシングルをまとめたCD3枚組。ヒット曲多数収録

第32章　ALBERT KING: Truckload Of Lovin' (Tomato) ※1975年にユートピア・レコード原盤のLPを元にしたCD

第33章　サニー・ボーイ・ウィリアムスン／モア・リアル・フォーク・ブルース（ユニバーサル）※主に60年代のチェス・レコード音源からなる1966年のLPを元にしたCD

第34章　SONNY BOY WILLIAMSON: Bluebird Blues - When The Sun Goes Down Series (BMG) ※1937〜47年録音から25曲を収録した決定的ベスト選

第35章　ハウリン・ウルフ: ザ・バック・ドア・ウルフ（ユニバーサル）※1973年発表のラスト・アルバムのCD

中河伸俊（なかがわ・のぶとし）

1951年東京都生まれ。大阪府立大学および関西大学名誉教授。専門の社会学の分野での主著は『社会問題の社会学』。1980年代から『ザ・ブルース』、『ミュージック・マガジン』、『ブラック・ミュージック・リヴュー』、『ブルース&ソウル・レコーズ』などに米黒人音楽関連の記事を多数執筆。共訳書に『ゴスペル・サウンド』（A・ヘイルバット著、ブルース・インターアクションズ刊）がある。

黒い蛇はどこへ　名曲の歌詞から入るブルースの世界
著者　中河伸俊

初版発行　2021年8月31日

編集／デザイン／DTP　濱田廣也（b.room）

日本音楽著作権協会（出）許諾第2106306-101号

発行者　内野峰樹
発行所　株式会社トゥーヴァージンズ
〒102-0073 東京都千代田区九段北4-1-3
電話：(03)5212-7442
FAX：(03)5212-7889
https://www.twovirgins.jp
印刷所　株式会社シナノ

ISBN　978-4-908406-78-2